EVIDENCE INVESTIGATION AND
CASE ANALYZATION

证据调查案解

倪铁　等◎著

法律出版社
LAW PRESS·CHINA
北京

图书在版编目(CIP)数据

证据调查案解 / 倪铁等著. -- 北京 : 法律出版社，
2023
ISBN 978-7-5197-7969-6

Ⅰ. ①证… Ⅱ. ①倪… Ⅲ. ①刑事诉讼—证据—调查
研究—中国 Ⅳ. ①D915.313.04

中国国家版本馆 CIP 数据核字(2023)第 099406 号

证据调查案解
ZHENGJU DIAOCHA ANJIE

倪 铁 等 著

责任编辑 赵明霞 魏艳丽
装帧设计 汪奇峰

出版发行 法律出版社
编辑统筹 法商出版分社
责任校对 王晓萍
责任印制 胡晓雅
经 销 新华书店

开本 710 毫米×1000 毫米 1/16
印张 20.75 字数 315 千
版本 2023 年 9 月第 1 版
印次 2023 年 9 月第 1 次印刷
印刷 唐山玺诚印务有限公司

地址：北京市丰台区莲花池西里 7 号(100073)
网址：www.lawpress.com.cn
投稿邮箱：info@lawpress.com.cn
举报盗版邮箱：jbwq@lawpress.com.cn

销售电话：010-83938349
客服电话：010-83938350
咨询电话：010-63939796

书号：ISBN 978-7-5197-7969-6
定价：68.00 元
凡购买本社图书，如有印装错误，我社负责退换。电话：010-83938349

前　言

证据，证所据，据以证，证明之依据！“以事实为依据、以法律为准绳”“铁证如山”“孤证不定案”，在法治中国已然是妇孺皆知的法谚。人类的司法史无不说明这一公理：无证据，即无证明；无证据，无真相，无判决；无证据，即无诉讼！证据的发现、提取、审查、判断等诉讼行为，无一不与诉讼两造的法益密切相关，证据及其调查活动占据了立案、侦查、审查起诉、审判等诉讼程序的核心舞台！

在中国特色社会主义新时期，中华人民共和国业已形成了一个体系完整的法律规范体系、高效的法治实施体系、严密的法治监督体系、有力的法治保障体系，程序法律体系和证据规则也得到了进一步的完善，有力地促进国家治理体系和治理能力现代化。在全面坚持中国特色社会主义法治体系框架的基础上，本案解以《监察法》《刑事诉讼法》《民事诉讼法》《行政诉讼法》等基本法的证据调查相关规定为研究对象，结合相关司法解释对证据调查制度进行阐释和构建，探索法治体系下证据调查制度的完善。在写作过程中，本着理论与案例相结合的指导思想，各位著者通力协作，力图尝试在深奥学理的平实化表述、千差万别的鲜活司法实践案例之间架构桥梁。本书在以下方面尽力做了一些探索：

第一，各章节安排基本遵循各大诉讼法的相关证据规定，以基本法的规定为基础展开行文。本书聚焦于证据调查这一诉讼法律体系中的重要领域，分为十二个部分来行文，分别讲述证据调查制度的理论基础及其源流，并在后续各章节陆续展开物证、书证、当事人陈述、被害人陈述、口供、鉴定意见、现场勘验检查笔录、视听资料以及电子数据等证据调查及其案例阐释。本案解从证据与证据调查的一般理论入手，再将读者引入证据调查的制度源流，激发读者的探索兴趣。在各种类型的证据调查制度阐释过程中，根据证据的法定分类来展开，对各种实物证据和言词证据在调查收集过程中的程序、原则以及注意事项等进行阐释，引导和培养读者的证据调查规范意识。

第二，在格式体例安排方面，本书做了很多努力和尝试，来对接证据调查教学和研讨的需求。“法治兴则民族兴，法治强则国家强”，本书内容的设计将法治精神融入其中，旨在培养学生的法治与程序意识，规范证据调查的收集与审查意识，提高理论素养。各章节都安排了复习试题和复习与作业要求，以期锻炼读者的独立思考能力，并训练读者在证据调查学习过程中的法治思维和逻辑判断能力。

第三，本书阐释并简明介绍了证据调查的基本理论，辅以大量司法实践的案例，对其进行筛选后以案例解析的形式进一步研习，以“案例 + 案解”的方式予以呈现。让研习者一方面能够把握到基础理论，同时也能感受到司法实践中证据应用，锻炼读者在理论知识与司法实践之间快速切换的能力。

第四，在规划本书时，本书著者们还有超越本书的一个野望，将证据调查学理与案解结合的同时，面向社会公众进行证据知识的阐释和普及。公民的法治意识也在不断提高，任何人都可能涉入诉讼维护自己合法权利。藉由此，公民的证据意识与维权能力得以挂钩。本书以简洁明了、通俗易懂的语言对证据以及证据制度进行介绍，重点关注证据调查、收集过程中的程序问题，同时引入案例以减少理论知识带来的生疏感，以公民身边常见的案例进行证据制度的普及，使社会公众能够更便捷地了解证据调查程序和维护合法权益。

当然，本书虽然经由合作者多年研讨交流，教师与本科生、研究生多年共同探索，竭尽全力将教学素材和案例研习融合，仍不可避免地存在诸多遗憾。一方面，囿于著者的侦查学和法学背景，并没有全面细致地研习所有的证据规则及诉讼程序规则，没有对当前法定证据的所有环节和相关制度进行细致周到的深入探讨，也未能用尽法学术语来全面细致论证各项证据调查规则，如最佳证据规则、污点证人制度、自认制度、非法证据排除制度，仍有挂一漏万之嫌。另一方面，囿于本书的案解之初始考虑和成书定位，著者在阐述思考与建议的同时也意在与司法实务工作者进行隔空互动，以推进证据调查等法治体系进一步社区化和平民化，为法治中国的建设贡献微薄之力。

倪铁、俞洁、吕婕等

写于云间玉泊湖

2023年8月25日

目录
Contents

第一章　证据调查概述

教学目的和要求｜通过本章学习，使学生了解证据、证据调查的概貌。

教学重点和难点｜证据、证据特征、证据调查原则、证据调查基础理论。

教学方法与手段｜讲授和案例分析。

本书所称之证据，即为诉讼证据。在法治昌明的高度信息化社会，不管是司法人员，还是诉讼参与人，抑或不参与诉讼的普通民众，“以事实为依据，以法律为准绳”这句话总是能够信手拈来。随着中国特色社会主义法治体系深入人心，各类司法活动和诉讼活动的推进，无不依赖于证据建构起来的“法律真实”。是故，人们都纷纷认同这样一个基本的证据学常识——“打官司，就是打证据”！

第一节　证 据 概 述

一、证据的词源

证据，“证”+“据”。从字面上简单解释，就是证明之依据。就其词源，“证”有“凭据、证据”之义。证，告也。证，动词，本义：告发，出自《说文》：从言，正声。《晋书·范汪傅甯》曰：“时更营新朝，博求辟雍明堂之制，甯擄经傅奏上，皆有典证。”[①] 据郑禄教授考察，“证与征通”，“征”有“言行隐微，但必闻达挺箸于外”的意思。“言行隐微”指言行在客观上已经存在，只因其隐微在常规下而不易被发现。“闻达挺箸于外”是说，无论多么隐微，只要有其言行，

① 汉语大字典编辑委员会编：《汉语大字典》，湖北辞书出版社、四川辞书出版社 1992 年版，第 1674 页。

就必然会留下被人认知、被人把握的信息。①

在古今中外的诉讼活动中，证据的重要性毋庸置疑。证据，是司法公正赖以实现的基石，证据裁判主义也是现代诉讼中的基本原则。任何案件事实的调查，总是围绕证据进行的；查明案件事实之后，更为重要的环节是用合法证据组合起来，以此证明案件裁决所需要的基础事实。

二、证据的界说

学术界的众多学者对证据展开了多重研究，形成了丰硕的理论成果。学者们从不同角度、不同侧面揭示了证据的特征，从而形成了纷纭各异的概念界定。②考诸我国历次诉讼法立法对证据的界定模式，总其要者，当前流行的证据概念界定主要有“事实说”“材料说”“信息说”这三类。

1. 证据事实说。这种界定区分了证据、证据材料，认为证明材料所承载的事实才是证明的依据。“证据事实说”的持论者主张：证据是任何一件或一组可知的事实，而不是法律的和伦理的原理，它被看作在法庭上提出的，旨在法庭的重要阶段对于主张的真实性产生肯定和否定的信念，依据这个信念，法庭才能作出判断。③“证据事实说”侧重从内容方面界定证据，证据中包含着事实，事实是证据的内容，具有相当完整的体系性。但是，证据与事实的这种强关联度并不意味着可以把二者混为一谈。其一，事实具有真实性，证据有真假之分。世界上没有假的事实，却有假的证据。而且，假证据有时也具有某种证明作用。其二，事实具有不能更改的客观性，证据却可能被捏造、更改。“证据事实说”抓住了证据的内容，却忽略了证据的形式，将二者统一起来，才能更全面地把握证据的本质。

2. 证据材料说。该持论者认为：证据就是用以证明案件事实的材料。如

---

① 郑禄：《证据概念素说——兼论中国特色社会主义证据理论的国学文化基石》，载《证据科学》2008 年第 5 期。

② “四种说”，参见卞建林、谭世贵主编：《证据法学》，中国政法大学出版社 2010 年版，第 135~140 页。“十四种说”，参见高家伟、邵明、王万华：《证据法原理》，中国人民大学出版社 2004 年版，第 3 页。

③ [美]约翰·威格莫尔：《普通法的庭审证据》。转引自卞建林、刘玫：《外国刑事诉讼法》，人民法院出版社 2002 年版，第 218 页。

2012年修正《刑事诉讼法》从原来的“事实说”改为“材料说”，第48条第1款规定：“可以用于证明案件事实的材料，都是证据。”相较于“证据事实说”，一方面，“证据材料说”消除了“事实说”中事实与证据易混淆的弊端，却过于重视证据的形式方面，而忽视了其内容方面。形式固然重要，但内容更能反映证据的本质。另一方面，“证据材料说”淡化了证据的真实性特征，有助于人们理解证据真假难辨的特点。

3. 证据信息说。又可称为“综合说”和“多义说”，属于内容和形式“统一说”，持论者主张：“证据由内容和形式共同构成。证据的内容即事实材料，亦即案件事实的有关情况；证据的形式，又称为证明手段，它是证据的种种表现形式。所有的证据都是事实和证明手段的统一体。”① 在汉语语义上，证据本来就是事实与材料的统一，是“能够证明某事物的真实性的有关事实或材料”②。“信息说”最能代表证据内容和形式的统一。作为与案件待证事实有关的信息，“证据由证人的证言、文字材料、实物对象或者任何可以呈现于感官的东西组成，用于证明一件事实的存在或不存在。”③

虽然现行法律采信“材料说”的证据界定，但“信息说”的证据界定具有相当合理性，证据是符合法律规定的，与待证事实相关，用于证明当事人所主张事实之存在可能性的客观性信息。可从3个方面来阐述该信息特性：

1. 证据具有信息表征特性。“信息是同世界的物质过程、能量过程紧密联系在一起的普遍现象，它是系统内部和系统之间通过相互联系而实现和保留的某一事物形态、结构、属性和含义的表征。”④ 案件一旦发生，相关事实即已固化并留存在过去。“凡为过往，皆为序章。”生生不息的事实，连接成了接续的历史。但已发生的事实，总要留下某些物品或痕迹。因此，某一事实发生或存在过的形态、结构、属性和含义，会以证据形式留存于世。

① 卞建林主编：《证据法学》，中国政法大学出版社2007年版，第55、58页。

② 中国社会科学院语言研究所词典编辑室编：《现代汉语词典》，商务印书馆1996年版，第1608页。

③ ［美］罗纳德·J. 艾伦等：《证据法：文本、问题和案例》（第3版），张保生、王进喜、赵滢译，高等教育出版社2006年版，第79页。

④ 李秀林、王于、李淮春主编：《辩证唯物主义和历史唯物主义原理》，中国人民大学出版社1990年版，第251页。

2. 证据是与待证事实具有密切相关性的信息。证据相关性不是哲学意义上的普遍联系，而是经验意义上的特殊联系。不能用普遍联系的哲学观点来推测特定证据与事实的相关性，而应该用信息论中关于保真度的观点（“信息在通过中间环节传输的过程中，信息量会衰减，信息其本身也会发生变形和失真”[①]）考察证据与事实的实际联系，其包括证明能力和证明力等。

3. 证据是证明当事人所主张事实之存在可能性的信息。由于证据中保留着事实发生和存在过的信息，事实认定者便可运用证据推理来重建发生过的事实。一方面，证据提出者可以提供证据来主张某种事实，对抗方则可以提供相反证据来反驳该事实主张，[②]这是一个运用证据的证明过程；另一方面，事实认定者或“事实裁判者”，可以通过对双方证据的认证或评价来认定事实，这是一个运用证据的经验推论过程。

三、证据的特征

作为证明案件情况的事实信息，证据需具有以下特征：

第一，证据具有客观性。证据的客观性又称为真实性，指的是证据必须是能切实证明案情的一种客观存在的事实，而非臆测、推断、道听途说。一方面，证据必须是确实存在的事实，它作为一种证明手段必须来源于案件本身。另一方面，证据与待证事实之间的联系是客观存在的，不能是相关人员主观臆测、天马行空的猜想，也不能是信口胡诌，必须是基于一定合理的逻辑和真实的基础而得出的。

第二，证据具有关联性。证据的关联性又称为关系性，或联系性。关联性指的是：证据与案件事实之间存在某种程度上的客观联系，它与待证事实之间存在或证明、或证否的客观关系，从而在某种程度上证明某种案情的存在或不存在。证据的关联性包括：一方面，证据所反映的事实必须是具有法律意义的事实，该事实为法律可调整的与案情相关事实，事实中与本案无关的部分不需

① 李秀林、王于、李淮春主编：《辩证唯物主义和历史唯物主义原理》，中国人民大学出版社 1990 年版，第 251 页。

② 证据是“某种有助于证明或反驳一项所主张事实之存在的东西（包括证言、文件和有形物体）”。参见 Black's Law Dictionary,8th ed.,Thomson West,2004,p.591。

要亦不在考虑之列。另一方面，证据的关联性必须是客观存在的，无论证据与待证事实的关联性或大或小，或紧密或松散，它都与待证事实之间存在某种客观真实存在的联系。

第三，证据具有合法性。证据的合法性又称法律性，证据必须为法定主体依据法定程序所收集和认定的符合法律规定形式的事实信息。证据的合法性主要包含以下 3 层蕴意：首先，证据主体必须合法，刑事证据的收集和运用尤其严格，证据主体由法律严格规定，非法律确定主体不得进行证据收集和认定。其次，证据类型和表现形式也由法律予以确定，目前三大诉讼法都采用列举法规定了证据的形式，如物证、书证、视听资料、检查笔录、证人证言、鉴定意见等证据形式；如明确规定了物证即通过其外在表现形式、内在物质属性、存在方位等证明案件事实的物体和痕迹。最后，证据的收集和运用程序必须符合法定。证据的发现、收集、提取、运输、审查、判断等程序由法律严格规定，通过采用暴力、胁迫或其他方式获取的证据为非法证据，必须排查，不得作为定案依据。

四、证据的类型

证据类型包括证据种类和分类。前者是从证据的外部形态或信息载体所作的法律上的划分；后者则是学理上的划分。

1. 证据种类。我国《监察法》和三大诉讼法都对证据种类作了细致规定。《监察法》第 33 条、《刑事诉讼法》第 50 条规定了 8 种证据：①物证；②书证；③证人证言；④被害人陈述；⑤犯罪嫌疑人、被告人供述和辩解；⑥鉴定意见；⑦勘验、检查、辨认、侦查实验等笔录；⑧视听资料、电子数据。《民事诉讼法》第 66 条、《行政诉讼法》第 33 条对证据种类的划分，除了被害人陈述、犯罪嫌疑人、被告人供述和辩解、侦查实验、当事人陈述有差异之外，与刑事诉讼法的证据种类基本一致。

（1）物证，以其外部特征、内在属性及存在状况等对案件事实具有证明作用。主要特点是：①以其物理特征对待证事实具有证明作用。②保留了事实存在过的痕迹，若收集、固定和保存及时得法，一般具有稳定性强的特点。但物证可能被捏造、编造，需经过同一性认定才能确定其可靠性。③物证是“哑巴证据”，需要由对应人来进行解读其与案件的关联度，只能间接证明案件事实。

（2）书证，是指以纸张为主要载体，以文字、数字、符号或图像为主要形式，记录了有关案件事实内容或者信息的文件或物品。书证的形式多种多样：可以手写、印刷等；可以是书信、合同、证书、账簿、票据、罚单等。

（3）言辞证言，指被害人、犯罪嫌疑人、被告人、当事人、司法鉴定人、证人就亲身感知案情所得的客观陈述。相关人员须出庭作证，并接受当事人、检察官、律师的询问、交叉询问，未经过质证的证言不能采纳作为定案的依据。

（4）视听资料、电子数据，以高科技设备为载体所储存的能够证明案情的视频、音频以及数据等，其特点是：①具有科技含量，记录、储存和播放的过程需使用技术设备。②具有直观性和动态连续性，可直观展示与案件有关的声像，生动再现与案件有关的事件或活动。③具有无差别、无限可复制的特点；证明机理也具有特殊性。

2. 证据分类。为了便于理解和应用，研究者从理论上对证据类型进行抽象和总结，把法律所规定的证据类型进行了分类，属于学理解释范畴，有助于认识不同证据的共性规律与个性差异。松尾浩也教授将证据分为 4 种：证人、证据文书和证据物；有证据能力的证据和没有证据能力的证据；直接证据和间接证据；弹劾证据和实质证据。[①] 我国台湾地区林山田教授则将证据分为 5 种：人证、物证与书证；直接证据与间接证据；本证与反证；原始证据与传闻证据；主要证据与补强证据。[②] 其中，物证与人证，言词证据与实物证据，直接证据与间接证据，这几种证据分类广为使用。

3. 证据开放性列举式分类。与日本学者等同属于大陆法系证据分类不同，英美法系证据法秉承“相关证据具有可采性……不相关的证据不可采”的理念，[③] 讲求实效性和开放性，很少明确划分证据种类。相关证据类型划分较为粗疏，仅仅将证据划分为证人证言、文件证据和实物证据等。证据种类划分得笼统

① ［日］松尾浩也：《日本刑事诉讼法》（下卷），张凌译，中国人民大学出版社 2005 年版，第 25~26 页。

② 林山田：《刑事程序法》，台北，五南图书出版股份有限公司 2004 年版，第 372~374 页。

③ 《联邦证据规则》第 402 条。

和粗放，可适应和包容新的信息载体，鼓励采纳能够证明案件情况的各种证据载体。

案 例[①]

1990 年某日，顾某华回到家中后，发现地上多处有许多血迹，妻子卓某琴死亡，3 个多月的女儿顾某迪也未找到，遂报案。警方在卫生间内发现卓某琴的尸体，被害人仰躺在卫生间地上，头部靠在洗衣机旁，脚略弯曲，伸在卫生间门背后，头部朝西南方向，脚朝东北方向。尸体头部、肩部、胸部等多处发现血迹。经尸检报告及照片证实：卓某琴头面部有多量血迹，经清洗后只见颜面紫绀、肿胀，鼻腔内有少许出血，颈部于下颌下缘至锁骨上缘范围内有大面积广泛性条状表皮剥脱及紫红色皮下出血，颈部有散在性分布的表皮剥脱及皮下出血。后警方在大房间内大橱内发现一具女婴尸体，用一件黑色呢大衣盖着。尸检报告及照片证实顾某迪颜面及指端均紫绀，两眼角膜混浊，瞳孔不清。右侧额颞部有 5 处皮下出血。枕部稍偏左侧有一 1 厘米 ×2 厘米头皮挫擦伤，解剖见相应部位头皮下有 12 厘米 ×15 厘米血肿。左顶部于矢状缝至左冠状缝有长 12 厘米颅骨骨折，大脑左半球的颞、顶、额部蛛网膜下腔有 8 厘米 ×9 厘米出血，伴脑组织挫伤。解剖见两肺外膜下散在性分布溢血点，心外膜下亦有多量溢血点。结论意见：死者卓某琴系被他人加害致机械性窒息而死亡；死者顾某迪系被他人加害致颅脑损伤而死亡。

警方在大小房间之间的方凳的凳脚、横挡上发现并提取指纹两枚，后经《指纹鉴定书》证实：两枚现场指纹分别是犯罪嫌疑人王某忠的右手拇指、右手小指所留。

① 案例来源：上海市人民检察院沪检二分未检刑诉［2018］7 号起诉书，著者稍作改动。

案 解

本案是一起故意杀人案。在本案中，警方在犯罪现场搜集到的物证以及检验报告都是极为重要的线索。公安机关的《尸体检验报告》得出的结论性意见，是鉴定人给出的科学解释和判断的活动。它们证实了卓某琴系被他人加害致机械性窒息而死亡；顾某迪是被他人加害致颅脑损伤而死亡。在本案中，被害人顾某迪系 3 个多月大的婴儿，其依附于同为被害人的母亲卓某琴，可以确认卓某琴被王某忠加害致死，而顾某迪同日死亡，原因为颅脑损伤，其损伤部位为后枕部，三个月大的婴儿不能自主形成该部位的损伤，也不是扔进衣柜抑或放入衣柜后滑入的行为所能形成，现场唯有王某忠一人，故同样可以确认顾某迪亦系王某忠加害致死。同时警方在方凳的凳脚、横挡上发现并提取的指纹两枚，也锁定了犯罪嫌疑人，进而还原犯罪现场。

拓展阅读

1. 张保生、冯俊伟、朱盛文：《中国证据法 40 年》，载《证据科学》2018 年第 2 期。
2. 龙宗智：《薄熙来案审判中的若干证据法问题》，载《法学》2013 年第 10 期。
3. 陈瑞华：《刑事证明标准中主客观要素的关系》，载《中国法学》2014 年第 3 期。
4. ［美］欧文·拉兹洛：《系统、结构和经验》，李创同译，上海译文出版社 1987 年版。
5. 樊崇义：《证据法学》，法律出版社 2017 年版。

复习试题

1. 证据的界定学说类别有哪些？
2. 证据具有哪些特征？
3. 简述我国的证据类型。

复习与作业要求

1. 课后复习，并完成复习试题。

2. 考核要点：证据特点、证据分类。

3. 辅助教学活动：案例简析。

第二节 证据调查的概述

我国非常重视中国特色社会主义法治体系的建立健全，尤其重视证据相关法律规则的规范化建设，已经形成了包括监察法、刑事诉讼法、民事诉讼法、行政诉讼法等为基础的证据法体系。目前，我国证据法为证据的收集、审查、判断等提供了有效的保障。作为一门应用法学，证据调查学研究证据调查主体、证据调查行为规律、规则和方法，研究本学科同其他学科尤其是部门法学之间存在密切的联系，有效地支撑了证据法学、诉讼法学体系的运作。

一、证据调查的界定

证据调查，是指与证据的发现、收集、审查和运用有关的各种调查活动的总称，即监察人员、司法人员、执法人员及其他法律赋权的有关人员，为查明和证明案件事实而进行的调查活动。与考古调查、新闻调查不同，证据调查具有特殊性，主要体现如下：

第一，证据调查的主体具有特殊性。调查主体是监察人员、司法人员、行政执法人员和其他法律工作者，但不仅仅是具有公职的国家司法机关人员，具体包括：监察人员、侦查人员、检察人员、审判人员、律师、公证人员、仲裁人员、军队保卫人员、海关执法人员、工商执法人员、税务执法人员等。案件当事人及其委托人有时也收集证据并进行调查，因此也可能成为证据调查的主体。

第二，证据调查的目的具有特殊性。证据调查目的是查明案件事实和证明案件事实。案件中需要确认的事实往往是已经发生的事件，证明的过程实质上是一种回溯性推理。对于证明主体而言，他们无法直接感知的案件事件，只能通过证据来“重现”事件中“法律事实”。各方人员只有通过深入细致地调查，收集各种证据来查明这些事实，保证后续的程序科学性和决策正确性。

第三，证据调查的内容是一种针对证据进行的发现、固定、提取、运输、保存、审查判断等在内的专门性调查活动。这种专门性表现在以下几个方面：（1）证据调查往往是由专门人员实施的活动；（2）证据调查是针对案件中专门问题进行的；（3）证据调查需要按照专门的诉讼程序进行，需要采用一些专门的调查方法；（4）证据调查都是围绕法定证据进行的，调查所得的证据结果专门服务于各种司法活动和执法活动。

二、证据调查的分类

依据不同的分类标准，也可以分为名目繁多的证据调查行为。有多少种划分依据，就可以形成多少种证据调查的分类。兹以证据调查主体为标准进行证据调查分类，来分析其特点。依照调查主体的法律身份差异，证据调查可分为监察人员、侦查人员、审查起诉人员、审判人员、律师、仲裁人员、公证人员、行政执法人员以及其他人员的证据调查。不同的证据调查有着自己行业性、阶段性的特征，主要体现如下：

（一）监察人员的证据调查

监察人员的证据调查，是指监察机关工作人员在查处违犯党纪、政纪案件的过程中，依据规定的程序和正确的方法，收集、鉴别与使用证据用以证明案件真实情况的活动。在职务违法犯罪案件查处活动中，收集、鉴别、运用证据查明案件真实情况，是查处此类案件的核心问题。相比于普通刑事案件中的其他人员进行的证据调查，监察人员的证据调查的特点有：

第一，监察人员证据调查具有行为双重性。监察人员在查办违犯党纪政纪案件中，具有双重主体身份，即纪检监察机关及其工作人员不仅代表纪检部门而且代表监察部门行使职权。这种“纪检监察机关合署办公”的模式，使证据调查活动带有主体双重性的特点。

第二，监察人员证据调查具有调查对象的交叉性。纪检监察对象可能既是党纪案件被调查人，又是政纪案件被调查人，还可能同时也是侦查对象的犯罪嫌疑人。我国国家机关工作人员大多数是共产党员。如果违犯了法律，他就同时违犯了党纪、政纪；如果违犯了党纪、政纪，也可能同时违犯了法律。党纪、政纪和法律之间的联系，决定了纪检监察对象的交叉性，即党纪检查对象与行政监察对象的交叉，纪检监察对象与刑事侦查对象的交叉。这种交叉性，决定了纪检监察机关与司法机关的分工合作关系。

第三，监察人员证据调查具有手段独特性。监察人员在调查取证时，针对案件检查中遇到的各种情况，为保证反贪工作的顺利进行和获取有效证据，可以采取一定的强制措施和调查措施，但不能采用以限制人身自由为特征的拘传、搜查、监视居住、取保候审、拘留等司法机关专有的强制性侦查手段和措施。

第四，监察人员证据调查的法律依据具有多元性。监察人员在收集、鉴别、使用证据过程中，所依照的根据复杂多样，包括党的纪律、行政纪律，党和国家的政策、法规、国家法律等，而不像司法机关在证据调查中主要依据法律那样比较单一。

（二）侦查人员的证据调查

侦查人员的证据调查，指的是：侦查人员在办理刑事案件过程中所进行的收集、审查和运用证据，查明和证明案件事实的活动。在中国的法律框架下，侦查人员包括公安机关、国家安全机关、人民检察院、军队保卫部门和监狱等依法行使侦查权的工作人员。该类证据调查有如下特点：

第一，侦查人员证据调查具有行为强制性。依据《刑事诉讼法》进行的侦查人员的证据调查，根据《宪法》的授权和具体法律规定依职权进行，具有明显的国家强制性。一方面，侦查人员在进行证据调查过程中，可以采取讯问询问、现场勘查等专门调查工作，还可以对犯罪嫌疑人采用拘传、取保候审、监视居住、拘留和逮捕等强制性措施，这些证据调查行为带有或轻或重的法律强制性。另一方面，侦查人员证据调查行为的强制性体现在法律明确规定诉讼参与人及有关人员对侦查人员的调查行为有服从、配合的义务。如《刑事诉讼法》第 120 条规定“犯罪嫌疑人对侦查人员的提问，应当如实回答”，第 125 条规定“询问证人，应当告知他应当如实地提供证据、证言和有意作伪证或者隐匿罪证要负的法律责任”，第 137 条规定“任何单位和个人，有义务按照人民检察院和公安机关的要求，交出可以证明犯罪嫌疑人有罪或者无罪的物证、书证、视听资料等证据”。对于这些规定，诉讼参与人或有关人员应当遵守；一旦有违反，就要承担相应的法律责任。

第二，侦查人员的调查活动具有行为秘密性。侦查程序遵行措施秘密性和程序公开性的原则运作，侦查人员的证据调查活动也必须在措施秘密性的原则下进行，具体证据调查行为通常是秘密进行的。在立案、侦查等刑事诉讼起始阶段，有关案情和犯罪行为人的情况都不明朗，此时侦查人员进行的证据调查行为不能也无法向特定对象或不特定公众公开，只能是秘密进行。在侦查程序的证据调查中，侦查机关也会向社会公布特定案情或犯罪嫌疑人情况，协请知情公民提供线索，协助查破案件。但这种公布也是有限度的，需要以不泄露工作秘密为原则，否则会带来不良后果。

第三，侦查人员的调查活动具有逐次推进的步骤阶段性。侦查人员的证据调查始于立案，终于侦查终结，有需要时再行补充侦查相关证据。从立案开始到侦查终结为止的证据调查活动，又可以按照《刑事诉讼法》的规定分为侦查和预审两个阶段，有些案件甚至还需要在立案程序中进行初查，这几个阶段中进行的证据调查活动紧密衔接，构成侦查人员的证据调查活动的完整过程。接报案件后，侦查人员为查明是否发生了应当追究刑事责任的犯罪事实而进行的立案调查，侦查程序中的侦查取证、预审，就形成了侦查人员证据调查的 3 个环环相扣、逐次推进的证据调查阶段。

（三）审查起诉人员的证据调查

审查起诉人员的证据调查，指的是在刑事案件的审查起诉中，检察人员收集、审查证据，运用证据查明和证明案件事实的活动。

第一，审查起诉人员的证据调查具有调查范围限定性。在刑事案件的诉讼流程中，检察机关在审查起诉环节代表国家行使法律监督权，针对侦查机关移送的侦查终结的刑事案件和证据材料，开展证据的复核和审查判断。审查起诉人员的证据调查行为，围绕着刑事公诉活动中对移送起诉案件的受理、审查、提起公诉或决定不起诉，以及出席法庭支持公诉等特定内容而展开的，具有证据调查的范围限定性。

第二，审查起诉人员的证据调查具有方式审查性。我国宪法赋予了人民检察院的法律监督职责，审查起诉是其法律监督职责在该阶段的具体表现。首先，人民检察院是法律监督机关，除自侦案件中侦查式的证据调查外，其他调查活动主要是审查式的证据调查。其次，根据《刑事诉讼法》和《人民检察院刑事诉讼规则》的规定，审查起诉的检察人员对受理移送起诉的案件应当在7日内进行形式上的审查。检察机关可以进一步询问被害人、讯问犯罪嫌疑人以及对各种证据进行调查，或对需要补充侦查的退回公安机关补充侦查或自行侦查。在起诉活动中，对是否符合起诉条件的最后审查，以及起诉书的制作也主要是依据对证据的审查结果进行的；另外，在对案件作出不起诉决定或出庭支持公诉的活动中，检察机关也是以对侦查终结获得的证据的审查为基础，结合其他方式的证据调查，完成公诉案件中的诉讼职能的。

第三，审查起诉人员证据调查具有手段法定性。在审查起诉过程中，检察人员证据调查的具体手段必须符合法律的相关规定，必须遵循刑事诉讼法等法律的规定。人民检察院受理了移送审查起诉案件后，在审查起诉时“应当讯问犯罪嫌疑人，听取被害人和犯罪嫌疑人、被害人委托的人的意见”，经过审查案件，“对于需要补充侦查的，可以退回公安机关补充侦查，也可以自行侦查”；在出庭支持公诉活动时，检察人员依法询问证人、被害人、鉴定人以及讯问被告人等进行证据调查，也可以就被告人、证人对同一事实的陈述存在矛盾需要对质的，建议法庭传唤有关被告人、证人同时到庭对质来查明案件事实。

（四）审判人员的证据调查

审判人员的证据调查，指的是法律规定审判机关具有审判权的工作人员在案件的审理、判决过程中进行的证据收集、审查、判断的活动。他们所实施的证据调查，同侦查人员、公诉人员所进行的证据调查相比，具有以下不同：

第一，审判人员证据调查的诉讼终极性。不管是民事案件、刑事案件还是行政诉讼案件，审判人员的证据调查总是在整个诉讼流程的审判阶段，其对证据所进行的收集、审查、判断与采信具有诉讼终极性的特点。

第二，审判人员证据调查的地位中立性。审判人员证据调查是对依法出示的证据进行查核，特殊情况下也会在庭外进行证据收集和审核判断。审判人员在审查判断证据时，必须不偏不倚地据实做出判断。他们对诉讼双方所提供的证据进行审查、判断，不得带有个人的感情色彩或者倾向性。

第三，审判人员证据调查具有效力确定性。侦查人员、审查起诉人员和审判人员进行证据调查，都是为了运用证据认定案件事实，服务诉讼的顺利进行，确定罪和罚。审判人员所进行的证据调查是查清案件事实、确定诉讼当事人的法律责任、决定适用实体法的基础。

第四，审判人员证据调查具有程序法定性。审判人员证据调查所依据的法定程序，是诉讼法所严格规定的、法庭庭审所必须遵循的程序性操作规范。刑事、民事、行政诉讼法对审判程序详细规定了法庭调查、法庭辩论各个环节的先后顺序、审判人员以及审判组织主持法庭开庭审理、合议庭合议以及审判委员会讨论的方法，审判人员在审理案件过程中进行证据调查时必须严格遵循。

（五）律师的证据调查

律师的证据调查是指接受了当事人委托的律师为了获取有利于己方的证据或查明这些证据而进行的专门性发现、调取、复核等证据调查工作。律师是“为社会提供法律服务的执业人员”，即是为具体的委托人服务的，必须维护委托人的合法利益而进行证据调查行为，因而其证据调查具有一些特殊性：

第一，律师证据调查具有目的特殊性。侦查人员等其他从事证据调查的公职人员开展证据调查，遵循“客观、公正”的原则，实事求是地查明案件事实和证明案件事实。由于诉讼立场不同，律师虽也需要查明、证明案件事实，但有时却可能考虑到该事实查明是否有利于他的委托人的诉讼利益和法律利益。在法律体系中，律师是受托人或代理人，其工作的结果好坏要由委托人承担，必须对委托人履行忠实代理人的法律义务。律师在诉讼中的法律身份，使得律师证据调查的目的必须是查明、证明有利于其委托人的事实。

第二，律师证据调查具有方式方法的限定性。在诉讼业务和非诉讼的法律执业过程中,律师可以无须其他公权力机关批准,采取询问这种方式来证据调查。但如案件需要采取其他方式来调查证据或复核案情事实,律师只能向法庭申请,由法庭采取相应措施。从这一意义上来说，相比于公职机关相关人员的手段丰富的证据调查，律师证据调查的方式方法具有特殊限定性。

第三，律师证据调查具有程序特殊性。律师向有关单位和个人进行证据调查前，须经对方同意。在刑事案件中，向被害人或者其近亲属或其提供的证人调查,更须先经检察院或法院同意。律师向有关单位或个人进行调查,按现行《律师法》的规定，是以对方“同意”为前提的。与侦查人员、检察官、法官不同，律师不仅不能像其他调查人员一样有权通知调查对象到自己的办公室提供证言，律师的证据调查也不具有强制性，是否接受律师调查，是否按照律师要求提供言辞证据，也完全由调查对象自主选择。

（六）仲裁人员的证据调查

仲裁是指当事人在争议发生前或发生后达成协议，自愿将争议提交中立独立且权威的第三者作出裁决并有义务执行裁决结果的一种争议解决方式。与案件诉讼一样，仲裁案也要经过查明事实和适用法律两个阶段，并且查明事实是适用法律的基础。所以，仲裁程序中的证据调查是十分关键和重要的。同诉讼中的证据调查相比，仲裁人员的证据调查有以下特殊性：

第一，仲裁证据调查需要遵循民事证据规则。仲裁主要解决商业纠纷和涉及财产关系的民事纠纷，因此仲裁中的证据调查活动应当遵循民商事证据调查活动的法律原则和制度。仲裁庭没有法院那样可以传唤证人到庭作证的权力，证人不愿作证而确实需要其出庭作证时，只能由法院予以协助。仲裁庭没有进行证据保全的权力，也需要由法院协助进行仲裁中的证据保全。这一特点表现在仲裁程序中的双方当事人完全处于同等的地位，当事人对于系争事实的证明只需要达到优势证据的程度即可。

第二，仲裁证据调查在当事人完全平等对抗的条件下展开。仲裁中的证据主要由当事人提供，仲裁庭主要负责指挥程序进行和对证据进行核查判断。只有在极少数的情况下，才由仲裁庭实施十分有限的主动调查证据，而且还应当特别避免对任何一方表现出明显的倾向。

第三，仲裁证据调查方式一般比较灵活。及时有效地解决当事人之间的争议是当事人倾向于选择仲裁解决其争议的一项主要原因。这就要求仲裁庭在进行调查的过程中不拘泥于形式，什么方式方便有效而又公平合理，便可采纳这种方式。这样既可以节省时间，也可以节省费用，符合商业经济的原则。

案例[①]

2018年某日下午，刘某福驾驶二轮摩托车来到赖某家房子后面，用随身携带的一根7字型的铁棍撬开赖某家房子后面的防盗窗，爬进房间内，经过该房间到达隔壁大厅后，发现该户人家大厅内是食杂店，便迅速到食杂店收银台抽屉内翻找，从抽屉内盗取160元现金后，从先前撬开的防盗窗处跳出窗外，逃离现场。

物证有作案工具7字型撬棍一根，力帆牌125型摩托车一辆，证实案发当日被告人骑该摩托车到案发地点，用该7字型撬棍撬开赖某家防盗窗入户实施盗窃。

搜查证、搜查笔录、扣押笔录、扣押清单、扣押决定书证实，经派出所民警对刘某福租住房子的搜查，民警依法扣押了刘某福作案时使用的力帆牌125型摩托车一辆、长约40厘米的7字型撬棍一根、白色手套一副。

案解

本案是一起盗窃案。公安机关在办理该起案件过程中进行收集、审查和运用证据，查明和证明案件事实的活动即为证据调查。侦查人员证据调查具有行为强制性，派出所民警对刘某福租住房子的搜查即为强制性的体现。警方在犯罪现场搜集到的作案工具及其他痕迹都为该起案件的重要物证，为锁定犯罪

---

① 案例来源：建宁县人民检察院刑诉［2019］142号起诉书，著者稍作改动。

嫌疑人、还原犯罪现场奠定了基础，进而达到证据调查目的，即查明案件事实和证明案件事实。因证明的过程只是一种回溯性推理，对于警方而言，他们只能通过摩托车一辆、撬棍一根、白色手套这些证据来“重现”事件中“法律事实”。只有通过深入细致地调查，收集各种证据来查明刘某福盗窃的事实，才能够保证后续的程序科学性和决策正确性。

拓展阅读

1. 熊秋红:《比较法视野下的认罪认罚从宽制度——兼论刑事诉讼“第四范式”》，载《比较法研究》2019 年第 5 期。
2. 陈瑞华:《论监察委员会的调查权》，载《中国人民大学学报》2018 年第 4 期。
3. 龙宗智：《监察与司法协调衔接的法规范分析》，载《政治与法律》2018 年第 1 期。
4. 龙宗智：《庭审实质化的路径和方法》，载《法学研究》2015 年第 5 期。
5. 潘申明：《比较法视野下的民事公益诉讼——兼论我国民事公益诉讼制度的构建》，华东政法大学 2009 年博士学位论文。

复习试题

1. 证据调查的内容是什么？
2. 证据调查应如何分类？

复习与作业要求

1. 课后复习，并完成复习试题。
2. 考核要点：证据调查的内容，证据调查分类。
3. 辅助教学活动：案例简析。

第三节　证据调查的原则

一、证据调查的客观原则

（一）客观性原则概述

实事求是的中国传统哲学思路在证据调查中表现为客观原则，它是“以事实为依据”的法律原理在证据调查过程中的运用，是辩证唯物主义的思想路线在证据具体工作中落实和体现。客观性原则，就是要求证据调查者实事求是，要从客观实际情况出发去调查、研究和分析待证事实问题，从每个具体证据实际情况出发，以客观的态度去收集客观真实的证据，并以该客观证据为基础判断个案中的证据与待证事实的联系，从而为确定事实和明确法律责任提供客观依据。

（二）客观进行证据调查

在证据调查过程中秉持客观性原则，需要做到：

1. 牢固树立依法取证的证据理念

法律规定的证据形式和取证程序，都是建立在对证据和证明规律认识之上的，也是对诉讼活动和非诉讼法律活动规律的反映，法律法规对各项证据调查活动的规定能够保证相关人员收集证据和进行各项法律活动客观性的实现。在刑事案件证据调查中，相关人员需要树立起“未经法院审判任何人不得被确定有罪”的法治理念，在收集证据时不但要收集能证明涉案嫌疑人有罪、罪重的证据材料，也要收集能证明其可能无罪、罪轻的证据材料，不得要求涉嫌的犯罪嫌疑人承担证明自己无罪的责任。在刑事诉讼过程中，如果发现犯罪嫌疑人无罪，必须撤销案件，如已经拘捕或者采取其他强制措施的，应当立即释放，迅速解除强制措施。

2. 证据工作中必须“重调查研究”

调查研究是收集和核实证据最主要、最关键环节和手段。在刑事案件的证据收集中，相关人员对犯罪构成的主观、客观要件的证据都要予以充分关注，保证具有法律意义的案件事实都必须有确凿的证据予以证明。在共同犯罪的刑事案件的证据调查中，对证明各类嫌疑人在案件中各自作用的证据要全面调查和细致研究。

3. 必须“不轻信口供”

犯罪嫌疑人、被告人的供述和辩解，俗称为口供，是非常重要的一种证据类型和重要线索来源。口供是言词证据的一种形式，与物证相比，它具有相当的主观性和易变性。同时，由于口供的提供者与待查案件的切身利害关系、精神上承受的强大压力，往往会提供与案件真实情况有较大出入的误证、假证等，造成司法人员对案件的误判，甚至是错判。这就要求我们在证据调查工作中，不能轻信口供，要同时重视口供以外的证人证言等言词证据的收集，努力寻找刑事案件的物证、书证、视听资料等实物证据，为案件事实的查明奠定良好的证据基础。

（三）力戒证据调查中的几种错误做法

1. 力戒证据调查中脱离证据事实的主观主义

在证据调查中坚持客观性的原则，就不能凭想当然，不能主观臆断。以主观主义和片面主义的思想方法去收集、审查证据，处理案件，很难保证不出错案。即使是经验特别丰富的调查人员，也必须深入细致地调查研究，根据案件的具体情况去收集证据。只有真正从客观实际出发，才能在错综复杂的案情中找到正确的答案。

2. 力戒证据调查中以偏概全的片面主义

在证据调查中坚持客观性的原则，要求调查人员必须坚持唯物辩证法全面看问题的观点，切忌片面性。换言之，调查人员切忌先入为主、偏听偏信。在证据调查中，只注意本证，不注意反证；只注意直接证据，不注意间接证据；只注意原始证据，不注意传来证据；只注意一方当事人提供的证据，不注意另一方当事人提供的证据；只注意符合自己对案情分析的证据，而不注意不符合甚至可能推翻案情分析的证据；在调查中只对一种可能性进行调查，而忽视对其他可能性进行调查；等等，都属于片面性错误的表现。

3. 力戒证据调查中不尽不实的表面主义

在证据调查中坚持客观性原则，要求调查人员必须坚持深刻地看问题的观点，不为表面假象所迷惑。换言之，调查人员切忌浅尝辄止、敷衍了事。当事人、证人、被害人由于主客观诸因素的影响，其陈述或证言会有不实或虚假之处。在如此纷繁复杂的情况面前，如果执法人员不进行深入细致的调查研究，就会被假象、表象所迷惑，不能查清案件的事实真相，而依据假象、表象认定事实，亦会办出错案来。

二、证据调查的法治原则

（一）证据调查法治原则概述

证据调查的法治原则，指的是在具体的证据调查过程中，证据调查人员必须通过法定的取证程序，调查符合法律规定种类的证据，综合运用各种形式的证据来达到各类案件的证明标准。

作为司法活动或执法活动的一个环节，证据调查必须维护社会主义法治，因此必须严格依法办案。证据调查既是一种规范性很强的法律活动，同时又是一种非常强调发挥自主能动性和进行创造性工作的专门性法律行为。千变万化的社会生活和复杂情况导致有些人员在法治意识淡薄的时候出现违法乱纪的情况，因此必须强调法治原则的贯彻和落实。

（二）法治原则须贯彻于证据调查过程中

1. 必须遵守证据调查的法律规制

在各项法律活动中，证据调查适用面非常广泛，不仅涉及诉讼活动，也涉及各种非诉讼的执法活动。因此，目前我国有关证据调查的法律规范的分布就显得相当分散。必须了解这些证据调查相关规制，在证据调查实践活动中予以贯彻遵守。从立法主体与法律效力来看，我国关于证据调查的法律规范包括如下几种类型：第一类是我国全国人大及其常委会制定的法律中有关证据调查的内容；第二类是国务院颁布的法规中有关证据调查的条文或规则；第三类是司法机关颁布的相关司法解释；第四类是其他部门颁布的专门规章；第五类是已经被国内法吸收的我国加入的国际条约。我国已经形成多位一体的证据调查法律体系，即以《监察法》《刑事诉讼法》《民事诉讼法》《行政诉讼法》等基本法中证据调查规范为主体框架的一切有关调查法律规范的体系。

2. 切实遵守非法证据排除规则

在证据调查实践中，我们必须切实遵守非法证据排除规则，反对暴力、胁迫或其他非法手段获取证据的行为。在证据调查中采用刑讯逼供，一方面严重侵犯公民的人身权利，甚至会造成被讯问人伤残、死亡的严重后果；另一方面依据刑讯获取的不实口供定案，极容易导致冤、假、错案。因此刑讯逼供为我国法律所严厉禁止，除刑事诉讼法明确把严禁刑讯逼供作为一项禁止性规范外，刑法还专门设立了刑讯逼供罪作为违反这一禁止性规定的法律责任，以便让调查人员严格依法办案，自觉抵制刑讯逼供。无论采取威胁、引诱、欺骗还是其他非法方式收集证据，均反映出调查人员的法治观念不强、素质不高，实际上是一种无能的表现。非法调查无助于查清案件事实、保证办案质量，反而会把案件事实搞混乱，造成错案。

三、证据调查的效益原则

（一）证据调查效益原则概述

证据调查的效益原则，是指证据调查人员以最少的人力、物力、财力资源的投入获取最大化的取证效果和证明效果。我国正在建设中国特色社会主义法治体系，进行任何法律行为都应当树立社会效益意识。如果证据调查活动投入较小的成本能取得既定的效果、达到预期的证据调查目标，或是投入既定的成本能取得较大的效果，那么此项证据调查活动便是有效益的。

（二）效益原则应贯穿于证据调查全过程

1. 端正证据调查的正确效益观

证据调查的高效，需要树立恰当的成本——收益的法治效益观，在证明预期与取证调查投入之间建立平衡。但是，由于不正确的义利观和传统权力观的影响，不少地方的证据调查实践中片面倡导追求“上级重视”“领导指示”“限期破案”的政绩观，为破案树形象追求所标榜的“安全感”、不惜一切代价去推动证据调查的做法并不少见。这种做法短时间看是获得了所谓的“关键证据”，惩治了罪犯。但从长远来看，这种做法无异于“驱狼搏虎”，固然打击了犯罪，但也消耗了民众对司法权威的遵奉。

2. 优化证据调查资源的配置

在证据调查中，需要遵行法律行为的效益原则，适当强调成本观念和收益意识。当然，效益原则的贯彻并不意味着简单或僵化地理解调查投入与收益，经济成本、社会成本、伦理成本、错误成本都应该考虑到，监察调查、刑事侦查、民事案件中的成本与收益的考量也应该有所不同。在刑事案件的证据调查中，不能说侦查人员调查一起涉案金额为 1 万元的盗窃案就不能使用超过 1 万元的办案经费，因为证据调查的收益不仅在于其经济效益，更有阻慑犯罪的巨大社会效益。而在民商事案件的证据调查中，“谁主张，谁举证”，当事人一般出于利益的考量，证据调查的投入不会超过或接近诉讼标的。

3. 证据调查的法定程序须简约高效

任何一项法律活动都需要依据法定程序进行，证据调查也必须严格依照现有的监察程序、刑事诉讼程序、民事诉讼程序设定的规则进行；相关证据调查程序的繁简一定程度上决定着证据调查和证明工作的效益实现程度。现有的证据调查程序设置得越复杂、越烦琐，调查权受到的牵制和约束就越多，在程序的层层流转中所耗费的人力、物力、财力以及时间就越多，在这种程序框架内进行的取证和证明工作就不会是高效的。

案 例[①]

某日晚上娄某儿子娄某甲与李某儿子李某甲在学校因琐事打架，次日下午娄某携带一把火药枪到李某家找李某。娄某开了一枪，李某从家中冲出，在争抢火药枪过程中双方扭打翻滚在地，致使娄某头部受伤。当日娄某被家人送至卫生院进行治疗后出院。10 天后，娄某出现头昏、呕吐、意识不清醒等症状后，再次被家人送往医院治疗。次日凌晨，娄某经抢救无效，医院诊断为因外伤后颅内感染

① 案例来源：马边彝族自治县人民检察院公诉刑诉［2019］63 号起诉书，著者稍作改动。

致呼吸循环衰竭死亡。

医学鉴定中心对娄某的死因鉴定认为其颅内感染与受伤当晚开放性颅脑损伤存在因果关系，鉴定意见为娄某死亡原因符合额叶脑挫伤、脑脓肿伴颅内及肺部化脓性感染致死亡。

现场照片证实，民警在公路坎下草丛中发现一把折断的疑似火药枪，疑似火药枪木质枪把断裂，带有一浅褐色枪带，火药枪长约1米。经物证鉴定所鉴定：从外观结构、击发方式等证明涉案枪支系前装填式的非制式枪支，枪支枪托断裂及枪管弯曲不影响底火击发及弹丸装填，枪支经底火击发实验，可有效击燃底火，具有致伤力，认定为枪支。

案　解

本案是一起过失致人死亡案件。在本案侦查过程中，警方通过现场勘查、物证提取等方式，搜寻到犯罪嫌疑人的作案工具，并对其进行了鉴定。通过鉴定疑似火药枪断裂的木质枪把的断裂处，认定其具有致伤力，这也为最后的定罪量刑提供依据。把在现场勘验笔录中，警方对被害人受伤地点进行了严密的搜索和勘验，尽可能完整还原其头部受伤的过程。在本案中，鉴定意见得出的结论也证明了被害人的伤情，证明了其死亡与娄某的行为有直接因果关系，这也进而帮助法官作出了合理的判决。

拓展阅读

1. 龙宗智：《刑事再审案件的审理方式与证据调查——兼论再审案件庭审实质化》，载《法商研究》2019 年第 6 期。
2. 何家弘：《刑事诉讼中证据调查的实证研究》，载《中外法学》2012 年第 1 期。
3. 陈光中、郭志媛：《非法证据排除规则实施若干问题研究——以实证调查为视角》，载《法学杂志》2014 年第 9 期。

4. 何家弘：《外国犯罪侦查制度》，中国人民大学出版社 1995 年版。

复习试题

1. 简述证据调查与人们在日常工作和生活中进行的一般调查活动的主要区别。

2. 简述证据调查的分类。

3. 简述证据调查的原则。

复习与作业要求

1. 课后复习，并完成复习试题。

2. 考核要点：证据调查的分类及原则。

3. 辅助教学活动：案例分析。

第四节　证据调查的基础理论

基础理论是指产生和发展于社会实践，具有全面性、逻辑性和系统性的同时又具有相对独立性的根本理性认识。科学的基础理论应该是从社会实践中来，又为实践所检验能正确反映客观事物的本质及规律性。证据调查的基础理论主要由 4 个部分构成：物质性原理、信息转移原理、同一认定原理以及相对性原理。这 4 条原理互相联系、相辅相成，分别阐明了证据调查的物质观信息论基础、方法论基础与认识论基础，共同构造了证据调查的理论根基。

一、物质性原理

（一）物质性原理概述

物质是标志着客观实在的哲学范畴，其基本特征是客观实在性。这种客观实在是人通过感觉感知的，它不依赖于人们的感觉而存在，能为人们的感觉所复写、摄影、反映。这是辩证唯物主义关于物质的基本看法，为人们分析案件构成的本质属性提供了依据。各种证据和案件事实都是由一些基本要素构成的，这些要素通常可概括为“七何”叙事，即何事（what matter）、何时（when）、何地（where）、何情（how）、何故（why）、何物（what thing）、何人（who）。

一切证据和案件事实都是由基本要素构成的，这些要素基本内容都是物质的，其基本属性是它的客观实在性。人们所以能认识事物的存在，就是因为客观事物在人们头脑中反映的结果。证据是可以被认识的，案件事实是可以通过证据来重构的。唯物主义肯定世界是物质的，物质是第一性的，意识是第二性的，意识对物质具有反作用，客观世界是可以认识的，是可以改造的。各种形式表现的证据是案件事实得以确定的特定物质基础，证据形式具有客观性，决定了它是可以被认识的，使得我们对案件事实的认识具备了客观必然性的基础。

（二）物质性原理在证据调查中的应用

物质性原理是证据调查的物质观基础。在证据调查实践中，只要承认案件构成的物质性或客观实在性，只要把调查视角投向个案中可知的物质性要素，调查人员便有可能把握某一时期发案的规律、特点乃至发展趋势，进而为调查工作确定指导思想和针对性策略。

这一原理昭示人们，证据调查的中心任务总是围绕着“七何”展开的，调查任务的确定与调查途径的选择离不开“七何”。从司法实践来看，绝大多数案件中证据调查行动最终都要解答人与事的关系问题。因此，“何人”或“何事”往往是证据调查的中心任务，而“何时”“何地”“何情”“何故”“何物”则是调查的中介手段。

（三）物质性原理要求尊重实践

马克思主义哲学阐释了关于认识的来源、本质及其规律。它坚持了反映论的观点，认为客观的不依赖于人的意识而存在的物质世界是认识的对象和源泉，认识是主体对客体的反映，是客观世界的主观映象。[①]不同于形而上学唯物主义，辩证唯物主义认为反映不是对客观世界的消极被动的直观，而是主体在改造客体的实践基础上发生的积极地、能动地再现客体的本质和规律的过程。

① 参见张改凤、闫磊：《辩证唯物主义认识论与党的思想路线的关系》，载《中共山西省直机关党校学报》2015 年第 3 期。

首先，实践是认识的基础、认识的来源、认识发展的动力、检验认识真理性的唯一标准、认识的归宿和目的，因此，我们应当坚持实践第一的观点，积极投身实践。其次，认识对实践具有反作用，要求重视认识的反作用，发挥科学理论对实践的指导作用。再次，真理是客观的、具体的、有条件的，要求正确对待错误，在实践中不断丰富、发展和完善真理。最后，认识具有反复性、无限性、上升性，追求真理是一个过程，要求与时俱进、开拓创新，在实践中认识和发现真理，在实践中检验和发展真理。①

在我国当前的证据调查制度中，深刻融入了辩证唯物主义认识论原理。它要求我们在证据的收集、保全、运用、证明的过程中坚持实事求是，尊重证据的客观真实性，以此维护司法公信力。

二、信息转移原理

（一）信息转移原理概述

20 世纪初法国人埃德蒙·洛卡德先生在实验中发现：物质交换现象不仅在自然界存在，在刑事犯罪中也普遍存在物质的转移。在刑事案件中，作案人实施犯罪会必然在作案人、犯罪现场和被害人之间形成物质交换现象。例如，在强奸犯罪案件中，犯罪现场或被害人身上可能留下作案人的精斑、毛发、纤维，作案人可能带走现场的泥土、草籽等。洛卡德对这些现象进行概括和总结，在其编著的《犯罪侦查学教程》中称之为物质转移原理（或物质交换理论、物质转换定律）。该理论后经他的同事和学生的改良，日臻成熟。由于物质转移原理是由对尘土等微量物质的研究发展而来，所以很长一段时间里人们认为转移只是发生在微量的等级上。后来一些学者对其进行了合理拓展，认为实践中还存在着宏观转移的情况，立体特征转移是物质转移的合乎逻辑的扩充，从而将物质转移分为物理转移与立体特征转移，而物理转移又包括微量物证转移与宏观物证转移两种情况。

物质交换是指行为人在行为过程当中，不可避免地要将某些物质和信息遗留于现场，同时又会从现场带走某些物质。从此概念出发可将这种物质和信息

① 参见张尚仁：《实践是认识的来源和基础新解》，载《毛泽东邓小平理论研究》1984 年第 2 期。

交换现象划分为 3 种主要类型：第一种是痕迹性物质交换，比如现场遗留的行为人的指纹、足迹、作案工具痕迹和行为人之间搏斗而互相留下的咬伤、抓伤痕迹等等。第二种是实物性物质交换，包括宏观物品交换和物质微粒的互换，前者如行为人在现场遗留的随身物品、作案工具和从现场窃取的财物等，后者如作案时在现场脱落的或从现场粘附走的砂土、纤维、灰渣、金属碎屑等微量物质。第三种是无形性物质的交换，如不同气味的互换，有毒气体与无毒气体的互换等等。根据物质交换理论，所有活动本质都可以理解是一种物质运动，无论行为人如何反侦查，在行为过程中都不可避免地会在现场遗留或带走某些物质，其中有许多是行为人意想不到的物质微粒转移，这就提供了把行为人与法律行为联系起来的良好条件。

物质转移原理是专门针对物质性信息而言的，不适用于意识性信息，这人为地缩小了其适用范围，使得其对整个证据调查工作的指导意义大打折扣。例如，心理痕迹、涉案记忆与印象痕迹等意识性信息都是通过交换或转移而形成的，却难以套用物质转移原理予以解释。有必要将信息论方法引入证据调查领域，并与之结合，在此基础上开发出调查过程中的信息分析模型。这就是发案过程中信息转移原理的出炉。从这种意义上讲，信息转移原理既是传统物质交换原理的升华，又是信息论用于分析发案过程的一个结论。这一理论将信息论用于分析发案过程，深入揭示了发案过程中的一种信息现象——信息转移现象，基本克服了物质转移原理的种种局限性，可以指导证据调查实践。

（二）信息转移原理内涵

信息转移原理表明，发案过程中信息转移现象是广泛存在的，它是涉案行为的共生体，是不以当事人的意志为转移的客观规律。具体来说，这一理论既表明了发案过程中信息转移的必然性，又涉及信息转移的内容与相关模型。

1. 发案过程中信息转移的必然性

发案过程中必然会发生信息转移，这首先是由案件构成的物质性决定的。任何案件必然要在一定的时间、空间条件下实施，必然会破坏事物原有的状态，引起信息转移的出现：一方面，当事人通过其涉案行为会促使其他当事人、现场与环境发生变化，将其自身的信息保存在其他当事人的身上以及现场、环境中；另一方面，行为人实施涉案行为以后还会造成自身的变化，将其他当事人以及现场、环境的信息存储在自己身上。

2. 发案过程中信息转移的构成

发案过程中所转移的信息是指案件信息，即案件的发生、发展、结束状态的各种表征知识。它在证据调查活动中的最大价值在于，能够帮助调查人员消除案件中的各种不确定因素，进而获得有助于查案的知识。

这种信息的表现是纷繁芜杂的。依照其寓存形式的不同，案件信息可以分为物质性信息与意识性信息。物质性信息是指寓存在各种宏观与微观的固体、液体与气体物质中的信息，意识性信息是指寓存于当事人、目击证人及其他知情人的大脑记忆中的信息。一般来说，前者受到的干扰因素较小，虽然也可能因遭到人为或自然破坏、变质或污染而失真，但不会主动“造假”；而后者则要受到提供者的主观因素影响，既有可能因提供者的感知能力、记忆能力与陈述能力而失真或减值，又有可能因提供者的利害关系等而不如实反映案情。我国的证据调查活动要由重视意识性信息的收集与运用，转向强调物质性信息的收集与运用。

3. 发案过程中信息转移的相关模型

信息论的信息系统模型的运行原理是：消息从信源发出，经发送机将消息转变为信号，输入信道，经过信道译码器，信号被接收机译码还原，将信息传输给信宿。为了便于阐释发案过程中的信息转移现象，我们把这一模型的结构简化成 3 个部分：信源、信道和信宿。

信源是指信息的源泉，发案过程中的信源主要是当事人，它可以是自然人、法人或其他社会组织。信道是指传送信息的通道，发案过程中的信道是案件行为，包括预备行为、实施行为与处理行为等。信宿是指传送信息结束后信息的归宿，发案过程中的信宿既包括其他当事人，也包括现场及案发环境。发案过程中的这种信息转移现象可以归结为以下两种模型：一是“人—人信息转移”模型，二是“人—场所信息转移”模型。[①] 严格地说，发案过程中的信息转移并不是单向的，不同当事人之间的信息可能互相传递。

三、同一认定原理

（一）同一认定原理概述

同一认定是指其具有专门知识的人或熟悉客体物某些特征的人，在研究和比较先后出现的两个反映形象特征的基础上对其是否出自一个或是否原属同一整体物所做出的判断。在证据调查领域，同一认定是指调查人员通过对先后出现客体的特征进行比较，认定这些客体是否同一的一种原理和方法。这里所说的“同一”，与哲学认识论中的“同一性”不同。哲学中的同一性，涉及两个以上事物之间的关系，所要解决的是事物的共性问题；而同一认定的同一性，是客体自身与自身的关系，所要解决的是客体的个性问题。

在证据调查领域中，同一认定则是一种专门的认识方法，可以为调查人员提供线索和思路。以刑事案件的证据调查为例，调查人员往往要通过各种调查工作查明究竟谁是凶手，或者要查明犯罪嫌疑人究竟是否实施了被指控的犯罪行为。这些实际上可以分别被视为“对作案人的同一认定”与“对事件的同一认定”。这两种同一认定是证据调查的终极目标，可称为“大同一认定”。

（二）同一认定原理指导着证据调查

同一认定是证据调查活动中一种非常重要且应用非常广泛的专门认识方法，这决定了同一认定原理在证据调查中处于专门方法论的基础地位。

一方面，同一认定是任何案件中证据调查工作的中心内容和最终目的。如前所述，案件中证据调查的中心任务往往是“何人”或“何事”。在此，我们可以把案件中的“事”看作认识活动的客体，其构成要素就是这个客体的各种特征，也就是对其进行同一认定的依据。

另一方面，同一认定渗透于各种证据调查措施和方法之中。从某种意义上讲，对行为人的同一认定和对事件的同一认定可以称为案件调查中的“大同一认定”，而这个大同一认定之中往往又包含着多个“小同一认定”。正是这一个个“小

① 关于模型的具体含义，请参见何家弘、刘品新：《证据法学》，法律出版社2004年版，第47~48页。

同一认定”有机地连接起来才构成了案件调查中的“大同一认定”。

四、相对性原理

（一）相对性原理的概述

法律事件发生之后，案件事实是否一定能查清？证据调查是否能够做到百分之百重建现场？学者们从认识论角度和价值论角度，提出了绝对说与相对说，并各执一词，讼争纷纭。从认识论的角度提出“绝对说”的，主要是苏联和我国老一辈的学者。苏联学者拉·别尔金认为：“要实现一种罪行必然实施具体方法，不管犯罪方法是重复性的还是独一无二的，都是罪犯的一种名片，都可以给破案工作提供情报，因此惩罚不可避免。”[①] 著名学者武汉也认为：“犯罪行为是一种物质运动，它与整个世界的物质运动一样，必取一定形态，并按一定的客观规律发生发展。因此，必须确信犯罪行为是可以认识的，刑事案件是可以侦破的。”[②] 诚然，每一个证据调查人员都明确和坚信“案件是一定能够查清的”，在某种程度上可能会增加工作信心。但从实践中看，若把这种理论观点绝对化，并不顾客观实际条件的各种相对性限制，则必然会给证据调查工作造成极大的危害。

在此基础上，有学者从认识论和价值论角度提出“相对说”。美国学者查尔斯·奥哈拉批评说：“一种普遍存在的错误观念认为：每一起犯罪从本质上说，都是能够破获的”[③]；我国学者曲玉斌也认为：从总体上说，由于客观上存在着对犯罪活动有利的方面，尽管“事物是可以认知的”，但现实中人类对客观世界的认识还有各种局限，我们工作还有某些失误，客观与主观叠加起来，就会出现“无头案，这就是侦查工作的现实。”[④] 这些学者坚信证据调查只能是相对的。西方一些侦查学家还专门探讨了刑事调查领域出现相对性的具体原因，由此而发展起来的有关学说被称为“侦查死角论”。

相对性原理更具有合理性和科学性，主要理由如下：其一，虽然从哲学上

---

① ［苏］拉·别尔金：《刑事侦察学随笔》，李瑞勤译，群众出版社 1983 年版，第 115 页。
② 武汉：《刑事侦察原理》，上海人民出版社 1987 年版，第 61 页。
③ ［美］查尔斯·奥哈拉：《刑事侦察学基础》，谭绿彝等译，群众出版社 1990 年版，第 2 页。
④ 曲玉斌：《刑侦方略新探》，警官教育出版社 1998 年版，第 238~239 页。

讲“万事万物都是可知的”，但“认识是相对的”，就人类某一特定历史时期而言永远不可能达到绝对真理；其二，证据调查活动同人类的科学研究活动有着实质性不同，后者为实现揭示客观真理的目的可以不惜代价、不计成本、不受时空限制，而前者则不然，它是为了还原过去的事实，必须受到时间和经费的限制，因此必然是不全面的；其三，证据调查工作的认识过程具有逆向性，且要遵循一套严格而略显繁缛的程序与规则，因此总要受到方方面面的制约；其四，从实践来看，受制于各国证据调查机构专业化水平和科学化水平，世界上没有一个国家的证据调查能做到百分之百达到重建现场。[①]

（二）相对性原理的内涵

在法律实践中，证据调查总是存在着相对性，而且这种相对性是客观存在着，它是不以人的意志为转移的客观现象。它还可以细分为调查对象的相对性与调查结果的相对性两个方面：

1. 调查对象的相对性

调查对象的相对性是指调查的对象是相对的，即调查人员所需要进行调查的案件不可能也不必是全部案件。换言之，对某一案件是否开展调查总是相对意义上的，没有绝对的规定。从各国立法和实践来看，调查人员予以调查的只是全部案件的一部分，主要是由调查机关发现、被害人或第三人告发的且需要采用调查手段的案件。对于那些实际上已经发生、但因种种原因未被被害人、第三人或调查人员所知晓的案件，对于那些实际上已经发生、但无须施用调查手段的案件，均不必展开调查。

2. 调查结果的相对性

调查结果的相对性是指调查活动不可能也不必查明业已立案或受理的具体个案的全部事实。在个案的调查中，调查人员查明的案件事实或要素只是案件事实的一部分，通常是由证明责任所限定的案件事实及相关证据，而不可能完全揭示案情。因此，只要调查人员查明了案件主要事实，获取了相应证据，就应当认为调查活动获得了成功。

① 转引自王大伟编著：《英美警察科学》，中国人民公安大学出版社 1995 年版，第 259 页。

（三）相对性原理贯穿于证据调查全过程

相对性原理是证据调查的认识论基础。确认这一原理将有助于我们加深对调查活动中相对性现象的认识，冷静分析调查过程中各种有利和不利的主客观条件和因素，实事求是地设计调查的手段、方法和程序。它对于证据调查工作的具体指导作用是多方面的。

首先，在调查方略上应当克服不科学的方式。我国实践中一些调查方略如“办成铁案”“限期破案”“命案必破”等，过分强调了调查人员的主观能动性，其导致的后果必然是冤假错案的出现。只有真正认识到证据调查只是相对的，才能冷静和科学地确立调查方略。

其次，在调查策略上应当从“扬长避短”方面选择突破口。证据调查的相对性原理隐含调查工作中双方对抗的规律，它说明在客观上分别存在对调查有利和不利的诸多因素，而且这些因素是相对的。因此，我们在调查策略上应做“扬长避短”的选择，尽量选择对己方有利的方式。

最后，在调查评价上应当同证明责任、证明标准相结合。依据相对性原理，证据调查所查明的案件事实乃是经过调查人员努力“复原”的新事实，其中不可避免地渗透了调查人员的主观意志。这种新事实可能比较接近已过去的客观事实，但绝不可能等同于、也无须等同于案件发生时的客观事实；在司法活动中最终为司法机关所认可的事实只可能是这种新事实，也就是说，只有这种新事实具有法律意义。因此，证据调查的范围应当以证明责任为限、以证明标准为度。当然，这里所说的证明标准不是过去建立在客观真实观基础上的标准，而是基于法律真实的理性标准。

（四）相对性原理导向证据调查程序正义价值判断

程序正义是指裁判过程的公平和法律程序的正义，即“看得见的正义”，是英美法系国家的一种法律文化传统和观念。其源于一句法律格言“正义不仅应得到实现，而且要以人们看得见的方式加以实现。”司法机构对于一个案件的判决，即使非常公正、合理、合法，但裁判结果不能得到人们的普遍认可，仍然不合程序正义的要求。程序正义的观念在英美法系中的出现并非偶然，按照日本学者谷口安平的解释，其源于“当事人主义诉讼结构”“先例拘束原则”“衡平法的发展”3个因素。在这3个因素有机结合、交叉影响下，审判结果是否正当、正确与否并不具备外在的客观标准，但只要审判程序本身具备正当性、合理性，审判的结果就能够得到人们的广泛接受，也就具有了正当性和合理性。①

案 例②

2014年某日中午，赵某之夫董某从外面打麻将回家后，发现家中只有其儿媳妇任某和其孙子，不见其妻赵某。

董某在其住室发现地上砖缝里、墙壁上、水壶上、豆浆机纸盒上都有很多血点，随即给女儿董小某打电话，三四十分钟后，董小某和丈夫汤某到家共同寻找，后在家西侧猪舍内发现装在编织袋内赵某的尸体，汤某即打110报警，并将任某的屋门从外面插住，不让任某出来，公安局民警随后赶到后将任某控制。

任某右手指甲擦拭物的生物成分经物证鉴定所鉴定为被害人赵某所留。经司法鉴定所鉴定，任某在涉嫌故意杀人时的精神状态应为精神分裂症，刑事责任能力应为限定刑事责任能力。

公安部物证检验报告显示，从任某卧室内提取的菜刀刀刃擦拭物及一件衣服和一条裤子上的可疑斑迹，经DNA鉴定，人血检验结果均为阴性，未获得以上检材的STR分型，结果无法比对。

公安局刑事科学技术室出具情况说明称，嫌疑人任某黑色毛裤上未检见人血，在任某卧室内提取的黄色衣服上未发现异常物质。

刑事侦查大队及办案人员一致表示，在侦办赵某被杀一案中，在询问犯罪嫌疑人任某的过程中，从未向其透露过有关该案现场勘查的情况和细节。

相关证据矛盾和疑点无法合理解释、排除，全案证据达不到确

① 参见陈瑞华：《论协商性的程序正义》，载《比较法研究》2021年第1期。

② 案例来源：河南省孟津县人民法院（2015）孟刑重字第4号刑事附带民事判决书，著者稍作改动。

实、充分的证明标准，现有证据尚不能得出被害人赵某系任某杀害的唯一结论。

案 解

本案中，民警在被害人住所发现大量血迹以及在任某衣物上提取到的斑迹都为法院裁判提供了依据。任某右手指甲缝擦拭物生物成分虽为赵某所留，但该擦拭物为何物，是人血抑或人体表皮组织无证据证明，且提取该擦拭物的程序不规范，无提取笔录和见证人，任某承认杀害赵某的有罪供述与其他证据之间不能形成完整的证据锁链，相关证据矛盾和疑点无法合理解释、排除，全案证据达不到确实、充分的证明标准，故根据现有证据尚不能认定任某有罪。

拓展阅读

1. 曲玉斌：《刑侦方略新探》，警官教育出版社 1998 年版。
2. [美] 查尔斯·奥哈拉著：《刑事侦察学基础》，谭绿彝等译，群众出版社 1990 年版。
3. 孙锐：《论刑事证据的同一性审查》，载《当代法学》2020 年第 5 期。
4. 袁中华：《论民事诉讼中的法官调查取证权》，载《中国法学》2020 年第 5 期。

复习试题

1. 简述证据调查原理中物质性原理构成案件的七要素。
2. 简述证据调查原理中信息转移原理的含义。
3. 简述证据调查原理中同一认定原理的科学基础。
4. 简述证据调查原理中相对性原理的指导意义。

复习与作业要求

1. 课后复习，并完成复习试题。

2. 考核要点：物质性原理、信息转移原理、同一认定原理、相对性原理。

3. 辅助教学活动：案例简析。

第二章　证据调查的制度源流

教学目的和要求｜通过本章学习使学生了解神示证据、法定证据、自由心证等证据调查制度。

教学重点和难点｜法定证据调查制度、中国传统证据调查制度、“实事求是”证据调查制度。

教学方法与手段｜讲授和案例分析。

证据调查学是一门新兴的自然科学与社会科学的交叉学科，虽然学科发展较晚，但证据调查行为在人类历史中有丰厚的制度积淀和文化基础。当我们把目光投向“前法治”时代，人类社会解决纠纷过程中需要确定责罚时，就有了进行证据调查的客观需要。[①]当“定分止争”的诉讼和日渐精密的司法程序成为社会刚需，没有证据就不可能提起启动诉讼流程，没有证据调查也更谈不上合理裁判。诚然，古代的证据调查方法与现代的证据调查方法之间有着天壤之别，但二者都是为查明案件事实和证明案件事实服务的。

第一节　神示证据时代的证据调查

一、神示证据调查制度概览

在人类社会早期，司法人员往往用一定形式邀请神灵帮助裁断案情，并且用一定方式把神灵的旨意表现出来，作为裁决的依据，这就是所谓的“神示证据”。[②]《圣经》深刻地影响了人类世界并形塑了整个西方世界文明，它也向世

① 参见何家弘：《证据调查方法探源》，载《中央检察官管理学院学报》1997 年第 1 期。

② 聂昭伟：《证明力与证据能力规则演变规律探究——我国证据规则立法方向的理性选择》，载《西南政法大学学报》2007 年第 2 期。

人展示了人类历史上的第一次“审判”，并向人们展示了由中立的裁判者——上帝——主导的证据调查活动，进而决定对亚当和夏娃的惩罚。[①] 这一方面由于人类当时对神具有崇拜心理，另一方面也由于人类当时的认识能力尚不能提供客观科学的证据调查手段。

（一）以信仰为其思想基础

神示证据调查制度的思想基础建立在人对于神灵、图腾的信仰之上。在审判法之中，无论是以角触之辨曲直的审判方式，还是正直之人浮于水上的论断，其思想核心就在于强大的神灵信仰，将对于是非公正的审判工作交予神灵定夺。虽违背科学常理，存在以权谋私现象，但仍不能否定其宗教信仰的强大作用。[②] 在神誓法之中，通过向神灵宣誓形式判案，其实质上在于利用人对于未知事物的恐惧来实现真言的获取，仍然需要长期信仰的建立。

（二）利用心理强制实现断狱息讼

基于宗教信仰形成的思想基础，最终会对人在心理上实现强制。换言之，被告人、原告人、审判人、普通民众均笃信神灵真实存在且将其作为全知全能的存在，生怕自己的谎言被其揭穿而不敢宣誓或是不敢接受神明裁判。就神誓法而言，基于心理强制能够通过其是否敢于宣誓、是否正常宣誓等因素轻易揭穿说谎者的谎言而实现断狱息讼。[③] 但就神判法而言，即使被审判者明知自己所述为事实真相，但由于不能承受所谓的神明裁判，最终造成冤假错案。但从反面而言，当被审判者明知自己所言虚假，在裁判面前也会因强大的心理压力而袒露真言放弃证明。

二、神示证据调查的类型

神示裁判主要有两种形式：一种是“神誓法”；一种是“神判法”。二者

① 《圣经》是一部宗教经典，它没有法学和侦查学领域的精准概念定义、制度解释、学术观点等，它距离法律教科书的规范性甚远，只是在其教义和故事中含有对证据调查制度建构和操作的一些启示。参见龙宗智：《为什么称〈圣经〉是一部诉讼法教科书——司法审判在两大文化中的意义比较》，载《法学》2003 年第 10 期。

② 参见邱亿成：《论神示证据制度的认识论基础》，载《湖南农机》2008 年第 5 期。

③ 参见何家弘：《证据调查方法探源（续）》，载《中央检察官管理学院学报》1997 年第 2 期。

的基本功能则是审查判断证据的“真实性”或“可靠性”。

（一）神誓法证据调查的地区性实践

神誓法，即当原告与被告就案件事实提出互相冲突的陈述时，审判者要求争讼双方分别以对神发誓的形式以证明其陈述的真实性，由神意来判断孰是孰非。若哪方不敢发誓，在发誓过程中神情慌乱，或在宣誓后出现某种报应的迹象，审判者便可判定其所言不实。各地区各族群之间存在信仰差异，故神誓的内容与形式也存在较大的差异。通常来说，神誓必须在庄严的宗教仪式下进行，通过神秘感增强威慑力量。在神誓仪式开始之前，宣誓者须先向本部族所信奉的神灵祈祷，后在圣物前宣读誓言，部分族群甚至要求向某种动物、武器或图腾宣誓。[①]

在远古时期的人类社会中，由于部落内部“成员的个人关系处于冲突状态，这样把那些危害行为确认为是对整个社会本身的危害从而给予定罪判刑”。欲解决“伤害、杀人、盗窃、通奸、做恶事和破坏这类事情”以及乱伦、滥用巫术等的罪和罚的问题，[②]必然离不开调查证据来确定事实并进行惩戒。但是当时的人们缺乏对于未知事物的正常判断能力，并且具有浓厚的神灵信仰，因此对无法判断的案件，就交由神明裁断。

神誓法是利用人们对神的崇拜心理来查案，反复使用必定降低其威慑效用，争讼双方都敢于对神明起誓，追求胜诉的力量战胜了对于神明的恐惧。因此，办案者只好请神明来“明断秋毫”，神判法产生且逐渐广泛适用。不同民族虽具备不同信仰，但均有其信奉神灵及需要判断是非曲直之事。独远古时代的东方和西方留下了不少神誓法证据调查的记载：在公元前18世纪，古巴比伦王国的《汉谟拉比法典》第249条即规定：“若有人租用公牛，该牛却因非人为原因死亡，租借者向神灵起誓自己没有过错以后可以被免罪。”

公元5世纪末至6世纪初，法兰克王国的《撒利克法典》将“誓言”规定为“主要的证据形式”，要求当事人对神宣誓以证明自己的主张或抗辩的真实性。为

---

① 参见何家弘：《证据调查方法探源》，载《中央检察官管理学院学报》1997年第1期。

② ［美］E. 埃德蒙斯·霍贝尔：《原始人的法：法律的动态比较研究》（修订译本），严存生等译，法律出版社2006年版，第275页。

增强誓言的力量，该法典规定“保证宣誓”制度，[1]由当事人亲属或友人对神宣誓来增强当事人陈述的可靠性。

不少阿拉伯国家以《古兰经》为律法，也将宣誓作为一项重要的证据调查手段。伊斯兰的宗教信仰中，真主安拉无所不知无所不能，因此宣誓人若欺骗安拉，则永世不得宽恕。在案件审理过程中，卡迪一般让被告人先对安拉宣誓，如果被告人拒绝宣誓，则宣判原告胜诉；如果原告人也拒绝宣誓，或双方均宣誓，则需要进一步判明案情曲直。

我国古代也曾将神誓法作为查明案情的重要手段。《周礼·秋官·司盟》中记载：“有狱讼者，则使盟诅”，“日盟诅，各以其他地域之众庶，共有牲而改焉，既盟则为司盟共祈酒脯。”这说明当时打官司的人都要通过宣誓来证明自己陈述的真实性。此外，《墨子·明鬼》中载有齐国二人争讼至神庙起誓案例，为神誓法与神判法的完美结合之典范，也说明当时神示证据制度适用之普遍。

（二）神判法证据调查的地区性实践

相比于神誓法，神判法具有人意和神意混合的成分。神判法证据调查是指：在诉讼过程中审判者通过给被告人加以某种考验的方式来请求神灵示意并据以认定案情、作出裁决的方法。神判法是一种直接诉诸神的裁判方法，由审判者借用神明名义来直接指明是非曲直，旨在通过对当事人实行某种肉体折磨或精神考验的方式来查明案情。[2]在神示证据制度之中，神判法主要由“水审”“火审”“决斗”等方式构成。在我国神示证据制度中，最为典型的是皋陶判案中使用独角神羊来判断有罪与否。

《汉谟拉比法典》第2条规定：“若某人被告发犯有巫蛊之罪，而又不能证实，可将其投入河中进行考验。如果他没有被溺死，则意味着河水已为他‘洗白’，告发者应处死刑，其房屋归被告发者所有；反之，则说明被告发者有罪，其房屋归告发者所有。”该法典第132条还规定，对于被告发与他人通奸的自由民之妻，亦应投入河中去接受神的裁判。古代日耳曼人也曾采用这种“水审

① 参见潘丽华：《论宣誓制度》，载《法律科学（西北政法学院学报）》1999年第4期。

② 参见邱亿成：《论神示证据制度的认识论基础》，载《湖南农机》2008年第5期。

法”，但其检验标准与古巴比伦人恰恰相反。他们认为河水是世界上最圣洁的东西，不能容纳有罪之人，所以嫌疑人被投入水中后若浮于水面，则证明其有罪；若沉入水中，则证明其无罪。

古印度的《摩奴法典》中规定，如果法官依证言和物证不能确定案情，则可以用“神明裁判法”来审查证据和查明事实。作为《摩奴法典》之补充的《那罗陀法典》第102条又进一步规定了神明裁判由火审、水审、秤审、毒审、圣水审、圣谷审、热油审、抽签审8种形式组成的裁判制度。[①]

日耳曼时期的法律则规定，在没有证人或者供认的情况下解决指控的方法为：两方在同一场战斗中争斗，战斗中的胜利者被宣布为是正确的。从其本质而言，这是一场为司法所认可的决斗。[②]在决斗前，双方需起誓其情况是公允的，证据是真实的，除携带武器外，未携带其他物品且不借助于魔法。一旦进入决斗程序不得回转，直至一方伤亡为止，最后的站立者胜诉。[③]在英国，对决双方必须在规定地点、时间来到法官面前。决斗通常午后开始，日落结束。法官可规定其决斗地点、时间、武器类型。而在法兰克帝国，其不同地区对于决斗规则、武器装备规定有所差异。例如如果两个家庭对其土地之间的边界进行争执，则通过战斗进行试验。从有争议的土地上取下一把土放在参赛者之间，他们需要用剑来触摸它们，每个人都宣称他们的要求是合法的。失败的一方除了没收他们对土地的要求外，还要缴纳罚款。

在我国古代也曾经历过类似的神判阶段。许慎在其《说文解字》中记载“灋，刑也，平之如水，从水；所以触不直者去之，从去。”“氵”喻指执法应当平之如水，不偏不倚公平公正，“廌”为一种独角神兽，能够辨别是非曲直，通过其角触碰败诉者证明案件。“去”，则由原意“离开”引申为“驱除”等处罚含义。确凿的神示裁判案例在中国史书中不可考，但传说中仍有一鳞半爪的

① 参见何家弘：《侦查方法史考（一）》，载《中国人民公安大学学报》1988年第6期。

② 参见徐昕：《司法决斗考》，载《法制与社会发展》2007年第1期。

③ 参见傅达林：《“司法决斗”的现代隐喻——从宪政视角解读司法改革论争》，载《人民检察》2009年第3期。

遗迹可供循证：皋陶治狱时有廌相助，[①]虽然有人质疑皋陶治狱所依赖的并非神明裁判的证据制度，[②]但在当时的社会认知条件下，皋陶没有能够摆脱人类知识的有限性，其证据调查所采用的仍主要是神明裁判方法。[③]在商朝，史载殷商奴隶主贵族极端迷信鬼神，“殷人尊神，率民以事神。”殷商统治者每遇大事，必须先行占卜，以求消灾降福。而卜者参与司法伪托神意断案实行所谓神判乃是常例，有不少卜辞为证。[④]

三、神示证据调查评析

（一）对于神誓法的评析

神誓法是人类认识发展的低级阶段的产物。处在人类社会智慧积累的起始阶段，人们一旦面临稍显繁复案情，大多数人便不知如何收集证据和评断证据，对神“信而仰”时代中的人们只好求诸神的力量。在掌握基础科学知识的我们看来，这种证据调查方法的科学性乏善可陈，但它的存在不仅有历史必然性，而且有其查明案情的现实功用性。一方面，神誓法是利用人们对神的崇拜心理来查案情的。诉讼当事人一般都相信神灵的力量，因此当他们提供虚假陈述时便不敢对神宣誓或者在宣誓时流露出不安的神态，于是案情便不查自明了。但是随着这种方法的反复使用，其威慑效能便逐渐减小。[⑤]在一些案件中，某些人私欲熏天，对利益至上的执着给了他们敢于冒犯神灵的力量，不怯于面对神灵、信誓旦旦，令办案者难辨真伪。[⑥]

---

① （汉）王充：《论衡·是应》。“廌者，一角之羊也，性知有罪，皋陶治狱其罪疑者，令羊触之。有罪则触，无罪则不触，斯盖天生一角圣兽，助狱为验。”

② 汪海燕：《刑事诉讼模式的演进》，中国人民公安大学出版社 2004 年版，第 349 页。有学者对皋陶时期是否使用神明裁判持怀疑态度，对有无廌这种神羊也持怀疑态度。他的这种质疑固然非常有道理，但我们并不以此就轻易地全盘否定相关的记载。同大部分刑事诉讼法学者一样，著者认为原始社会末期的皋陶所代表的裁判活动中仍然使用神明裁判的证据调查方法。

③ 倪铁：《中国侦查史论纲》，法律出版社 2016 年版，第 27 页。

④ 叶孝信主编：《中国法制史》，北京大学出版社 1996 年版，第 18 页。

⑤ 参见姜登峰：《论神判与巫术的关系及价值——人类社会早期审判裁决证据之运用》，载《证据科学》2019 年第 2 期。

⑥ 参见何家弘：《证据调查方法探源》，载《中央检察官管理学院学报》1997 年第 1 期。

（二）对于神判法的评析

神判法所采用的方法多为对人身体上的强制，《汉谟拉比法典》中规定的水审，《那罗陀法典》之中的相关措施，其建立在比神誓法更为坚定的神灵信仰基础之上。但是，其具体措施则取决于人的耐受力这一客观因素。考诸中国皋陶判案、商代占卜审判等措施则可发现其后隐藏的证据调查主线：所谓“神判”，虽然“奉神之名”，但判案者的主观意志在发挥着支配作用。当判官是一个正直之人时，则会做出符合事实真相的正确抉择；当其心不正之时，则会为一己私利体现个人意志。[①] 由是观之，在这种类型的证据调查活动中，相当比重的裁判者主观能动性在与神明一起角逐诉讼活动的控制权。

案 例[②]

昔者齐庄君之臣，有所谓王里国、中里徼者，此二子者，讼三年而狱不断。齐君由谦杀之，恐不辜；犹谦释之，恐失有罪。乃使之人共一羊，盟齐之神社。二子许诺。于是泏洫，羊而漉其血。读王里国之辞，既已终矣；读中里徼之辞，未半也，羊起而触之，折其脚，祧神之而槀之，殪之盟所。

案 解

在该案中，齐国大臣王里国、中里徼因有矛盾且无法轻易判断其真伪，故一场诉讼持续 3 年之久而不断。因此，为辨明案件真伪，齐庄王令二人去神庙请求神明审判。在该案件中既有神判法的痕迹又有神誓法的体现。

首先，神誓法体现在齐庄王命二人共同带一羊去神庙起誓，两人均答应，并在神庙中分别向神明起誓证明其所言非虚。

其次，神判法体现在两人起誓之前将羊杀死，丢于坑中，羊血洒在地上。而后两人分别起誓，王里国起誓后并无异样，但中里徼起誓到一半，死羊便跳

① 参见徐凤侠、林嘉志：《试论神示证据制度》，载《绥化学院学报》2006 年第 2 期。

② 案例来源：《墨子・明鬼》。

起，用其角触断中里徼的脚。因此，时人认为这是神明显灵利用羊的触脚行为判断出中里徼是有罪者而处以刑罚。

该案为神誓法与神判法结合判案之典型，在当时具备极强的说服力。但以现代视角审之，缺乏必要证据证明流程，且死羊触脚具有明显的神话色彩，因而证据证明力较弱，从而从侧面体现当时神判法盛行对于公正公平的冲击。

拓展阅读

1. 何家弘:《证据调查方法探源》,载《国家检察官管理学院学报》1997 年第 1 期。
2. 倪铁：《中国侦查史论纲》，法律出版社 2016 年版。

复习试题

1. 简述神示证据调查制度的特征。
2. 简述神示证据调查的不足之处。
3. 简述神誓法与神判法的异同之处。

复习与作业要求

1. 课后复习，并完成复习试题。
2. 考核要点：神示证据制度的特征。
3. 辅助教学活动：案例简析。

第二节　法定证据时代的证据调查

随着社会形态从奴隶社会向帝制社会转型，生产力发展为人类认识世界和改造世界提供了新的武器。[①] 随着人类知识不断积累，认识水平不断提高，民众

① 倪铁：《中国侦查史论纲》，法律出版社 2016 年版，第 82 页。

对神明的敬畏逐渐被现实的功利所侵蚀。[①] 神明裁判的不确定性和不平等性日益为人们所认识，与新兴封建制所提倡的“刑无等级”等相冲突，也与新兴封建性质的集权制度不相适应。在犯罪调查活动中，神明裁判逐渐淡出，只留下些许遗迹；人的作用日益凸显，源于人的证据种类日渐繁盛，与正在定型的传统侦查模式相适应的法定证据制度得到了发展机遇。[②]

一、法定证据制度发展脉络

一切证据的证明力大小，以及对它们的取舍和运用，都由法律预先明文加以规定。法官在诉讼中只需依据法律的规定被动、机械地计算证据的证明力和判断规则的规定并据以认定案情，而无权依照自己的认识和思维自由判断证据。

自 13 世纪起，欧洲主要国家在其法律体系中均设立了较为精确的证据体系，含证据证明力、证据形式及证据证明力冲突时的取舍问题。[③] 不少学者将罗马教会的证据制度概称为“法定证据制度”。这一制度是一种与纠问式诉讼相适应的证明方式，一直从 16 世纪延续至 19 世纪。在 1853 年《奥地利刑事诉讼法》与 1857 年《俄罗斯帝国法规全书》都保留着法定证据制度内容。[④]

在中世纪时期教会和神权笼罩下的欧洲大陆，火审、水审的神判法仍大行其道，人们笃信上帝万能，相信只有上帝才能辨明是非，保证判决的准确无误。但是，随着世俗专权和科学经验积累，人们越来越认识到：无法仅仅依靠神意来确保世俗审判中的证据调查不出现偏差。1215 年，第四次拉特兰宗教会议废除了在审判中采用神判法。区别于神判的“准确无误”，人判必然会犯错误。为保证证据调查和案件事实查明的精确性，有必要剥夺司法者的自由裁量权。

欧洲各国均开始探寻合适的神明裁判之外的证据调查制度，其中以英、德、法三国的证据制度较为典型。英国开始出现陪审团调查证据并审判，并发展出一条不同于大陆法系的普通法系诉讼制度。在欧洲大陆实行神示证据制度时期，

① 参见汪海燕：《刑事诉讼模式的演进》，中国人民公安大学出版社 2004 年版，第 65 页。神示证据制度还导致法律适用的不平等，因此，仅依赖于形式真实而缺乏实质真实的基础使得诉讼的结果少了信服力。

② 参见何家弘：《证据调查方法探源》，载《中央检察官管理学院学报》1997 年第 1 期。

③ 程凡卿：《我国司法人工智能建设的问题与应对》，载《东方法学》2018 年第 3 期。

④ 参见张保生主编：《证据法学》，中国政法大学出版社 2018 年版，第 100 页。

犯罪被视为一种私人行为，国家的刑事诉讼程序恪守不告不理原则，公权力处于非常消极的地位。在这种弹劾式诉讼程序下，如果受害人没有足够的胆量和力量提起自诉，或者犯罪人有足够的胆量在宣誓辅助人的协助下宣誓无罪，犯罪就难以受到追究。[①] 因此，随着民族国家的形成与中央集权的强化，传统的诉讼程序向纠问式诉讼程序转变，国家积极介入刑事审判。德国在 1532 年颁布《加洛林纳法典》引入纠问式诉讼程序，首次以法典形式规定法定证据制度。法国在其 1539 年颁布的《法兰索瓦一世令》中规定纠问式程序。

在帝制时代，中国的法定证据制度并不如西方那么发达，没有为各项刑事证据规定具体的证据能力和证明力，侦查断案中侦查人员的自由裁量空间依然比较广阔。同时，当时的法规并不完善，绝大部分案件的证据调查和诉讼措施的采取，都由司法官员自行决定。重大案件的刑事调查活动中，握有一国最高司法权的国王时不时地对证据调查在内的司法活动发布“圣旨”“口谕”“敕令”。帝制中国的证据调查活动无法生成“法治”氛围，取证、捕人的侦查办案的主要依据是权力在粗疏的中华法系框架中节制运作。虽然不乏依法纠举、严格执法的“循吏”，但也不乏破坏法令、无视程序性规定、严刑逼供、非法取证的刑事司法者，法定证据制度在帝制中国无法落地生根。[②]

二、法定证据调查制度特征

（一）证据形式法定

法定证据模式典型的欧陆国家均在法令中明确规定了具有证据资格的证据形式，含书证、证人证言、口供、推定、现场勘查，衍生出蔚为大观的证明力及判断证据的规则。裁判者只需要机械地计算证据数量的多少和证据证明力的大小，并据此认定案件事实，这就限制了法官在判断证据及其证明力的主观能动性的裁量空间。

（二）证据证明力法定

法定证据制度围绕着预定证据形式及其证明力这一中心来建构，以此牢牢

① ［德］拉德布鲁赫：《法学导论》，米健译，商务印书馆 2013 年版，第 170 页。
② 倪铁：《中国侦查史论纲》，法律出版社 2016 年版，第 83 页。

地压缩了裁判者的自由裁量权。案件事实由一定量的证据来认定，而证据的证明力受制于证据的形式和种类。主要有以下的法律预先设定：第一，自白被认为是最有价值和最完善的证据，对事实认定、罪行裁量起着决定性作用。第二，书证的效力也作出了形式规定，原本、副本，公文、私文，等等。① 第三，对证人证言做了严格规制，两个典型的证人证言就构成完全的证据，如果几个可靠证人的证言相互矛盾则按多数证人的证言来认定案情。

在帝制时代的法定证据规范中，诉讼实践中总结出了一系列证明原则：（1）有了完整的证明必须作出判决，没有完整的证明不能作出判决。（2）最好的完整证明是有两个可靠的证人，其证言内容一致是认定被告人有罪或无罪的结论性证明，被告人的自白也可以构成一个完整证明。（3）一个证人证言无论多么可靠只能构成二分之一的证明。（4）其他可构成 1/2 的证据包括：①商人财务记录；②专为一方当事人的诚实性或其主张之事所作的经过宣誓的辅助证言；③能够证实前半个证明的传闻证据或品性证据。（5）与案件有利害关系或个人信誉有瑕疵的证人证言是 1/4 的证明，而受到对方有效质疑的证据的证明力减半。（6）任何两个 1/2 的证明相加都是一个完整的证明，任何两个 1/4 的证明或四个半分之一的证明相加都可构成半个证明。②

如同那个等级制森严的时代一样，法定证据调查制度也同样被打上了身份等级制的鲜明烙印，证据力的规定明显受到等级特权制度的影响。1875 年，《俄罗斯帝国法规全书》规定，当几个地位或性别不同的证人的证言发生矛盾时，要依据地位之高低、男女之性别等来判定证言的证明力。通常是地位高的、男性、僧侣、学者的证言得到采信。

（三）刑讯逼供盛行

不管是东方还是西方的帝制时代法定证据制度中，口供是法定证据的规定证据形式，且具有证明的直接性，可作为主要的定罪依据。"口供证据之王"的证据地位，叠加上权利虚无或儒家慎刑的时代背景，通过刑讯获取口供也就

---

① 参见何家弘：《司法证明模式的学理重述——兼评"印证证明模式"》，载《清华法学》2021 年第 5 期。

② 施鹏鹏：《法定证据制度辨误——兼及刑事证明力规则的乌托邦》，载《政法论坛》2016 年第 6 期。

顺理成章。酷刑是基督教会与世俗王权集权统治的重要手段。[①]中世纪中期的罗马法及教会法学学者，普遍认为酷刑是一种正当取证手段，对于刑事司法的秩序保障至关重要。通过酷刑获取证据的形式变得合理化，直至18世纪方才渐渐没落。德国1532年的《加洛林纳法典》、西班牙1567年的《新法典编纂》都专门规定了刑讯逼供。

帝制时代的中国同样也遵奉“口供为王”“无供不定案”“无供不录罪”。我国学者虽认为我国古代没有典型的法定证据制度时代，但仍然可以发现在口供主义的背景之下，通过刑讯获取证据是为一种合法手段。《魏书·刑法志》所载：“理官鞫囚，杖限五十，而有司欲免之则以细捶，欲陷之则先大杖。民多不胜而诬引，或绝命于杖下。显祖知其若此，乃为之制。其捶用荆，平其节，讯囚者其本大三分，杖背者二分，挞胫者一分，拷悉依令。皆从于轻简也。”[②]

三、法定证据调查制度评析

（一）理性方式应对神明裁判

作为取代神示证据的法定证据调查制度，证明人类在证据调查领域逐渐以一种更为理性的思维去进行调查。其间既有文艺复兴、启蒙运动等一系列启发理性的人文运动的作用，同时也表明人类逐渐摆脱对于神灵的盲目崇拜，而将其重点更多地置于人性之上。因此，人类的理性力量在司法证明领域逐渐强大，是为一种进步与发展。[③]

（二）自由裁量权的失位阻碍司法发展

法定证据制度通过法律规定证据的形式、证明力、证明方式，反映了对于法官自由裁量权的限制与剥夺。在这一制度之下，法官只是简单地根据法律进行机械运作加减乘除的司法机器。即使能够在一定程度上保证司法裁判的客观性，但其忽视法官的知识、经验在案件认定之中的作用；忽视证据证明力的判断应更多依靠逻辑判断，具体情况具体分析。最终导致法官对于证据证明力的

① 张保生主编：《证据法学》，中国政法大学出版社2018年版，第101页。
② 参见倪铁：《中国侦查史论纲》，法律出版社2016年版，第340页。
③ 参见张保生主编：《证据法学》，中国政法大学出版社2018年版，第102页。

判断缺乏主观能动性。

（三）刑讯盛行肆意侵犯人权危及证据调查的人道性和真实性

法定证据制度与纠问式诉讼程序相生相伴。在这样一种模式之下，被追诉者只是国家发现真相的客体，在集追诉权、审判权于一身的权力者面前处于极其弱势的地位。同时，由于口供的重要性，为获取口供进行刑讯逼供最后屈打成招的案例数不胜数，这在一定程度上造成了司法天平的倾斜。不仅违背司法公正，更是对于人权的践踏。

案　例[①]

大家熟知的四大名著之一——《水浒传》成书于中国明朝，它以小说的形式讲述了发生在宋朝的故事，但相关情况和风物基本反映了明朝的一些制度情况。我们从它所记述的故事来感受一下明朝的证据制度：

第三十一回“张都监血溅鸳鸯楼·武行者夜走蜈蚣岭”中写道：……见桌子上有酒有肉，武松拿起酒盅子，一饮而尽。连吃了三四盅，便去死尸身上割下一片衣襟来，蘸着血，去白粉壁上，大写下八字道：“杀人者，打虎武松也。”却说孟州城里张都监衙内，……却来孟州府里告状。知府听说罢，大惊，火速差人下来，检点了杀死人数，行凶人出没去处，填画了图样格目，回府里禀复知府道：“先从马院里入来，就杀了养马的后槽一人，有脱下旧衣二件。次到厨房里灶下，杀死两个丫鬟，后门边遗下行凶缺刀一把。楼上杀死张都监一员并亲随二人。外有请到客官张团练与蒋门神二人。白粉壁上，衣襟蘸血，大写八字道：‘杀人者，打虎武松也’。楼下搠死夫人一口，在外搠死玉兰并奶娘二口，儿女三口。共计杀死男女一十五名，掳掠去金银酒器六件。”知府看罢，便差人把住孟州

① 案例来源：（明）施耐庵、罗贯中：《水浒传（上）》（第2版），人民文学出版社1997年版，第398~411页。

四门，点起军兵并缉捕人员，城中坊厢里正，逐一排门搜捉凶人武松。次日，飞云浦地里保正人等告称："杀死四人在浦内，见有杀人血痕在飞云浦桥下，尸首俱在水中。"知府接了状子，当差本县县尉下来；一面着人打捞起四个尸首，都检验了。两个是本府公人，两个自有苦主，各备棺木盛殓了尸首，尽来告状，催促捉拿凶首偿命。城里闭门三日，家至户到，逐一挨查，五家一连，十家一保，那里不去搜寻。知府押了文书，委官下该管地面，各乡，各保，各都，各村，尽要排家搜捉，缉捕凶首。写了武松乡贯、年甲、貌相、模样，画影图形，出三千贯信赏钱。如有人知得武松下落，赴州告报，随文给赏；如有人藏匿犯人在家宿食者，事发到官，与犯人同罪。遍行邻近州府，一同缉捕。

案 解

武松留下的血字"杀人者，打虎武松也"，无疑是这一犯罪现场中的血迹形态中最有特点的一个：不但有被害人张都监、蒋门神、张团练血迹，该血迹形态还是以文字形式呈现，直接体现了武松的笔迹特征。从证据学上来看，这 8 个血字既是以其内在特征、外在属性证明了案情事实，是物证；它也是以文字的形式证明本案事实，是书证。该血迹形态所体现的证据信息使得孟州官府侦查破案直接锁定了重大犯罪嫌疑人。事实上，孟州官府的刑侦人员确实也是利用了血迹形态进行了科学的侦破工作。

名著中这一段文字生动地向我们展示了宋代犯罪现场勘验检查的全过程，从被害人家属的报案、专门人员勘查犯罪现场，客观细致地做好工作记录——图样格目，按照庭院格局逐次进行勘查。并迅速根据现场血迹形态反映的情况，进行分析判断，确定侦查方向和范围。此后，孟州官府根据陆续上报的案件情况，非常明智地将飞云浦发生的刑事案件，与张都监府血案进行了并串案。我们可以看到中国古代很早就根据血迹形态的分析来侦查破案。

拓展阅读

1. 张保生主编：《证据法学》，中国政法大学出版社 2018 年版。
2. 施鹏鹏：《法定证据制度辨误——兼及刑事证明力规则的乌托邦》，载《政法论坛》2016 年第 6 期。
3. 何家弘:《对法定证据制度的再认识与证据采信标准的规范化》,载《中国法学》2005 年第 3 期。

复习试题

1. 简述法定证据调查制度的特征。
2. 简述法定证据调查的不足之处。
3. 相较于神示证据制度，法定证据制度有何优势？

复习与作业要求

1. 课后复习，并完成复习试题。
2. 考核要点：法定证据制度的特征，法定证据制度与神示证据制度之比较。
3. 辅助教学活动：案例简析。

第三节　自由心证时代的证据调查

一、自由心证证据制度发展脉络

自由心证证据制度，即一切证据证明力大小及其取舍和运用，法律不预先作出规定，而是由法官根据自己的良心、理性自由判断，并根据其形成的内心确信认定案件事实和一种证据制度。在 16 世纪至 18 世纪，许多学者对于法定证据制度均提出批评，但无人敢于直接主张废除酷刑。18 世纪末，酷刑废除运动于欧洲兴起，并成为欧陆学界的主流学说。[①] 贝卡里亚在《论犯罪与刑罚》中

① 参见施鹏鹏：《法定证据制度辨误——兼及刑事证明力规则的乌托邦》，载《中国检察官》2017 年第 3 期。

指出："一种正确的刑罚，它的强度只要足以阻止人们犯罪就够了。"[①] 表达其主张废除死刑的观点。瑞典于 1734 年的法典中明确规定废除酷刑，是为第一个废除酷刑的国家；1754 年腓特烈二世在一起错案后决定完全废除酷刑，普鲁士成为第一个通过刑事立法废除酷刑的国家。随着该运动的兴起，法定证据制度亦受到批判，自由心证证据制度逐渐确立，成为当时主流学说。[②] 法国大革命后，大陆法系国家开始在刑事司法领域中渐次建立起自由心证制度。[③] 直至 19 世纪下半叶，自由心证原则在大陆法系各主要国家获得普遍承认。[④]

十七世纪初期，为反对君主专制的镇压，欧美部分国家掀起影响不一的革命运动。为建立新的秩序，革命家们首先想到以立法手段巩固革命成果，自由心证制度就是这场社会变革中所进行的法制革命的成果之一。此外，随着启蒙运动的兴起，其自然法理论与人权理论也构成自由心证证据制度的思想基础。

在 1791 年 1 月 18 日，法国通过制宪会议最终通过了以陪审制、言辞预审、自由心证为基础的刑事诉讼改革草案，确立了"绝对的自由心证制度"。[⑤]1808 年《法兰西刑事诉讼法典》（又名《重罪法典》）以更为明确的方式提出了自由心证原则。该法典第 343 条内容为"在重罪法庭休庭合议前，审判长应责令宣读下列训示，并将内容大字书写成布告，张贴在合议室最显眼处：法庭并不考虑法官通过何种途径达成内心确信；法律并不要求他们必须追求充分和足够的证据；法律只要求他们心平气和、精神集中、凭自己的诚实和良心，依靠自己的理智，根据有罪证据和辩护理由，形成印象，作出判断。法律只向他们提出一个问题：你们是否形成内心确信？这是他们的全部职责所在"。该条款也为学术界定义自由心证时援引最频繁的内容。该法典在世界范围内也产生重大影响，其他原先适用法定证据制度的国家几乎均效仿法国确立自由心证证据制度。

① [意]切萨雷·贝卡里亚：《论犯罪与刑罚》，黄风译，北京大学出版社 2008 年版，第 67 页。
② 参见施鹏鹏：《"新职权主义"与中国刑事诉讼改革的基本路径》，载《比较法研究》2020 年第 2 期。
③ 参见施鹏鹏：《口供的自由、自愿原则研究——法国模式及评价》，载《比较法研究》2017 年第 3 期。
④ 张保生主编：《证据法学》，中国政法大学出版社 2018 年版，第 104 页。
⑤ 参见施鹏鹏：《刑事裁判中的自由心证——论中国刑事证明体系的变革》，载《政法论坛》2018 年第 4 期。

如意大利1865年《刑事诉讼法典》、德国1877年《刑事诉讼法典》、明治维新后的日本及我国1906年司法改革后的清末民国时期一直适用自由心证证据制度。

二、自由心证证据调查制度特征

（一）证据和证明实现了形式自由

自由心证原则给人们在庭审活动中发挥主观能动性、发挥主观逻辑思维能力提供了可能，相较于法定证据制度的僵化教条的证据及证明规定，自由心证的证据规定相当宽松。一方面，在这一时期的当事人主义和职权主义的刑事诉讼模式治理下，法律及判例原则上不对证据形式作出特别要求，对于犯罪事实的证明可以根据各种形式的证据予以证明。[①]证据自由这一因素的确立主要基于“刑事犯罪的特殊性”“自由心证制度体系的必然性”“提高犯罪打击的效率性”“揭示案件的真实性”四个角度。[②]

另一方面，证据的证明力和证明过程不再由法律明确规定，而是由法官依据其逻辑经验、日常认知、知识储备在裁判过程中予以评判。1808年《法兰西刑事诉讼法典》第343条规定，证据的证明力由法官自由心证进行判断。法律不得预先设立证据证明力的法律规定，赋予法官自由裁量权，作出符合司法证明规律的裁判。

（二）自由心证需有序节制裁量

自由心证证据制度赋予法官极大的自由裁量权，可以使法官充分发挥主观能动性。但是，为了防止肆意和专断，当事人主义和职权主义诉讼模式下的自由心证制度体系同样规定以“判决责任伦理”为核心的一系列制约机制。一方面，在对各类证据进行证明力评价后，裁判者必须在法定期限内形成心证，并作出有罪或无罪的公正判决，履行其判决责任伦理。另一方面，在心证过程中存有怀疑的，裁判者应当作出对被告有利的判决。判决责任伦理、证据自由的正当性要求构成了对于法官自由裁量的限制。

---

① 参见施鹏鹏：《刑事诉讼中的证据自由及其限制》，载《浙江社会科学》2010年第6期。

② 参见贾治辉、孔令勇：《“口供至上”及口供审查的转变机制研究——从司法、科技、人文三个层面展开》，载《时代法学》2015年第2期。

自由心证并非一般意义上的随心所欲或主观擅断，而是一定主客观条件结合的，主要表现在以下方面：（1）无证据，即无心证。（2）自由心证，乃选择证据中之证据并非证据外之证据。（3）自由心证，系判断证明力之心理要素，并非证据裁判主义之例外。（4）由有证据能力之证据，形成心证，并非以自由心证判断证据能力，亦不能以自由心证，创造证据能力。（5）自由心证，系由调查证据而成，既不得以自由心证缩小调查证据之范围，亦不许证据未经合法调查，而形成自由心证。（6）无关联性之证据，既无从形成自由心证，亦不许以心证使证据与事实相关联。（7）心证，由直觉或推理而形成。（8）依经验法则，形成心证，并非以经验法则作为证据。（9）依伦理法则，形成心证，不得以伦理法则作为证据。（10）依自由心证，判断证据之证明力，并非以心证制造证据，更不得以心证作为证据。①

三、自由心证证据调查制度评析

（一）推进司法制度发展

相较于纠问式诉讼模式下法定证据调查制度，自由心证更加贴合对于“人性的追求”、对于“人权的维护”这两个方面的价值追求。它废除了刑讯逼供的合法性，废除了司法中的特权等级因素，确立双方当事人对等辩护原则，由法官根据双方当时的辩论形成内心确信，作出合理判决，极大程度上推动了诉讼民主化的进程。② 此外，由刑事领域向民事领域的衍生，表明其科学合理性。

（二）推动证据科学发展

这一制度破除了纠问式诉讼模式下的法律对于证据形式、证据证明能力的僵化呆板的严格束缚，赋予司法者充足的自由裁量权，使其摆脱烦琐规则的枷锁，为查明案情与正确处理案件提供了可能性与发展空间。③ 此外，由于规则约束作用的削弱，法官能够根据其心证将更多能够合理证明案件事实的材料纳入证据范围内，在丰富证据类别形式的同时，也提升了司法效率。

---

① 陈朴生：《刑事证据法》，台北，三民书局 1979 年版，第 554 页。

② 参见陈卫东：《论刑事证据法的基本原则》，载《中外法学》2004 年第 4 期。

③ 参见毕玉谦：《浅议民事诉讼形式》，载《甘肃政法学院学报》1994 年第 1 期。

（三）未能完全控制司法滥权

即使自由心证制度自身暗含“限制过度心证”的因素，同时各国在法典中也有规定限制法官滥用心证。但“心证”其基础就在于法官的内心确信，因此会受到法官个人因素的极大影响。法官的个人经历、个人经验、法理储备、业务能力等因素均对案件证据调查和定罪量刑产生影响。[①] 此外，部分法官为谋私利，可能会滥用心证，作出与事实情况不符的判决，此也为自由心证制度的必然弊端。

案 例[②]

1994 年，在洛杉矶西部一豪华住宅内发现两具尸体，一具为妮可·布朗·辛普森，另一具为高曼。两人浑身血痕，且被利器割喉致死，死亡时间为晚上 10 点。

案发后凌晨，4 名警探来到辛普森住所，在门外发现他的白色福特野马型号汽车染有血迹，车道上也发现血痕。揿门铃无人回应后，警探爬墙而入，福尔曼在后院找到一只染有血迹的手套和其他证据。案件主要证人是当时住在客房的朋友基图，其供述客房墙外有像地震一样的响声，此外一个被辛普森电话预约接送的司机说，10 点左右揿辛普森家门铃无人应答，但接近 11 点时发现一名高大黑人匆匆跑入屋内，揿门铃后辛普森回应并声称自己睡着了。后辛普森前往机场。

案 解

根据资料记载，辛普森案件最后是以无罪结案。其主要原因在于该案证据存在以下疑点：

① 参见李荣：《我国公正量刑保障机制存在的问题与完善》，载《法学杂志》2011 年第 12 期。

② 案例来源：封丽霞：《辛普森“杀妻”案判决的启示》，载《理论视野》2016 年第 3 期，著者稍作改动。

首先，就血迹证据而言。虽然经过DNA检验与血迹化验证实车与手套上的血迹为死者血液，且案件现场留有辛普森血迹。但第一，袜子两边血迹完全一样显然不合常理，应为他人后来涂抹伪造；第二，警方就该袜子疑问的答复颠三倒四，故可信力较低，且在袜子的血迹上检验出很高浓度的螯合剂；第三，根据现场勘查报告，高曼应与凶手搏斗且拼死抵抗，因此凶手应当身上沾满血液，但在车上仅发现少量血迹而在其家中没有血迹。

其次，手套是该案中的关键物证。福尔曼一口咬定其在取证时发现手套是湿的，但经过辩方的模拟实验证实该手套在取证时的气候条件下应当呈现一种干的状态，故福尔曼存在伪造证据的可能性。且辛普森现场演示该手套太小不符合其手型，故使陪审团形成有利于辩方的心证。

最后，警探福尔曼具有歧视黑人的心理。辩护方发现福尔曼具有种族歧视心理。因此特开热线收集能够证明这一特点的证据材料，最后收获一卷磁带录音，形成有力物证。在该录音的对话中福尔曼共41次用“黑鬼”称呼黑人，但其之前承诺从未使用这一称呼。故导致其证人资格的被剥夺及相关证据的真实性存疑。

在该案中，警方取证存在伪造证据的可能性，现场勘查存在漏洞，且辩方的证据更为充分有力，现场模拟实验对于案件的还原起到一定正面作用，终为陪审团所采信，形成有利于辛普森的心证，作出无罪判决。

拓展阅读

1. 陈朴生：《刑事证据法》，三民书局1979年版。
2. 陈卫东：《论刑事证据法的基本原则》，载《中外法学》2004年第4期。
3. 施鹏鹏：《刑事裁判中的自由心证——论中国刑事证明体系的变革》，载《政法论坛》2018年第4期。

复习试题

1. 简述自由心证制度的特征。

2. 比较自由心证制度与法定证据制度并作评析比较。

3. 简述自由心证制度发展的时代背景。

复习与作业要求

1. 课后复习，并完成复习试题。

2. 考核要点：自由心证制度特征，自由心证制度与法定证据制度比较。

3. 辅助教学活动：案例简析。

第四节　“客观真实”的中国证据调查

中华法系曾对世界法律体系产生重大影响，世界学术界对其给予极高的评价。有日本学者将中华法系的典型代表——唐律，誉为“东方法制史枢轴”。[①]美国学者韦格摩尔在其《世界法系大全》中，把中华法系与印度、伊斯兰、大陆和英美法系并成为“世界五大法系”。[②]中华法系历史悠久，且遗留给今人很多值得继承与学习的东西，证据调查制度正是其一。至清末，中国近代的职权主义诉讼模式的法律体系开始逐渐成形，证据调查制度在吸纳各国前沿理论后得到了新的发展，在民国时以自由心证证据制度为主流。中华人民共和国成立后，自由心证证据制度随着六法全书被废弛而消解，历经数度兴替的中国法律体系走出了自己的证据制度探索之路，并结合中国历史文化传统、马克思辩证唯物主义内容，形成具有中国特色的追求客观真实的证据调查制度体系。

① ［日］仁井田升：《唐令拾遗》，栗劲等译，长春出版社 1989 年版，第 893 页。

② 王立民主编：《中国法制史》，上海人民出版社 2007 年版，第 189 页。

一、帝制时期中国证据调查制度

（一）证据调查奉行有罪推定

在中国古代的帝制时期，由于科技有限、认知有限，故取证能力、断案能力均低，导致大量疑案的存在。对于疑案的处理办法，早在夏朝就有方法。《尚书·大禹谟》“与其杀不辜，宁失不经。”其意为对于是非不明的案件，宁可不按照规定处理，也不要错杀无辜之人。[①]据《礼记·王制》所载“疑狱，氾与众共之，众疑赦之。”是商代对于疑难案件的处理。[②]到周朝，据《尚书·吕刑》所记“五刑之疑有赦，五罚之疑有赦，其审克之。”[③]

就疑罪应当按“疑罪从去”还是按“疑罪从轻”处理存在不同见解。如《新书·大政（上）》记载汉代贾谊观点为“疑罪从去，仁也；疑功从予，信也。”而据《陈书·沈洙传》所载，南陈都官尚书周弘正其观点为“夫与杀不辜，宁失不经，罪疑惟轻，功疑惟重，斯则古之王，垂此明法。”[④]“疑罪以有罪论，但处罚从轻”的原则更有利于维护统治。因此，在中国古代证据调查制度中“有罪推定”为其主流。它赋予了古代司法官吏不以事实为根据而主观擅断的权力，从而使无辜之人被处刑罚。“疑罪从轻”在古代蔑视人性的专制社会里，仍然在一定程度上体现出了人道关怀和民本思想，也正暗合了“敬天保民”的朴素施政理念。

（二）定罪必取输服供词

在中国传统证据调查制度中，口供被赋予了“证据之王”的尴尬地位。除少数案件规定可以“据状科断”“据众证定罪”外，在一般情况下必须取得被告人认罪的供词，方能对其判处罪行，施以刑罚。《清史稿·刑法志》载“断罪必取输服供词”，《折狱龟鉴补》曰：“罪从供定，犯供最关紧要”，尢一不明确指出：口供是具案下判的必要条件。

口供制度始于西周，发展于秦汉魏晋南北朝，成熟于隋唐，强化于明清。

---

① 倪铁：《中国侦查史论纲》，法律出版社 2016 年版，第 27 页。

② 参见陈小平：《论刑事不起诉制度及其完善》，载《宿州教育学院学报》2007 年第 2 期。

③ 参见郑牧民、易海辉：《论中国古代证据制度的基本特点》，载《湖南科技大学学报（社会科学版）》2007 年第 2 期。

④ 参见马念珍：《试析中国古代诉讼中的证据制度》，载《贵州教育学院学报（社会科学版）》2000 年第 5 期。

在西周时，审判官已强调“听狱之两辞”。无口供，不定案，确立口供在诉讼中的地位。在秦汉时，与刑讯合法化相关的史料记载反映秦汉审判几乎围绕口供开展。如《汉书·杜周传》记载“会狱，吏因责如章告劾，不服，以笞掠定之。”①，又如《汉书·刑法志》所载“棰楚之下，何求而不得。”可见通过刑讯获取口供是其必要。在隋唐时，口供制度已趋于完善。法律对通过刑讯获取口供有进一步规定，如《唐律疏议·断狱》所载“必先以情，审查辞理，反复参验；犹未能决，事须讯问者，立案同判，然后考讯。”通过这一对于刑讯的规定，可见获取口供在定罪之中的重要性以及唐朝刑讯的法制化。唐后朝代对于口供的规定，基本与唐朝一致，但时有倒退现象。如明朝为增强专制集权设立各种特务机关用于刑讯取证。②

（三）拷讯体系化和制度化

从秦到清，中国建构起发达的以口供为中心的纠问式证据调查制度，造成了异常发达的刑讯制度。不但犯罪嫌疑人是让然的拷讯对象，甚至是被害人、证人均可以在一定条件下成为拷讯对象。③

早在西周，就有“拷掠”，但有“仲春不得肆掠”的限制及“刑不上大夫”的规定。到了战国末年，帝制时代的到来极大扩充了平民数量，旧贵族的地位不断下降，“太子犯法与庶民同罪”的思想也快速传播，刑讯范围得以扩大普及。同时，我国很早就已注意到犯罪嫌疑人口供的重要性并将其作为定案的主要依据，因此刑事司法官员可以采用各种残暴手段从犯罪嫌疑人、被告人口中获取口供。到秦代时，“拷掠”这一制度已经被制度化，对于李斯的谋反案的侦查审判活动中即大量运用。④到了唐代，司法官员逐渐注重对于刑讯法制的关注，因此在《唐律疏议》中有通过刑讯获得的证言不得作为定案证据的规定。但到了明朝时，严苛的法律以及复杂的调查机构直接将刑讯逼供重新推向高潮。

---

① 参见郑牧民：《中国传统证据文化的哲学基础》，载《社会科学家》2010 年第 5 期。

② 参见郑牧民：《中国古代获取证据的基本特点及其理据分析》，载《湘潭大学学报（哲学社会科学版）》2009 年第 4 期。

③ 倪铁：《“讯”与“供”：传统侦查中诉讼角色的互动——以中国传统“拷讯”制度为中心的展开》，载《犯罪研究》2009 年第 1 期。

④ 倪铁：《中国侦查史论纲》，法律出版社 2016 年版，第 62 页。

锦衣卫、东西厂在办案过程中使用刑讯手段获取证言是常规流程，甚至有不少人因承受不了刑讯而屈打成招，酿成冤案。

（四）以反坐规范被害人陈述和证人证言

在中国传统证据调查制度中，历朝历代均特别反对、禁止诬告。依据目前史料记载，禁止诬告最早起于西周载于器铭之上，用殷商金文标注。至秦代，秦律明文规定禁止诬告，如《睡虎地秦墓竹简·法律答问》所载“当耐司寇，而以耐隶臣诬人，为隶臣。”又“完城旦，以黥城旦诬人，可论？当黥。”上述为两例因诬告而被刑罚的例子。到唐代，唐律中对于禁止诬告的规定较之前更为完善、具体。《唐律疏议·斗讼律》第341、342、343、344、350条，从层级、罪名、量刑等角度细化对于诬告的处罚规定。唐后朝代，对于诬告的禁止规定延续唐朝，但刑罚趋严，且赔偿经济损失。依照《大清律例》的规定，对诬告者的处罚要“加等反坐”，即按被诬告者的罪名再加二等来处罚诬告者与挺身硬证者。[①]

同时，我国较早就规定伪证有罪，且刑罚严厉。如汉代《建武三年候粟君责寇恩事》所载“以辞所出入罪反坐”，但其同时规定，初审后3天内，证人纠正不实供词，则不负刑事责任。[②]唐律中对于伪证的规定同样具体完备。据《唐律疏议·诈伪》所载“诸证不言情，致罪有出入，证人减二等。”[③]即对于属于议、请、减、七十以上、十五以下、废疾，并据众定罪，证人不吐实情，导致罪有增减，则证人减所出入之罪的二等处罚。最后，至明清，随着专制的增加，对于伪证的打击更加严厉。

（五）证据调查经验体系化

早在周朝，人们的认知水平与司法办案经验均相较于之前得到了提高，故这一时期的证据调查形成了“五听”的证据调查经验体系化成果。据《周礼·秋

① 所谓“加等反坐”，即按被诬告者的罪名再加二等来处罚诬告者与挺身硬证者。参见郑牧民：《中国古代获取证据的基本特点及其理据分析》，载《湘潭大学学报（哲学社会科学版）》2009年第4期。

② 周成泓、曾友祥：《中国古代民事证人制度浅论》，载《求索》2008年第5期。

③ 参见蒋铁初：《中国古代证人制度研究》，载《河南省政法管理干部学院学报》2001年第6期。

官·小司寇》记载“以五声听狱讼，求民情：一曰辞听，二曰色听，三曰气听，四曰耳听，五曰目听。”辞听，即观其出言，不直则烦；色听，即观其颜色，不进则赧；气听，即观其气息，不进则喘；耳听，即观其听聆，不进则惑；目听，即观其眸子，不进则眊然。[①]“五听”实质上即用察言观色的方式来判断被讯问人口供的真伪，是心理学知识在侦查领域中最久远的运用记载。

随着证据调查制度的完善，“五听”制度也随之发展完善。唐律是为中华法系之典型代表，在其中，“五听”制度是维护讯问法制化的重要手段。《唐律疏议·断狱》中有载“先具五听，又验证诸言，事状疑似，犹不实者，然后拷掠。”随着帝制时代证据调查实践的发展，“五听”法也在不断进步，并被用于成功破获不少案件，乃至在清代时，王又槐在其所著《办案要略》之中仍然反复强调在审理案件中要善用“五听”法。[②]

（六）礼法充分体现等级身份制

礼法贯穿中国传统法律制度之中，即使在传统证据调查制度之中也可见其身影。中国古代法律的主要特征表现在家族主义和阶级概念上。传统证据制度作为其重要组成部分，具有维护等级特权、体现宗法家族统治的特点。[③]一方面，古代证据制度维护等级特权，体现如下：首先，“据众证定罪”制度仅适用于议、请、减等具有特殊身份特权之人，只要依这一制度进行审理，则可使权贵免于刑讯之苦。其次，官员具有相对的免除作证义务，证人的法律地位低下需在庭审大庭广众之下抛头露面，而官员享有特权可受礼遇。[④]最后，倘若作证官员位高权重，则可能左右审判官员的意志，免除其作证义务似乎也可以保证司法公正实现。

另一方面，维护宗法家族统治关系，设置“亲亲相为隐”制度。据《论语·子罕》所记：叶公语孔子曰：“吾党有直躬者，其父攘羊，而子证之。”孔子曰：“吾党之直者异于是，父为子隐，子为父隐，直在其中矣。”汉中，董仲舒“罢黜百家，独尊儒术”将“重德轻刑，德主刑辅”的观点理论化，并提出三纲五常才开始形成。

---

① 参见倪铁：《中国侦查史论纲》，法律出版社 2016 年版，第 45 页。

② 参见倪铁：《中国传统刑事司法运作准则之探述》，载《犯罪研究》2011 年第 2 期。

③ 参见郑牧民、易海辉：《论中国古代证据制度的基本特点》，载《湖南科技大学学报（社会科学版）》2007 年第 2 期。

④ 参见姜登峰：《中国古代证据制度的思想基础及特点分析》，载《证据科学》2013 年第 4 期。

汉宣帝地节四年通过颁布诏令将其法律化，此后至清，这一制度不断完善丰富，延续两千多年。

二、当前中国的证据调查制度

（一）“客观真实”证据调查的制度特征

1. 以“查明案件事实真相”为制度的认识论基石

证据，即能够用以证明案件事实的材料。[①]因此在证据调查过程之中，运用证据查明案件事实真相是我国证据调查制度中的基础规定及证据调查的主要目的。证据调查是侦查的主要流程，也是各类案件诉讼过程中必须要完成的重要程序内容，最终的一切裁决都必须建立在坚实的证据基础上，建立在坚实的案件事实基础上。

“查明案情真相”，必须体现客观真实性。这就要求在证据调查中获取的证据必须满足确实、充分的标准。确实，是对证据在质上的要求，即所有证据必须经过查证属实，具有证明力；充分，是对证据在量上的要求，即案件事实都有相应的证据证明其真实可靠。[②]具体来说，证据确凿、充分包括：（1）据以定案的证据均已查证属实；（2）案件事实均有证据予以证明；（3）证据之间能够形成符合逻辑性的证据链，且证据与案件事实之间排除合理怀疑；（4）得出结论具有唯一性。只有证据达到了确实、充分的标准，所查案件事实才能保证其客观真实性，维护执法、司法公正。

2. 以强调“调查研究”为证据调查的方法论主流

在辩证唯物主义认识论的指导之下，我国实事求是的证据调查制度重视实践调查。若证据的运用者未经实际调查而是直接采用他人收集的证据，则会导致其对于案件认识的片面性、对于证据使用的局限性以及对于司法公正客观的破坏性。辩证唯物主义认识论指出实践是认识的基础、认识的来源、认识发展的动力、检验认识真理性的唯一标准、认识的归宿和目的，因此，我们应当坚持实践第一的观点，积极投身实践。故我国法律赋予监察机关、公安机关、检

① 参见何家弘：《从司法证明模式的历史沿革看中国证据制度改革的方向》，载《法学家》2005年第4期。

② 参见叶青主编：《刑事诉讼法学》，上海人民出版社2013年版，第169页。

察机关、审判机关、刑事辩护人等证据收集主体的调查权，并且规定检察机关在诉讼过程中补充侦查、补充调查制度，审判机关也可以在庭上或庭外进行某种范围的证据符合的调查措施。各方收集证据都会从有利于自己的角度出发进行收集，所以可能导致证据收集的片面性以及不真实性。“司法是正义的最后一道防线”，为维护裁判真实性与被追诉者的合法权利，必须将权威司法机关的调查研究证据作为最后一道屏障的坚实基础。

3. 以反对“口供中心主义”为证据调查的价值导向

将口供视为“证据之王”的帝制时代，口供中心主义统治下的证据调查活动充斥着无度拷讯、肆意虐民，冤案丛生，民怨沸腾。中华人民共和国的证据调查制度一改传统法律文化这一弊病，明确反对口供中心主义，切实维护被追诉者的人身权利，保障证据真实可靠。国家三令五申，立法接二连三，检察系统严格执行侦查监督，但在相当长的一段历史时期里仍然存在某些非法取证现象，如 2011 年甘肃何勇案即为程序正义的反面教材。在该案件中警方将其锁定为某起抢劫强奸案的犯罪嫌疑人，因此于 2011 年 4 月 1 日晚对其审讯，警方称其在讯问过程中突发心脏病死亡。后其家属发现其遗体的大脑背部两处有出血孔和血凝块，两耳部明显有红肿隆起之状，左脸上有一寸多长刀痕，脖颈上有被绳索紧勒的痕迹，下身睾丸已粉碎，外露血色。上身及两大腿部正面有被用三角皮带左右抽打的痕迹几十条，两手至十指指甲青肿发黑，指甲全部变黑，指甲缝有被刺入的痕迹。[①] 刑讯逼供容易造成所获证言的虚假性，严重侵害被追诉者的程序权利。在此之后若干年中，我国进一步严密法网，非法证据排除规则进一步完善，暴力、胁迫或其他非法方式获取的言辞证据应当排除，非法实物证据的排除规则也在不断完善的进程中。

（二）“客观真实”证据调查的制度特征

1. 证据种类多元

我国证据调查制度中通过法律规定的形式，将证据种类、证明方式、证据证明力的判断标准等因素固定下来，既在客观上防范司法官员在诉讼过程中过

① 参见羊芙葳：《从刑讯逼供看谎言识别课程设置的必要性》，载《当代教育理论与实践》2013 年第 10 期。

度行使自由裁量权，又在一定程度上赋予司法官员发挥主观能动性的空间，保证办案空间的灵活以及案件的相对公正。

现行《刑事诉讼法》第50条规定了证据种类分别为：物证，书证，视听资料、电子数据，勘验、检查、辨认、侦查实验等笔录，证人证言，被害人陈述，犯罪嫌疑人、被告人供述和辩解，鉴定意见等八类。第55条规定了证据证明标准，即案件事实清楚，证据确实充分。《民事诉讼法》第66条规定证据种类为：物证，书证，视听资料，电子数据，勘验笔录，证人证言，鉴定意见，当事人陈述。其司法解释第108条、第109条则表明证明标准因负有举证责任的当事人不同，或对待证事实的不同分为“高度盖然性”“较大可能性”“排除合理怀疑”三种情况。《行政诉讼法》中证据种类与《民事诉讼法》较为相近，依据其第33条规定主要为：书证，物证，视听资料，电子数据，证人证言，当事人陈述，勘验笔录、现场笔录，鉴定意见。而在其第33条、第43条中则表明其证明标准介于高度盖然性与排除合理怀疑之间。

2. 证明责任法定

现行《刑事诉讼法》规定，在公诉案件中被告人有罪的举证责任由人民检察院承担，自诉案件中被告人有罪的举证责任由自诉人承担。[①] 一旦进入司法程序，被追诉者处于被国家追诉的法律弱势地位，[②] 出于诉讼对等攻防的诉讼架构设计，立法者并没有将举证义务强加给已经处于诉讼弱势的被追诉者。《民事诉讼法》规定：当事人对所提出的诉讼请求所依据的事实，及反驳对方当事人所提出的诉讼请求所依据的事实负有举证责任。而《行政诉讼法》第34条、第37条规定被告对做出的具体行政行为具有举证责任，原告可以提出作为行政行为违法性或不合理性的证据。

3. 未经法院定罪任何人不得被确定有罪

无罪推定原则，即未经审判确认有罪之前，推定被控告者无罪。这一原则最早是在启蒙运动中被作为一项思想原则提出来的。1764年7月，意大利刑法学家贝卡里亚在《论犯罪与刑罚》中，抨击了残酷的刑讯逼供和有罪推定，提

① 参见彭荣、李一珊：《论刑事诉讼中的证明责任》，载《云南大学学报（法学版）》2015年第2期。

② 参见叶青主编：《刑事诉讼法学》，上海人民出版社2013年版，第167~169页。

出了无罪推定的理论构想。[①] 该原则实质上是将证明被告人有罪的举证责任由控诉一方承担，被告方无须承担证明自己有罪的义务，这一原则的确立有利于维护犯罪嫌疑人、被告人的诉讼权利，同时以法律规定的形式保障其在诉讼过程中所应当享有的基础人权，避免冤案与刑讯逼供的发生。

相较于国外的无罪推定原则，我国并没有在法律中明确规定无罪推定，而是将其表述为非经法院定罪任何人不得被确定为有罪的原则。相较于无罪推定原则，我国的这一原则更加注重实质。首先，在立法上没有设立“假定其无罪”和“不能称其为罪犯”等表述，而是使用“不得确定有罪”的表述。其次，在证明责任的问题上，我国应更为注重实质而非形式，它所强调的是一种被告方与控告方积极配合而非消极对抗的诉讼形式，但并没有要求被告承担证明自己无罪的义务。最后，作为一项法律原则，其既明确司法机关的行为标准，又注重结果、过程两手抓，严格对于不法行为的监管。目前，我国的无罪推定原则尚不完善。其一，宪法中缺少对于无罪推定原则的明确规定，将无罪推定原则纳入宪法是一种对于公民权利重视的体现。其二，我国刑事诉讼相关法律并未赋予犯罪嫌疑人、被告人沉默权。这就导致侦查机关在取证过程中仍将口供作为破案之根本。[②]

案 例[③]

2003 年 4 月 6 日中午，某甲到杨某母亲住所，碰见杨某准备与刘某下村联系女孩外出打工事宜，便约杨某晚上去其住处。当晚 10 时许，杨某随身携带电话本、钥匙等物到某甲住处，某丙开门并带杨某到某甲卧室后离开。某甲因杨某介绍女孩外出打工生意未让其参与故不满而与杨某发生争执。在这过程中，某甲用右手掐住杨某脖子将其头顶在床头墙壁上五六分钟，致杨某机械性窒息死亡。某

① 参见［意］切萨雷·贝卡里亚：《论犯罪与刑罚》，黄风译，北京大学出版社 2008 年版，第 37~42 页。

② 参见唐启迪：《无罪推定原则在我国刑事诉讼中的确立与完善》，载《湖南大学学报（社会科学版）》2012 年第 3 期。

③ 案例来源：福建省高级人民法院（2017）闽刑再 4 号刑事附带民事判决书，著者稍作改动。

乙及某丙听到响声后至某甲房间，3人合议分尸抛弃，遂至一楼浴室处，某丙取来菜刀、砧板等作案工具，3人在浴室地板上将杨某尸体肢解成7块，并将尸块装入塑料袋内。其间某丁听到声响且目睹分尸过程，后叫来某戊一起将杨某尸块、衣物、鞋子等物品丢至柘荣县城郊乡一所废旧房子中。

侦查机关在现场取证过程中提取到作案工具菜刀、砧板、塑料软管、包裹尸块的浴巾等且经被告人确认承认。法医鉴定报告根据DNA比对确认死者身份为杨某，并由被告人承认。侦查机关制作勘验笔录、现场图片、抛尸路线和抛尸现场的辨认笔录，为被告人所确认。

案　解

在这起案件中，首先根据侦查机关所提取到的尸块，进行DNA鉴定及亲属辨认能够确定死者身份为杨某。且由于被害人与某甲之间存在矛盾，某甲具备作案动机与可能性，一审法院结合侦查机关提取的证据，作出有罪判决。

但在二审中辩护人一方提出几处疑点，二审法院对其审核认定证据真实性存疑而作出无罪判决，具体如下：

首先，被告人虽作出有罪供述，但有罪供述大部分是关押于看守所时所做。综合全部供述即可发现各被告人的供述呈阶段性反复。在传唤阶段被告人均否认作案，在讯问阶段被告人作出有罪供述，但在审查起诉、审判阶段均以刑讯逼供为由翻供。此外，被告人之间就尸体情形、穿着衣物、分尸人员等细节因素均供述不一致，且勘验笔录存在不规范处。因此该证据未达到证据确实充分的要求，不能作为认定案件事实的依据。

其次，原判所认定的杀人、分尸、抛尸3个现场这一事实缺乏客观真实性。第一，在杀人现场即某甲卧室并未提取到杨某的生物痕迹而在杨某的尸块上也未提取到某甲的生物痕迹；第二，在分尸现场即浴室经过4次勘验提取鉴定均未能确定瓷砖上提取的血迹为杨某所留，且所提取到的毛发与尸块毛发存在差异难以认定为杨某所留；第三，在抛尸所用的浴巾及塑料袋上未提取到各被告人的生物痕迹，且未能提取到被害人所驾拖拉机的车痕，在其拖拉机上也未提取到杨某的生物痕迹，因此原判所认定的作案现场缺乏客观真实性，难以采纳认可。

因此，综合各种因素即可发现，一审判决中所认定的事实不能排除合理怀疑，言辞证据可能通过刑讯逼供获取，而物证也缺乏足够的证明力认定案件事实。

拓展阅读

1. 瞿同祖：《中国法律与中国社会》，商务印书馆 2010 年版。
2. 张栋：《中国刑事证据制度体系的优化》，载《中国社会科学》2015 年第 7 期。
3. 郑牧民、易海辉：《论中国古代证据制度的基本特点》，载《湖南科技大学学报（社会科学版）》2007 年第 2 期。
4. 何家弘：《从司法证明模式的历史沿革看中国证据制度改革的方向》，载《法学家》2005 年第 4 期。

复习试题

1. 探讨中国证据制度的改革方向。
2. 分析中国传统证据调查制度的特征。
3. 评析中国当代证据调查制度。

复习与作业要求

1. 课后复习，并完成复习试题。
2. 考核要点：中国“客观真实”的证据调查制度，中国证据调查制度特征。
3. 辅助教学活动：案例简析。

第三章 物证的证据调查

教学目的和要求 | 通过本章学习，使学生了解物证特征、物证调查。
教学重点和难点 | 物证调查特征、物证的收集与保全、物证的运用。
教学方法与手段 | 讲授和案例分析。

在纷繁复杂的大千世界中，举目所见的万物皆可能成为某一事实存在的证据；目所不能及之微量物质、空气、声波等也可成为证据。大到地球，小至尘埃，只要是确实存在的物质，一旦涉入案件，都可纳入物证的调查范围。①

第一节 物证调查概览

一、物证概念

物证是指能够证明案件真实情况的一切客观存在的实物。广义的物证所涵盖的内容种类很多，既包括能够证明案件真实情况的物品、物体或人体，也包括由它（他）们的某个部位形成的各种痕迹；既包括能够证明案件事实的文字图案等材料，也包括有助于查明案件事实的各种音像资料等。② 狭义上的物证，仅指的是以存在方位、内在属性和外在特征证明案件事实的客观物质，本章节的物证指的是狭义上的物证。

物证在司法活动中的应用总是离不开一定的科学技术，因为案件中的物证所反映出的信息需要具有一定科学知识的人去解读。多数情况下，物证离开了科学技术就无法发挥其证明案件事实的有效作用，因此也有人将物证及物证检

① 一般认为，物证技术所讨论的物证痕迹的范围包括物品、物体或人体，以及手、足、工、枪等痕迹。但考虑到中国严格禁枪，涉枪案件总体数量有限，故在下文痕迹讨论中以实务中使用较为普遍的手、足、工痕迹为主要对象。

② 参见陈景丰、申金主编：《物证技术》，中国人民公安大学出版社 2002 年版，第 1 页。

验称为“科学证据”或“法科学”。[①]物证是众多证据中的一种，因此，物证在具有一般证据基本特性的同时也具有其独有的特性。

（一）物证具有更强的客观性和稳定性

物证不同于证人证言、被害人陈述、嫌疑人供述和被告人辩解等，人证可能受人的主观意识和感官的干扰及限制而失真改变。物证是以其存在的场所、本身的物质属性、形态结构特征等发挥其证据作用的，比人证具有更强的客观性和稳定性。即使物证鉴定结论出现偏差或错误，还可通过补充鉴定、重新鉴定进行纠正，物证的客观性和稳定性是人证无法相比的。

（二）物证的证据价值具有更强的科学性

物证对科学技术具有很强的依赖性，离开了科学技术，物证就难以发挥它的有效作用，这可从物证的发现、固定、提取到物证的鉴定中得到证明。对于像声纹、影像这类新型物证来说，其本身就是当今科技发展的产物，因此更是名副其实的“科学证据”。

二、物证调查

物证调查，是指对案件中各种物证所进行的发现、记录、提取、检验和鉴定的专门性法律活动。物证调查不仅能够解决刑事案件中有关物证方面的专门性问题，也可以解决民事案件和行政案件中关于物证方面的专门性问题，因此，它是整个司法活动中解决物证专门性问题的科学技术。

“物证调查”这一名称是法学界根据法律对物证检验的需要首先提出的。长期以来，公、检、法机关以及法学界的一些专家学者从各自不同的角度对这项技术进行了命名，如公安系统称之为“刑事技术”，检察院系统称为“检察技术”，法院系统称为“司法技术”，法学界人士称为“物证技术”“司法鉴定”“法科学”等，这些在主体内容上没有实质差别。[②]物证技术就是为了得到犯罪信息的技术，而犯罪信息是形成侦查判断、推理、假定的前提，也是推进侦查、调

① 参见陈景丰、申金主编：《物证技术》，中国人民公安大学出版社2002年版，第2页。
② 参见陈景丰、申金主编：《物证技术》，中国人民公安大学出版社2002年版，第2~3页。

整侦查的基础。[①]

案 例[②]

1982年某日，上海铁路局一铁路巡道工罗某巡逻至浙赣线某处时发现路基下有大量新鲜的血迹。他立即向最近的派出所报告情况。通过排查，铁路和地方的警方获取了大量的物证：浙赣线近3公里的线路区间里发现和提取到粘有大量血迹的6块颅骨碎片，有大量血迹、脑容物组织以及沾有血迹的毛竹片、带血的竹扁担和布口袋等物品。经勘查，菜地内种植的芥菜叶上发现了血迹，菜地3米处有一团黄豆大小的脑组织。布口袋、颅骨碎片和脑组织处都在一条与铁路呈40° 夹角的倾斜直线上。

次日，一群装卸工在埔上站一辆C62型60吨级高边敞车里卸载磷矿石时发现矿石堆里埋着一具无名男尸。尸体发现时被一条粗布棉被覆盖，上面压着磷矿石。车挡板距离车厢地板35厘米处有大量喷溅型血迹和血点，磷矿石上发现有大摊血迹和脑组织。车厢内还留有麻绳1根，碎竹片4片，牙齿5枚，烟头4个，火柴梗8根。死者身上没有发现任何搏斗痕迹。牙齿有部分脱落，尸斑暗红，尸僵存在于全身各个关节。头部有十余处钝器伤，前额颅骨粉碎性骨折并可见鸭蛋状大小的血洞，此处为致命伤，经分析系条状钝器打击所致。尸体上身穿上衣5件，最外层的两件衣服的不同口袋中发现有烟嘴、火柴、烟盒封口纸、大号别针、尼龙丝小网袋各一，稻谷和玉米粒若干，玉米粒上有烟熏的痕迹。尸体下身外穿一条破旧的蓝色斜纹布裤子，内套一条自制的黑色粗布棉裤，腰间束着腰带。外裤右侧口袋里有源水牌香烟盒纸贴一张，《湖南日报》碎片3块，英语练习纸碎片一块；左侧口袋内有破布手套一只。脚上穿着一双3518厂生产的黄色解放鞋。

① 参见郭晓彬：《刑事侦查学》，群众出版社2002年版，第18页。

② 《82年浙赣线无名男尸案，为了还200元赌债，竟向同行老人举起屠刀》，载网易网2022年3月28日，https://www.163.com/dy/article/H3CCLQHF05532G91.html。

案 解

在本案中，犯罪人作案后留下了大量物证，通过对其分析可以推断出犯罪人的作案手法以及锁定被害人的身份。由布口袋、颅骨碎片和脑组织处都在一条与铁路呈40° 夹角的倾斜直线上可得，作案人极有可能是将受害者从行驶的列车上向下抛，从而呈现这样的犯罪现场。又由第二现场受害者的衣着特征分析得出，有可能是湘西怀化、溆浦土家族苗族自治州一带群众的衣着。

根据受害者的携带物品分析，因玉米粒上有烟熏的痕迹，而湘西土家族的农民在收割玉米后一般都要挂在屋檐下或灶前熏干备用，现场的玉米粒符合这一独有的特征。

又由其携带的湖南产的常德牌和源水牌香烟烟盒纸和《湖南日报》碎片看，死者很可能是湖南本地人或者是长期逗留湖南的外地人，查找尸源的重点范围应该在湖南境内。

根据死者所穿的3518厂生产的黄色解放鞋系湖北武汉军工厂产品，按照出厂时间可通过原厂查明销售范围。也有死者不是湖南本地人，而是在湖南谋生的外地人的可能性。

拓展阅读

1. 郭晓彬：《刑事侦查学》，群众出版社2002年版。
2. 由明文：《痕迹物证在命案现场勘查中的分析与运用》，载《辽宁警专学报》2012年第1期。
3. 吕长清：《论微量物证在杀人案件侦破中的作用》，载《辽宁警专学报》2007年第1期。
4. 陈瑞华：《实物证据的鉴真问题》，载《法学研究》2011年第5期。

复习试题

1. 简述物证的特征。

2. 简述物证调查的概念。

复习与作业要求

1. 课后复习，并完成复习试题。

2. 考核要点：物证，物证调查。

3. 辅助教学活动：案例简析。

第二节　物证的收集与保全

由于诉讼活动的复杂性，运用证据的主体并不那么单一，不同法律主体所承担的证明责任不同，而责任的划分与配置，又须根据一定的原则。为此，我们根据司法实践中提出的诸多理论与实践方面的问题，并尽可能从理论与实践结合上进行回答和划分，力求对司法实践有所补益。

一、物证的收集

（一）物证收集概览

物证的收集是侦查、检察、审判人员等通过侦查和调查发现、提取和固定与案件有关的各种证据材料，以及当事人及其诉讼代理人调查、发现、取得物证的活动。

首先，收集物证的主体是司法机关的司法人员、当事人及其代理人。在刑事诉讼当中，收集证据的主体是司法机关的司法人员——审判人员、检察人员、侦查人员，其必须依法定程序，收集能够证实被告人有罪或无罪、犯罪情节轻重的各种证据。在民事诉讼当中，当事人对自己提出的主张，有责任提供证据。当事人及其诉讼代理人因客观原因不能自行收集的证据，或者人民法院认为审理案件需要的，人民法院应当调查收集。全面收集调查证据不再是司法机关及司法人员的职责，只有在当事人及其代理人因客观上确实无法提供证据时，或者对当事人提供的证据存在疑问时，以及双方当事人所举证据相互矛盾需要进一步查实时，司法人员才主动调查、收集证据。[①] 而在行政诉讼当中，作为被告的行政机关有责任对争议的具体行政行为的合法性提出证据，若举证不能，承担败诉结果，且规定在诉讼当中不得自行向原告及证人收集证据。而人民法院只有认为必要时，才收集证据。

其次，物证收集方法和程序法定。物证属于证据的一种，对于物证的收集必须符合证据的收集方法。收集证据的方法有明确规定。刑事证据的收集可适用各种合法侦查和调查手段，民事、行政证据只能通过调查的方法取得。所以，物证的收集方法与此一致。

最后，审查判断质证后的物证才能作为定案根据。通过收集获得的物证，尚不能称为证据，就是说还不能作为定案的根据。物证和其他证据一样，只有经过了查证审查判断后，才能作为定案的证据。

（二）收集物证的范围和途径

证据的收集范围因各个案件的情况和性质不同而有所区别。对于物证的收集也是如此。总的来说，凡是同案件事实存在联系、可以证明案情的客观事实材料都属于收集物证的范围：肯定案件事实方面的证据材料；否定案件事实方面的证据材料；和案件处理有关的一切证据材料。

收集物证的途径也是多方面的，因刑事案件和民事案件的不同而有所区别。一般来说有以下主要途径：

（1）现场勘查或勘验。在刑事案件中，这是普遍收集物证的途径，在民事案件中有时也采用此方法。大部分物证或书证都通过此渠道而获得。

（2）搜查和侦查方法。搜查、扣押以及现代科学技术手段，不仅是获得物证的重要手段，也是获得证据的重要渠道。随着现代科学技术在侦查中的广泛运用，该渠道的威力越来越大，也为收集物证提供了广阔的前景。但是，民事证据中的物证收集一般不能采用侦查手段。

（3）审讯被告人或询问当事人。这也是取得物证的渠道之一。因为被告人

① 参见宋世杰：《证据学新论》，中国检察出版社 2002 年版，第 46 页。

或当事人大多是亲知亲为者，他们知道一些物证的藏匿处，所以提取物证当然不能离开他们。

（4）机关单位或公民主动提供物证。这是常见的证据来源，有些机关或者公民无意或者有意得到了物证，然后主动交给侦查机关，这也是一种方法，是我们不可忽视的渠道。

（三）收集物证的基本规则

物证属证据的一种，物证的收集必须符合证据收集的规则。若违反证据收集的规则，将会直接影响所收集到的物证的证明力。

1. 必须依照法律的规定收集

一方面，在收集证据时，需要遵守相关规定。《刑事诉讼法》第 52 条规定“严禁刑讯逼供和以威胁、引诱、欺骗以及其他非法的方法收集证据”。刑讯逼供是历史上证据制度留下的遗毒，影响很深。为了使案件得到正确处理，维护人的尊严和合法权益，严禁采用刑讯逼供等非法手段获取证据。司法人员应当自觉遵守法律规定，认清采用非法手段收集证据的危害性。

另一方面，法律对物证除了程序上的要求，还有质量上的要求。《民事诉讼法》第 73 条规定：“书证应当提交原件。物证应当提交原物……”这对保证证据的质量是有意义的。《民事诉讼法》第 74 条还规定对证据“应当辨别真伪”，审查确定其效力。这是为了保证证据的确定性而规定的，遵守了它就能从法律上确保证据的真实性。

2. 收集物证必须主动、及时

所谓主动、及时，就是指赶赴现场要快，深入调查要快，否则就会延误时机，影响案件的处理。刑事案件的犯罪嫌疑人、民事案件的当事人，为了逃避惩罚或承担民事责任，往往是千方百计地毁坏、隐匿和伪造证据的，尤其是物证。同时因为自然因素和其他客观情况的变化，某些物证会自然灭失或变形，当然，有些当事人的记忆也会因为时间的推移而失真。所以不管刑事案件还是民事案件，收集物证都必须主动、及时，如此就掌握了破案的主动权，案件的侦结就有较大的可能性。

3. 收集物证必须依靠群众

任何案件都是在一定的时空条件下发生的，必然会在一定的环境中留下痕迹、产生影响，这就为查明案件真相提供了可能性。而社会环境是由人组成的，没有人群的地方就不称其为社会，也就不会发生案件。任何情况都不能完全瞒过群众的眼睛，深入群众，依靠群众，进行调查研究，这是我们人民民主国家的有力武器，是战胜困难、查明案件真相的法宝。我们一定要运用这个优势，在人民群众的支持下收集物证，办好案件。

4. 收集证据必须深入细致

物证往往都是被隐藏、被覆盖的，有的甚至埋在地下。有的物证十分细小，肉眼看不见。即使是言词证据，证人也往往不肯轻易讲出来。要把这些不易发现而在证明案件中具有重要作用的物证收集起来，没有严密细致不畏艰难的工作作风、不做深入细致的思想工作是无法办到的。我们要善于从最细微的线索中发现重要的物证。

5. 收集物证必须充分运用现代科学技术

许多物证单靠传统的方法是无法收集到的，必须将科学技术的最新成果运用到收集物证中来，用现代科学手段发现和提取证据。间谍以及其他刑事犯罪嫌疑人，常采用窃听、密写、缩微拍照、远距离摄影等技术窃取国家机密，用极隐蔽的方法杀害公民。这些犯罪嫌疑人实施犯罪的物证，一般的方法难以收集，必须运用技术手段。如运用紫外线检验法判断被检查物的发光性能，恢复被掩盖或消退的文字和血迹，辨别伪造的钞票、证券、票证，鉴别肉眼看不清的印迹、被洗掉或刮掉的文字，辨别商品的真伪，纸张、墨水、胶水等的种类，还可以用紫外线摄影来收集固定这些证据。这些科学方法都有助于我们收集和识别一些隐蔽的物证，无论在刑事证据还是民事证据的收集上都具有极大的作用。

6. 收集物证要注意保密

物证虽然都能对案件起到一定的证明作用，但也有主次之分。作为司法工作人员，要注重收集那些对案件有决定作用的关键证据。此外，在收集物证的过程中要注意保密。泄露物证不但会危及国家机密和个人隐私，产生不良社会影响，更重要的是会影响对案件的查明。[①]

二、物证的保全

物证保全是指为了防止特定证据的自泯灭、人为的毁灭或者以后难以取得，在收集时、诉讼前或诉讼中对物证采取妥善的办法予以固定和保护。《民事诉讼法》第84条第1款规定："在证据可能灭失或者以后难以取得的情况下，当事人可以在诉讼过程中向人民法院申请保全证据，人民法院也可以主动采取保全措施。"在刑事诉讼中主要是证据的固定和保管问题。物证的保全，是物证收集过程应普遍关注的问题。

对收集来的物证，必须及时固定和妥善保管。物证的保全是物证收集过程中的重要方面，不论是在何种诉讼中，物证均应由司法机关按一定的法律程序去收集和调查，在诉讼没有提起或未调查时，就应采取保护性措施，即证据保全程序，以便收集和固定物证。[②]保全一般适用于民事诉讼中，刑事自诉案件、行政诉讼中个别情况下也有必要采用。至于公诉案件，国家根据权限和法律，在收集物证时就已采取保全措施，而无须规定独立的保全程序。

对物证采取保全措施的前提条件一般是：第一，物证有可能灭失，因为有的物证易于腐败、变质，必须先行固定或采取特殊措施保存；第二，物证以后难以取得；第三，物证可能会被故意毁损、灭失，犯罪嫌疑人或其同伙可能毁灭物证。

物证保全程序一般由当事人提起申请开始，任何一方当事人均有权提出物证保全的申请。申请一般应采用书面形式。申请书应写明下列内容：（1）申请保全物证的名称、质量、规格和特征及处所；（2）申请保全物证在案件中的作用和证明的内容；（3）申请保全的理由、事实和法律方面的根据。

物证保全有诉讼前保全和诉讼后保全。诉讼前保全一般向公证机关提出，诉讼后保全向法院提出。我国民事诉讼法规定，人民法院接到当事人物证保全的申请后，先进行审查，然后作出裁定。对于情况紧急的必须在裁定开始执行

① 参见宋世杰：《证据学新论》，中国检察出版社2002年版，第49~50页。

② 参见宋世杰：《证据学新论》，中国检察出版社2002年版，第51页。

前作必要的调查，以免发生错误。[①]

根据我国《民事诉讼法》规定，法院受理民事案件后除当事人主动申请外，法院也可以主动依职权原则实施保全措施，依法予以保全。不管采取何种措施，对于已经保护起来的物证要注意保存管理，列出清单写好标签，妥善保存，按档案管理办法，做好妥当的处置，不得随意损坏或使用，或调换、变卖等，由专人负责，按规定落实各项具体措施。

案例[②]

2014年某日上午，高某在回家的路上与前来找其丈夫的陈军相遇，陈军即跟随高某进入其租住房内闲聊。后陈军见房内无人，遂从后抱住高某意欲与其发生性关系，遭到拒绝和反抗，陈军便用随身携带的刀具刺切高某颈部，致高某死亡后逃离现场。

刑侦大队技术民警对本案现场进行了勘验。案发现场一楼上二楼的楼梯正下方木板上见一把斜放的木柄绿色拖把，拖布条上沾有血迹。在茶几南侧地上，经技术显现，提取残缺鞋印一枚。客厅靠南墙摆放的沙发下地上见有100厘米×120厘米范围内血迹；次卧室内地上见有拖擦痕迹；一具女尸头西脚东仰卧于次卧室门口；移开尸体，尸体下方地上见一枚残缺血鞋印，该血鞋印可见部分长9.08厘米，宽度为8.84厘米。次卧室单人床上被褥凌乱，散落丢放着一些纸币。

搜查证、搜查笔录、扣押物品清单及照片证实，公安局刑侦大队民警三次对陈军暂住的工棚进行搜查，查获陈军所有黑色皮鞋一双、手机卡两张、案发时陈军所穿黑色西服一件、粉色衬衣一件。

足迹鉴定书证实，现场次卧室内被害人尸体移开后地面提取的鞋印和现场客厅地面提取的鞋印，与被告人陈军暂住处查获的黑色皮鞋具有相同类型鞋底花纹。

---

① 参见宋世杰：《证据学新论》，中国检察出版社2002年版，第52页。

② 案例来源：昆明市中级人民法院（2016）云01刑初678号刑事附带民事判决书，著者稍作改动。

案 解

在刑事案件中，现场勘查或勘验是普遍收集物证的途径。在该起案件中，沾有血迹的拖把、残缺血鞋印、黑色皮鞋、手机卡等都是重要的物证，其中鞋印的提取与比对鉴定可以为确认犯罪嫌疑人提供一定依据。在收集物证时，相关人员必须深入细致，充分运用现代科学技术，主动、及时发现和提取证据。因为自然因素和其他客观情况的改变，如本案例中的血鞋印，容易变形或发生其他变化。所以收集物证都必须主动、及时，并且选择合适的方法进行固定与保存，如此就掌握了破案的主动权，案件的侦结就有较大的可能性。此外，该起案件也涉及当事人的隐私，在收集物证的过程中要注意保密。物证如果泄露，除危及个人隐私，产生不良社会影响外，也会影响对案件事实的查明。

拓展阅读

1. 刘显康、朱可迪：《痕迹物证收集中存在的问题及对策》，载《云南警官学院学报》2013 年第 3 期。
2. 陈瑞华：《实物证据的鉴真问题》，载《法学研究》2011 年第 5 期。
3. 何家弘：《物证也说谎》，载《证据学论坛》2002 年第 2 期。
4. 何家弘：《从犯罪侦查学到物证技术学和证据调查学》，载《法学家》2010 年第 4 期。

复习试题

1. 简述收集物证的范围与途径。
2. 简述收集物证的基本规则。
3. 简述物证的保全措施。

复习与作业要求

1. 课后复习，并完成复习试题。

2. 考核要点：物证的收集，物证的保全。

3. 辅助教学活动：案例简析。

第三节　手印的调查取证

一、现场手印概述

（一）手印的概念

手印，系指未戴手套或未裹物品的人手接触客体时，在客体表面留下接触面外表结构的反映形象痕迹。现场手印，则是勘查人员运用专门的技术与方法，在犯罪现场中发现、提取的一切遗留手印的总称。包括作案人、与案件有关以及无关人员在现场上遗留的指印、指节印以及掌印等反映形象痕迹。人手触物留痕的特点，为勘查人员对现场手印进行取证提供了科学依据。现场手印的取证是勘查人员对犯罪现场以及与之相关的场所实施勘查的重要工作之一。

（二）手印的特点

1. 各人各手均相异。指构成手印的乳突线花纹结构具有特定性以及不重复性。也就是说，司法实践中未发现有手印完全相同的两个人，一个人的手上也不可能具有完全相同的手印。

2. 手印终身均不变。胎儿从 6 个月时完全形成手纹至死后真皮乳头层腐烂，乳突线花纹的类型特征和纹线细节特征始终不变。

3. 具有汗液，触物留痕。人手的皮肤上经常分泌出一层薄薄的汗液，这就决定了人手在接触客体时，必然留下印痕。

（三）手印的作用及取证要求

案件侦破过程中，现场手印对认定作案人人身、分析犯罪过程、确定作案人数和摸底排对、排查犯罪嫌疑人具有极为重要的作用。这就要求勘查人员对现场手印进行取证工作时，必须依据犯罪行为动作的特点以及客体的形状、体积、表面光洁度等留痕条件来分析、判断手印可能出现的区域。现场手印取证中，应当对作案人可能触碰的物体以及重点部位进行反复查找。即使在犯罪现场发现了手套印，也不能放弃寻找手印。司法实践证明，由于客观因素的限制，作案人即使戴手套作案，也有可能在现场遗留下手印。

二、现场手印的发现

（一）现场手印勘验的重点部位

1. 来往现场的进出口。现场进出口，指作案人在案件实施过程中，进出现场的必由途径以及相关的部位和物品。作案人为了达到实施犯罪的目的，往往选择非正常的途径设法进入现场。因此，作案人势必需要通过破除障碍或者攀爬逾越的方式进入到现场，从而达到实施犯罪的目的。作案人在破除障碍形成通道或者攀爬进入现场的同时，也就留下一定的手印痕迹。实际案例表明，作案人选择的破除程度、攀爬难度高低与现场进出口遗留下的手印概率成正比。这就要求勘查人员在寻找手印时，将作案人进出的道口以及其他相关的部位和物品，如门、门框、扶手、门锁、窗框、窗台、闩、护栏、途经的楼梯、爬越时的障碍物、影壁、摆放的物品等均列入勘验现场手印的重点部位。

2. 现场的中心部位。犯罪现场的中心部位，又可称之为犯罪行为的中心处所，一般是犯罪实施核心内容所涉及的场所或者地点，如盗窃案件中被窃财物的保管处；杀人案件中第一现场内的尸体周围等。作案人出于犯罪所需，往往有目的地在这些区域内排除或者破坏障碍，同时也在这些部位遗留下了手印痕迹。犯罪现场中心部位作为遗留手印的集中处所，凡是被作案人触碰、翻动以及破坏过的物体表面都需要进行重点勘验。作案人在现场中心部位实施犯罪活动时，已处于实质高潮阶段，很难完全控制自己所有的行为，各种现场中出现的主客观因素都会令作案人思维混乱、行为失控，从而在现场中心部位遗留下较多的手印痕迹。因此，勘查人员在寻找现场手印时，尤其应当重视对于现场中心部位的勘验。

3. 犯罪工具及其他遗留物。作案人在实施犯罪活动中，有时需要借助一定的工具对受害人施加暴力，对现场的特定物体进行破坏。虽然各类现场中发现犯罪工具的概率较低，但还是有部分作案人在实施完犯罪活动后，将就地取材的或者自备的犯罪工具遗留在现场或逃跑途中。实际案件中较为常见的犯罪工具有刀具、棍棒、车辆、器皿、照明工具、通信工具等。对犯罪工具进行勘验时，应注意将案件中获取的此类工具和物品与现场原有物品进行区分。只有在认定犯罪工具的前提下，在工具上寻找到的手印才具有较高的检验与证据价值。

作案人在实施犯罪活动时，有时会将自身的一些物品遗留或丢弃在犯罪现场中，如证件、纸张、皮夹、赃物、残留衣物、包装物等。现场上的遗留物，在案件侦破工作中具有重要的证据意义，也就成为寻找现场手印的重点部位。犯罪现场遗留物由于在案件实施前后，与作案人有过反复接触，因而在遗留物上存在手印的概率较高。

4. 作案人可能接触的其他部位或物品。犯罪现场上存在的物品有许多，这就要求勘查人员在对每一件物品或每一处部位进行分析后，确定哪些部位或物品是作案人必然有所接触，哪些可能会接触，还有哪些是不太可能接触到的部位和物品。对这些问题进行判断和分析后，才能明确工作的中心。对于作案人在现场中可能接触的其他部位或者物品作为重点寻找现场手印的对象，如现场中出现有物品在犯罪前后摆放位置不同的情况，勘查人员即应当判断作案人必然接触过该物品，必须将其列为重点对象进行手印勘验。

（二）现场手印的发现方法

现场手印按种类的不同，大致可以分为立体手印、平面可见手印以及平面潜在手印。立体手印主要由人手触碰可塑性较强的物体后形成的手印。如在未干的油漆、橡皮泥、巧克力表面上留下的立体痕迹。平面可见手印指人手沾染有色异物后而形成的手印。如手指沾有血迹、墨水、灰尘、颜料后在清洁的表面留下的平面痕迹。这两类手印，由于具有一定的立体感或者与承受体表面颜色反差较为明显，在普通的光线下就可以利用直接观察法予以发现。而平面潜在手印用肉眼无法直接发现，必须利用一定的技术手段。一般可以使用以下几种发现方法：

1. 透射光观察法。透射光观察是指光线从物体的背面投射于物体，观察人从物体的正面，即留有手印的一面进行观察寻找手印的方法。[①] 该观察法，主要适用于玻璃、塑料、纸张等透明物体。利用物体透明的特性，在光线的照射下增强物体亮度以及现场手印与物体的反差，从而提升现场手印的发现率。为使现场手印的影像更为清晰可见，可在观察时调整光线以及视线的角度，并在被检物背面设置深色背景。透射光观察法可分为垂直投射观察法以及侧光投射观察法两大类。前者要求光线从侧面投射于物体背面，观察人视角与物体表面呈 90° 角度进行观察；后者要求光线从侧面垂直投射于物体背面，观察人视角与物体一般呈 45° 角度进行观察。为了能够清晰地观察到遗留的现场手印，应当避免在观察时使光线直接进入观察者的眼帘。

2. 反射光观察法。反射光观察是指利用自然光或人造光源发射出来的光线从正面照射物体，观察人从正面进行观察的方法。[②] 该观察法，主要适用于电镀、油漆、搪瓷、塑料等不透明物体或者表面光泽的不透明物体。反射光观察法主要包括两类，即垂直反射法以及侧光反射法。前者通常要求观察时视角与物体表面垂直，与投射光线呈同一水平方向；后者要求观察时视角与物体表面呈 45° 左右角度，与投射光线呈同一水平方向。观察时可以不断调整光线的入射角度，直至看清手印为止。

3. 哈气观察法。哈气观察法是对物体被显现部位用嘴哈气，使手印纹线上凝上一层水汽再进行观察的方法。[③] 该观察法，主要适用于表面有光泽而不吸潮的物体。利用手印纹线与承受客体表面对水蒸气吸附程度以及蒸发快慢的差异，使潜在手印显现出来。此种方法发现的潜在手印，必须等待物体表面的水蒸气彻底干燥后才能使用其他技术方法，尤其是粉末显现法进行后期处理，以避免对手印的破坏。

现场勘验中，如上述的方法均不能发现现场手印时，就必须利用物理或者化学显现方法来发现手印。

① 参见赵向欣主编：《指纹技术》，中国人民公安大学出版社 2003 年版，第 247 页。
② 参见苑军辉主编：《犯罪现场勘查》，中国人民公安大学出版社 2005 年版，第 182 页。
③ 参见苑军辉主编：《犯罪现场勘查》，中国人民公安大学出版社 2005 年版，第 182~183 页。

三、现场手印的显现

勘查人员在寻找现场手印时，根据手印加层物质以及所承受客体物理化学属性的不同，使用的显现方法也不尽相同。现场潜在手印的显现，不仅是发现手印的重要途径，也为手印后续的固定、提取工作创造了良好的条件。现场勘查中，常用的手印显现方法主要有以下几种：

（一）粉末显现法

粉末显现法是现场勘验中最常用的一种手印显现方法。其基本原理是在选择与承受客体表面色差较大的金属或非金属粉末的基础上，利用手印纹线中含有的水分与脂肪黏合粉末的能力，将无色手印变成有色加层手印后显现出来。

1. 现场勘验中，常见的显现粉末一般有以下几种。

（1）铝粉：又可称作银粉，银灰色、附着力强、黏性大，适用于光滑物体表面上的潜在汗液手印显现，不宜于橡胶、人造革、塑料膜等黏性表面的物品。

（2）青铜粉：又可称作金粉，由铜、锌、锡、锑等组成，呈金黄色，附着力强，适用物体与铝粉相同。

（3）石墨粉：由铁、二氧化硅组成，黑色非金属粉末，附着力中等，适用于光滑纸张上的手印显现。

（4）磁性粉：由铁、硒静电复印墨粉混合配置，也可以由铁、钴、镍配以其他粉末混合而成，有黑、红、白、黄等多种颜色。具有磁性，粉末细腻，附着力强，吸附性好，适用于所有无油的光滑表面。

（5）四氧化三铅粉：又可称作红铅粉、丹铅，亮红色粉末，附着力强，受潮易结团，适用于少量附油物品上的油质手印显现。

（6）荧光粉：又可称作蒽粉，黄白色粉末，适用于彩色客体、玻璃、瓷器等物体上的新鲜手印显现。

2. 操作方法。粉末显现法的操作工具主要有毛刷与磁性刷两类。毛刷分圆柱形刷以及扁平形刷两种。磁性刷只能用于磁性粉末，不能用于其他粉末。常见的粉末显现方法有以下三种：

（1）刷粉法。毛刷蘸取适量粉末后，轻弹刷柄，使粉末均匀地散落于承受客体。随后用毛刷沿手印纹线的曲线轻柔刷显，将手印清晰地显现出来。刷粉法使用的毛刷以及粉末必须干燥，刷子不得沾染其他油垢类污物。

（2）抖显法。抖显法的操作不需使用毛刷，主要较为适用在纸张、薄膜等软质物体上显现手印。将选定的显现粉末直接倒于被显物体上，用手（戴有手套）拿起该物体后来回抖动，发现有手印显现后，再将物体上多余的粉末倒回瓶内。使用抖显法显现手印时，应当注意不能用力过猛，以防撕破软质物体而破坏手印。

（3）磁性刷法。利用磁性粉末进行刷显时，应当同时配备专用的磁性刷。将磁性刷头置于粉末中，利用磁性吸引大量的粉末。将刷头上的粉末轻轻与被显物体接触，待有手印显出后，可将刷头上多余的粉末落回瓶中。为使显现的手印反差更为明显，可利用磁性刷将显出手印表面多余的粉末吸净或用空气刷吹净的方式清除。

（二）熏显法

潜在手印的熏显法主要利用某些物质升华后形成的气、雾、烟等，与承受客体表面存在的潜在手印（主要是汗潜手印）进行结合的特性，对潜在手印进行熏染显现。现场勘查中，用途最广泛的熏显法主要由以下三种：

1. 碘熏显现法。碘属非金属元素，系紫黑色结晶体，具有金属光泽，在常温或加热状态下易升华。碘熏显现法即利用碘汽化后形成的紫色蒸气附着于潜在手印上，从而对手印进行显现。较适合于显现白色或浅色纸张、复写纸、竹器、蜡纸等被显客体上的新鲜、陈旧潜在汗液手印。

熏显操作中，将适量碘置于密闭的器皿底部，再将被显客体悬挂于密闭器皿内，利用碘的自然升华对无色手印进行熏显。自然温度下熏显的过程耗时较多，对于急需显现的潜在手印可以采用加热熏显的方法进行处理。由于碘属于有毒物质，因此在进行熏显操作时，应选择通风条件良好的地点进行，有条件的情况下可在通风柜内进行操作，以防碘蒸气污染环境或者对操作人员造成伤害。

2. 烟熏显现法。常见的烟熏物质主要有松香、樟脑、煤油等，利用这类物质燃烧产生的烟雾附着于潜在手印表面，可以对手印进行显现。较适合于玻璃、瓷器、光滑硬纸、金属制品等客体上遗留的新鲜手印。

熏显操作中，将选择的熏显物质点燃后，将被显现客体置于烟雾中心上方5~10cm处，待被显客体表面附着一层烟垢并冷却后，使用毛刷去除多余的烟垢，即可显现出潜在手印。烟熏中应注意时间的掌握，防止因受热时间过久而破坏手印的显现效果。

3.“502”熏显法。“502”胶的主要成分是α－氰基丙烯酸乙酯，利用“502”胶显现潜在手印时，“502”中挥发出的α－氰基丙烯酸乙酯气体与潜在手印中的水与氨基酸相结合，形成高分子聚合物，从而显现出潜在手印。较适合于金属、玻璃、塑料、瓷器等承受客体上的潜在手印。

熏显操作中，可将被显客体置于密闭的塑料袋或者玻璃罩内，滴入数滴“502”胶后，利用其自然挥发，数小时后即可显现出白色或灰白色的手印。为提高潜在手印的显出率，可利用专门的“502”自动熏显柜进行操作。该设备具有均匀加热、定量加滴、湿度控制等优点，可以简化显现环节，提高显现概率，从而取得更为明显的显现效果。

（三）溶液显现法

潜在手印的溶液显现法，主要为化学显现，即利用某些化学试剂与潜在手印中的特定物质发生化学反应，生成一种有色物质后将潜在手印显出。现场勘查中最为常见的溶液显现法主要有以下两种：

1. 硝酸银显现法。硝酸银是一种无色透明的无机化合物，有毒，腐蚀性较强，溶于水，遇光能分解出黑色的银单质。硝酸银显现法主要利用潜在汗液手印中的氯化钠与溶液中的硝酸钠发生化学反应生成氯化银与硝酸钠。氯化银遇光分解出黑色的银单质，从而显现出手印。适合于白色或浅色纸张、本色木等承受客体上的潜在汗液手印。

显现操作中，可用镊子夹住一蘸有硝酸银溶液的棉球，在被显客体表面进行轻轻涂抹，在紫外线或强烈灯光的照射下，即可显出手印。在显现时应防止涂抹液体过多或者光照过度，否则都有可能无法显出手印。

2. 茚三酮显现法。茚三酮又称为宁西特林，是一种白色粉末。有毒，易溶于水、乙醚、丙酮等溶剂中。茚三酮显现法主要利用茚三酮与潜在汗液手印中的α－氨基酸发生化学反应后生成一种紫色物质，从而显现出手印。主要适用于白色或浅色纸张、本色木等承受客体上的陈旧无色手印。

显现操作中，可用蘸有茚三酮溶液的棉球在被显客体表面进行轻轻涂抹，或者直接利用喷雾器进行喷涂，阴干后，对被显客体进行加热处理可加速手印的显现。

四、现场手印的固定与提取

现场勘验中，通过以上技术手段显出的手印，必须经过固定并完好无损地提取后，才能作为证据材料进入到诉讼程序。现场手印的固定与提取必须符合法定的程序规范以及规范的技术标准进行操作，才能保证获取到的手印具有证据价值。常用的现场手印固定与提取方法主要有以下几种：

（一）现场手印记录法

手印记录是现场勘验笔录中的一项重要组成部分，目的是将现场上与手印有关的事实与勘查人员在现场中的勘查过程全部客观地予以记录。利用记录的方式将现场手印进行固定，记录的内容主要包括现场发现的手印数量、具体出现手印的部位、发现手印的种类、在现场上遗留的方向以及手印与犯罪行为的关系等内容。

（二）原物提取法

现场勘查中由于受到所在环境的限制，对于某些载体上的手印无法当场进行提取。在这种情况下，就应当考虑对留有现场手印的载体原物进行提取，待送至实验室后再进行手印提取的工作。如果承受客体体积较大、质量较重，应当在不破坏可能留有指印部位的前提下，分离提取留有现场手印的部分载体。对提取到的原物应当进行妥善包装保存，置于比原物稍大的容器中，防止包装物与载体的表面接触而破坏手印。

（三）摄影法

摄影法是固定与提取现场手印的重要技术手段。使用摄影法固定、提取手印，不仅能反映出手印遗留在现场中的基本情况，还能确保手印的无损提取。利用摄影法固定手印时，应当清晰、完整地将留有手印的物体、位置以及手印本身情况反映出来。这种方式提取到的手印较其他技术手段而言更为可靠，但前提是手印应较为清晰，与承受客体反差较为明显。

（四）胶带粘取法

胶带粘取法适用于现场无法提取原物的手印，主要用于固定和提取粉末显现手印。具体操作中可使用专用的透明胶带，先裁剪下一条面积大于现场手印的胶带，平整粘贴在粉末显现的手印之上，粘贴过程中应使胶带与承受客体之间无气泡形成，也不能使胶带出现皱褶。胶带全部粘贴完毕后，从胶带的一端轻轻将其揭下，粘贴在与粉末颜色反差较大的封底。粘贴方法与粘取手印的方式一致。

（五）制模提取法

制模提取法同样适用于现场无法提取原物的手印，主要用于固定和提取现场遗留的立体手印。制模提取法常用的提取材料主要有硅胶、石膏粉等。在使用制模提取立体手印之前，应当先对手印进行拍照记录、固定。用该技术手段提取的手印，具有纹线明显、表面光泽、较易保存等特点。可用于固定和提取油漆、泥土、灰尘等客体上遗留的立体手印。具体操作中先在手印外围用硅胶建构“围墙”，然后将石膏水溶液轻轻注入“围墙”内待干，手印模型即可制成。

石膏制模提取法只适用于提取立体手印。用这种方法提取的手印，表面光滑，纹线清晰，易于保存。它可用于提取灰尘、泥土、油漆、油泥等物体上遗留的立体手印。操作方法可参照利用石膏制模提取足迹的方法。

案　例[①]

2016 年某日，刘某某翻墙入院后撬开李某家中的窗户，进入室内，将电视机、电脑、金项链、食用油、两瓶白酒、两瓶红酒盗走，经认定李某家中被盗物品总价值为 3405 元。刘某某在作案入口的窗户上留下一枚指纹，经鉴定系刘某某左手拇指所留。

① 案例来源：河南省民权县人民检察院民检监所刑诉〔2018〕1 号起诉书，笔者稍作改动。

案　解

在该盗窃案中，刘某某的盗窃物和遗留在入口的窗户处的指纹都是重要的物证，指纹的提取与比对鉴定可以为确认犯罪嫌疑人提供一定依据。其中，提取指纹时首先需要注意观察手印的状态，以选择合适的固定、提取的方法。且在提取的过程中需要小心谨慎，需要按照技术规范，经过固定并完好无损地把手印提取下来才能作为证据使用，以保证收集的手印有诉讼价值。在本案中，可以采取摄影提取法或胶带提取法来收集手印。另外，除了窗户处，在房间的失窃物品附近处也需注意搜寻有无手印。

拓展阅读

1. 赵幼鸣等：《手印与 DNA 之比较——以犯罪现场勘查为视角》，载《湖南警察学院学报》2018 年第 5 期。
2. 薛静等：《手印鉴定能力验证活动新模式的探索》，载《中国司法鉴定》2016 年第 6 期。
3. 胡家栋：《中美手印鉴定程序比较研究》，载《中国司法鉴定》2015 年第 5 期。
4. 张明辉、陈继文：《血手印检验研究》，载《中国人民公安大学学报（自然科学版）》2008 年第 4 期。
5. 杨蔚、徐同祥：《变形手印的检验鉴定》，载《江苏警官学院学报》2007 年第 6 期。

复习试题

1. 简述收集手印的范围与途径。
2. 简述收集手印的基本规则。
3. 简述现场手印的保全措施。
4. 简述提取手印的方法有哪些。

复习与作业要求

1. 课后复习，并完成复习试题。

2. 考核要点：手印的发现和提取，现场手印的保全。

3. 辅助教学活动：案例简析。

第四节　足迹的调查取证

一、现场足迹概述

（一）足迹的概念

足迹是指人直立或者行走时，在自身重量以及肌肉收缩的作用下，赤足或者通过鞋、袜作用于地面等承受客体而形成的一种反映形象痕迹。足迹是现场中常见的痕迹之一，具有较高的证明价值。作案人遗留在现场上的足迹，不仅能够反映其作案过程，更能准确判断作案人的人身特点以及运动习惯特征，对缩小侦查范围、查缉作案人、进行人身同一认定等具有重要意义。

（二）足迹的分类

按照不同的分类方式，一般可以将现场遗留的足迹分为三大类：

1. 按造型体分类，足迹可以分为赤足足迹、鞋印、袜印 3 种。根据赤足足迹、鞋印，可对留痕人、留痕鞋进行同一认定。而对于现场遗留的袜印，一般只能进行种属认定。

2. 按承受客体表面形态变化分类，足迹可以分为立体足迹、平面足迹两种。立体足迹多出现于可塑性较强的客体上，能够反映人足接触部位的三维结构形象。平面足迹只能反映出足底凸起部位的形象，具有二维的结构特征。

3. 按现场遗留的足迹是否具有连续性，足迹可以分为单个足迹、成趟足迹两种。通过现场发现的成趟足迹，可以反映出留痕人的行走动力特征。

（三）足迹的作用

足迹作为一种常见的痕迹，在案件侦查中具有重要的作用。

1. 有助于分析案情。根据现场遗留足迹的分布和方向，可以确定作案人进出犯罪现场的路线以及犯罪过程中的特点。此外，根据现场足迹的新旧程度，还可以判断大致的作案时间。

2. 判断留痕人的个人特点。现场遗留的痕迹、物证中，足迹所反映出的人足形态与人身关联性最为紧密，通过足迹的形态、数量、特征等，可以分析留痕人的身高、性别、年龄、体重以及行走习惯等特点。

3. 分析作案人数。现场足迹可以反映出现场中的人数，是判断作案人数的重要依据之一。

4. 对在逃作案人进行追踪。通过现场勘查中发现的作案人逃跑途中留下的足迹，可以为侦查人员追踪案犯提供重要的依据。

二、现场足迹的发现

现场遗留的足迹可能数量较多，勘查人员需要寻找的是作案人在实施犯罪过程中遗留下的足迹。这就要求现场勘查人员根据现场的具体情况，从犯罪活动的重点部位着手进行足迹勘验，采用专门的发现方法，全面、细致地搜寻现场中与犯罪活动有关的各类足迹。

（一）现场足迹勘验的重点部位

案件性质的不同以及作案人活动特点的不同等因素，都会使现场足迹勘验的部位存在区别，应当结合具体案件和现场情况确定足迹勘验的重点部位。一般而言，现场足迹勘验的重点部位包括以下几方面：

1. 现场进出口及来去路线。作案人往往采取非正常途径进入现场，因此除了对进出口的地面、台阶进行重点勘验外，还需要对窗台、墙面以及攀爬物体等部位进行搜寻。受现场进出口条件的限制，遗留的足迹数量较少或者形态不完整。可以结合实际案情，沿现场进出口向外进行搜索，在途经现场的来去路线上进行追踪，往往可以发现数量较多、较为清晰的足迹，甚至能够进行追踪并直接发现作案人。

2. 现场的中心部位。现场中心部位是作案人从事犯罪活动的具体实施地。如盗窃现场的目标物所在地；纵火现场的引燃物所在地；抢劫现场的搏斗、作案所在地；凶杀现场的陈尸所在地等。这些部位处在作案人频繁活动的必经区域，往往会遗留下作案人的足迹，需要重点进行勘验，发现有价值的现场足迹。

3. 作案人隐藏地点。作案人在伺机实施犯罪活动中，一般都会存在特定的守候、躲藏过程。这些隐藏地点往往比较隐蔽，通常在案件实施后也不易被破坏。屋棚、墙角、地窖、树林、花坛、草垛、涵洞等阴暗隐蔽较多均可以成为作案人隐藏的地点。这些地点只要具备留痕条件，经过勘查人员细致搜寻，一般都能找到保留下来的现场足迹。

4. 掩埋尸体、隐匿赃证处。发现凶杀案件中掩埋尸体的地点时，应当重视对于作案人足迹的搜寻，由于埋尸附近的土质已经被挖松，较易遗留下作案人的足迹。

5. 作案人在现场中踩踏过的物品。除了各类地面等承受客体外，其他客体上也容易遗留下作案人的足迹。如作案人利用翻墙逾越的方式进入现场，在垫脚的砖石、借力的墙面以及室内的窗台、桌椅等客体表面均易遗留有作案人的足迹；凶杀、抢劫等暴力犯罪的现场，地面散落的床单、衣物、被褥以及尸体上也都有可能找到作案人的足迹。

（二）现场足迹的发现方法

现场遗留的立体足迹以及有色平面足迹较为明显，与承受客体反差较大，在现场勘查中容易发现。而对于某些颜色较浅、反差较小的足迹，特别是无色汗液赤足印以及潜血足迹等，发现的难度较高。这就需要勘查人员借助于特定的方法，尽可能多地发现现场遗留的足迹。

1. 配光观察法。现场上遗留的立体足迹以及有色平面足迹可以借助于光线，用肉眼直接进行观察。但对于某些发差较小的足迹，如遗留在无色水泥路面上的平面灰尘足迹，不细致观察则无法予以发现。自然光条件下，通常采用逆光或者侧光，并不断调整观察的角度，借助于放大镜俯身或者卧身进行观察与寻找。如果在室内现场中，遗留的足迹与承受客体两者之间反差较小，在自然光线下很难发现，则可以将自然光线遮挡住，阻止自然光摄入或者只留一侧的光线射入，利用勘查灯、手电筒、多波段光源发射器等人造光源进行照射观察，不断调整灯光照射角度或者利用不同的光波段，进行现场足迹的寻找和发现。

2. 静电复印法。对于现场中存在的潜在足迹，由于形成足迹的物质与承受客体反差较小，不易用肉眼进行观察。则可根据案件现场的实际情况，在重点勘查部位使用静电复印的方法，主要用于对现场遗留的平面粉尘足迹进行寻找和发现。在留痕地面较为光滑，现场保护较为完好的情况下，使用静电复印法往往可以加快现场勘验的速度，有利于勘查人员使用静电吸附仪以及塑料薄膜对特定部位或者现场大面积的足迹搜寻。

3. 化学显现法。利用专门的化学试剂进行显现，可以适用于现场遗留的与承痕客体色差较小的平面灰尘足迹、较为淡薄的潜血足迹以及潜在汗液足迹的寻找与发现。可以将盐酸与无水乙醇调配而成的溶液均匀地喷洒在待显客体表面，待干燥后，再将铁氰化钾（赤血盐）溶液喷洒在待显客体表面，利用溶液与灰尘中的铁元素反应，即可显现出蓝绿色的足迹。足迹中含铁成分越多，显现出的蓝色越为清晰。现场中遗留的潜血足迹，由于颜色较浅，无法直接发现，可以利用纯乙醇溶液滴在承痕物体表面，待其干后，再在承痕物体表面滴入四甲基联苯胺与过氧化氢的混合溶液，即可显现出蓝色的血渍足迹。对于现场中遗留的潜在汗液足迹则可以参照汗液手印的显现方法，利用硝酸银溶液以及茚三酮溶液等予以显现。

三、现场足迹的识别

现场足迹的识别主要用于解决现场发现的足迹是否为作案人所遗留的问题。在进行现场勘查时，犯罪现场中发现的足迹不一定全部属于作案人，其中一部分可能由受害人或者无关人员所遗留。因此，就要结合案件信息和现场环境、足迹特点等情况进行全面分析和甄别。识别正确，则可以为收集作案人的足迹提供有力证据，通常在现场勘查中应当从以下几点进行识别和判断：

（一）分析现场足迹的分布情况与作案行为是否吻合

对于翻窗入室的案件，如在窗户上发现遗留有脚尖向内的足迹，与作案人进入现场的方式吻合，基本可以确定为作案人的足迹；盗窃案件中，被盗目标物或者翻动物周围地面发现的足迹，多为作案人遗留。凶杀案件中，尸体周围以及尸体下方的足迹多为作案人遗留，此外在掩埋尸体处周围发现的足迹也极有可能为作案人所遗留；纵火案件中，纵火点附近的地面以及引燃物周围分布的足迹大多属于作案人所留；爆炸案件中，起爆点附近的足迹也多为作案人所遗留。

（二）分析现场遗留足迹的特征与犯罪活动是否吻合

一般来说，可以结合作案手段对现场足迹所反映出的行走习惯特征进行识别，以判断足迹是否为作案人所遗留。作案人在实施犯罪活动中，往往内心较为紧张。这种心理状态可以通过现场中遗留足迹的步态、步幅等特征反映出来。作案人在接近犯罪地点时，为了不引起他人的注意，必然蹑手蹑脚、时走时停，反映在足迹上的特征也是一脚重、一脚轻等不规律足迹，步幅也相对较短；作案人在实施完犯罪后，必然要逃离现场，反映在足迹上的特征即留痕较重、步幅较长等。一般在现场中发现具有以上特征的足迹，基本可以确定为作案人所遗留。

（三）判断现场足迹的新旧程度与案发时间是否吻合

识别现场遗留足迹的新旧程度，可以判断足迹形成时间与案件时间是否一致。如果现场勘查工作是在案发后的第一时间内进行的，勘验中发现的足迹边缘与花纹较为清晰，则较有可能为作案人所遗留。反之，如果现场上发现有已经干涸的陈旧足迹，则可以将其排除。足迹的新旧程度的变化易受现场情况制约，现场环境的干湿程度以及天气状况等都会对足迹新旧程度的判断造成影响。因此在对现场足迹进行识别时，应当针对现场情况进行具体分析。

（四）分析现场足迹与其他痕迹、物证的相互联系

通过现场足迹与其他痕迹、物证之间的相互联系进行分析判断，可以识别是否为作案人的足迹。譬如，保险柜被撬破的盗窃现场，在留有手印或撬破工具痕迹的相应部位发现的足迹，可以判断是罪犯所留；罪犯逃跑途中的足迹旁边有散落的被盗物品，也可判断为罪犯的足迹。[①]根据足迹中的附着物质的来源，也可以确定足迹是否为作案人所遗留。足迹中的附着物质并非来源于现场，如油漆、面粉、墨汁、煤灰等，基本可以判断足迹属于作案人。如果凶杀现场中

① 参见徐立根主编：《物证技术学》，中国人民大学出版社 1999 年版，第 228 页。

有尸体存在，根据足迹中附着的血迹，也可以判断足迹属于作案人。

（五）通过甄别排除案发后进入现场人员的足迹来锁定作案人足迹

案发后，受害人以及与案件无关的人员往往也有可能进入过现场，因此需进行甄别，将这些人员的足迹与现场足迹进行比对，排除无关者的足迹，现场中剩下的足迹基本可以锁定为作案人所遗留。

四、现场足迹的固定与提取

经过识别确定为作案人所遗留的现场足迹，应当根据足迹的反映形式以及承痕客体的属性，采用适当的方式予以固定及提取。通常现场足迹的固定与提取有以下几种方法：

（一）摄影法

摄影既可以对现场足迹进行固定和保全，又是一种提取现场足迹的专门方法。无论何种足迹，都应先拍照固定，再采取其他方法予以提取，有些现场足迹只能使用摄影技术进行提取。现场足迹的摄影，主要采取比例拍摄或者比例直线连续拍摄的方法。拍照时一定要在足迹一侧水平放上比例尺，比例尺最好长于足迹，以便对照片足迹测量观察，缩小误差；拍照时，相机镜头光轴与足迹平面应保持垂直，仔细调配好光线，力争使足迹形态特征清晰完整地照下来。①

对成趟足迹进行摄影时，除按上述要求对单个足迹进行拍摄外，还应当采取比例直线连续拍摄术对 4 个以上连续的足迹进行照相。摄影提取时应注意将成趟足迹的走向、足迹步法特征等在相片中反映出来。

（二）高压静电吸附法

高压静电吸附提取法的原理是利用高压静电作用将粉尘等绝缘物质进行激化，使其在场内产生运动，并将物质转移到吸附薄膜上，从而对平面灰尘足迹进行固定和提取。该技术方法使用的工具主要有高压静电吸附仪以及面积大于足迹的黑色塑料薄膜（聚氯乙烯）。主要用于提取砖石地面、水泥地面、木质地板、皮毛、纺织品等客体上的粉尘足迹。具体操作时，在遗留有足迹的承痕

① 参见赵成文：《实用刑事现场勘查技术》，群众出版社 2004 年版，第 209 页。

客体上覆盖一张面积大于足迹的塑料薄膜（黑色光面朝下），手持静电吸附仪在薄膜上单向滚动数次，待塑料薄膜与承痕客体吸附较为紧密后，移除电极，即可在薄膜上反映出现场遗留的粉尘足迹。

（三）制模提取法

现场的立体足迹经过摄影固定后，必须制作足迹模型进行提取。现场勘查中提取的足迹模型通常采用石膏粉溶液灌制而成。利用石膏粉提取的立体足迹，具有成本价格低廉、特征反映清晰、操作方式简便以及检验鉴定方便等优点。具体操作时，应先在足迹周围用泥土或塑料薄片筑起 2~4 厘米高的围墙，防止石膏液灌注时外溢。筑制围墙时应注意不得破坏足迹原有的形态，随后小心、细致地清理落入足迹中的树叶、沙石、土块等杂物，吸尽足迹中渗漏的雨水。清理完毕后，准备好充当“骨架”竹筷或干树枝、调制石膏液的容器等。在调制石膏液时，应采取石膏与清水 5：3 的比例进行调配，搅拌至石膏液成粥状。然后沿足迹较低处轻轻灌入石膏液，灌注至 1/2 厚度时，将准备好的“骨架”放入，再继续灌注石膏液直至填满整个足迹，与围墙齐平。灌模 30 分钟后，待石膏液凝固成型，即可从模型的一侧将其轻轻取出，用清水冲洗干净并晾干后，即可制成立体足迹的石膏模型。

除上述提取立体足迹的方法外，还可以根据现场实际情况，采用其他制模材料对立体足迹进行制模提取，如硅橡胶、石蜡、弹性藻酸钠糊剂等。

（四）原物提取法

对于遗留在衣物、床单、被褥、纸张、桌椅等重量较轻、体积较小客体上的现场足迹，为了有效保持足迹的原始状态，便于分析和检验，在条件允许的情况下，应当提取原物。在提取具体物品时，应当征得事主的同意，按照法定程序办理相关手续，载明提取物品的名称、数量、规格、价格等事项，用后应当及时归还。

案例①

孙某某与牛某2两家东西相邻。某日，孙某某和儿媳闫某1带施工人员在房顶施工时，牛某3、牛某4以影响自家宅院采光为由吵闹。随后，牛某4、牛某2先后翻墙跳跃到孙家房顶上，牛某4、闫某1发生扭打。孙某某用铁锹将牛某4、牛某2二人打倒在地，又拿铁管猛击二人头部，致牛某2昏迷，牛某4当场死亡。后孙某某又持铁管来到牛家，在北屋东套间持铁管猛击牛某3头部，致其当场死亡。现场勘查笔录证明，牛某2家北屋东套间近东侧门框的地瓷砖上，经静电吸附发现一枚足迹。孙某某家东北角下侧楼梯第八台阶左侧见一布鞋。现场提取到血迹、足迹、铁管、血足迹、铁锹等物品。公安局物证鉴定所鉴定书证明，牛某2家发现的足印与送检孙某某左脚鞋鞋底花纹种类一致。

案解

在该故意杀人案中，在孙某某家寻得的布鞋，与在牛某2家提取到的鞋印经鉴定得知鞋底花纹种类一致，作案人遗留在现场上的足迹，不仅能够反映其作案过程，并且通过分析现场足迹与其他痕迹、物证的相互联系，以及将足印进行提取与比对鉴定可以为确认犯罪嫌疑人提供一定依据。在本案例中，提取足印的方法为静电吸附法，是一种利用高压静电作用将粉尘等绝缘物质进行激化，使其在场内产生运动，并将物质转移到吸附薄膜上，从而对平面灰尘足迹进行固定和提取的方法。该方法主要用于提取砖石地面、水泥地面、木质地板、皮毛、纺织品等客体上的粉尘足迹，与本案例中的客观条件相符。且在提取的过程中需要注意对花纹、补丁、针脚、磨损、足趾形态、分布等细节特征进行检验。在比较检验的基础上，再对发现的特征符合点以及特征差异点进行综合分析评断。

① 案例来源：河北省邯郸市人民检察院邯市检诉刑诉〔2019〕3号起诉书，笔者稍作改动。

拓展阅读

1. 袁国平、王萍:《试论现场足迹关联信息深度发掘与拓展应用》, 载《刑事技术》2020 年第 4 期。
2. 陈明凯、于金虎:《足迹在现场勘查中的主导作用》, 载《广东公安科技》2020 年第 2 期。
3. 陈蕊丽等:《光学无损提取平面足迹的原理与方法》, 载《中国人民公安大学学报 (自然科学版)》2015 年第 2 期。
4. 钟新文:《犯罪现场足迹应用存在的问题及对策》, 载《新疆警察学院学报》2015 年第 2 期。

复习试题

1. 简述现场足迹的识别。
2. 简述提取足迹的方法有哪些。
3. 简述足迹的保全措施。

复习与作业要求

1. 课后复习，并完成复习试题。
2. 考核要点：现场足迹的识别，足迹的提取，足迹的保全措施。
3. 辅助教学活动：案例简析。

第五节　工具痕迹的调查取证

一、工具痕迹概述

（一）工具痕迹的概念

工具痕迹是指在外力的作用下，工具器械与承受客体相接触，在接触部位发生形变或被破坏而形成的反映形象痕迹。现场勘查中所要研究的工具痕迹，专指与作案活动有关的工具痕迹，即作案人在实施犯罪活动中利用工具或者器械破坏客体时所遗留在现场的痕迹。工具痕迹是犯罪现场中常见的痕迹类型，也是现场勘查中应当重点寻找和提取的痕迹。通过工具痕迹，可以判断作案人的职业特点，分析犯罪活动的过程，推测作案人的身高、体力，判断案件现场的真伪情况，在案件侦破中具有重要的证据地位。

（二）工具痕迹的分类

工具痕迹的形成由作案工具、被破坏客体以及作用力三大要素共同作用，其中作用力是工具痕迹形成的决定性要素。因此，以力的作用结果作为划分的依据，可以将工具痕迹分为线形痕迹和凹陷痕迹两大类。

1. 线形痕迹。指作案工具与被破坏客体接触部位相对划动后，在被破坏客体表面或断面上引起的线形变形。根据力的作用方式，线形痕迹可以进一步细分为擦划线形痕迹以及剪切线形痕迹两种。

2. 凹陷痕迹。指作案工具与被破坏客体接触部位不变，在被破坏客体的接触部位发生塌陷而引起的凹陷变形。根据力的作用方式，凹陷痕迹亦可以进一步细分为撬压凹陷痕迹以及打击凹陷痕迹两种。

（三）工具痕迹的作用

办案过程中，工具痕迹一般具有如下几方面的作用：

1. 有助于分析作案方式和手段。作案人利用工具实施犯罪活动时，往往都具有特定的方式和手段。通过现场勘查推断痕迹形成的情况，为分析作案手段和案件性质提供依据。

2. 为分析作案人个人特征和职业特点提供依据。通过对于工具痕迹的分析，可以推断使用工具者的动作是否熟练，是否具备专业知识。此外，某些特殊工具也在特殊职业中使用，从而可以分析作案人个人特征及职业特点。

3. 有助于并案侦查。系列案件犯罪人员在作案对象、作案工具、作案特点等方面，往往会形成一定的模式，即同一案犯在不同案件中常习惯用同一种方法、手段作案，或使用同一工具作案，在多起案件中留下相同的工具痕迹。[①]可以通过同样的作案手段、方式以及工具痕迹的同一性，将多起案件进行并案侦查。

4.解决工具痕迹中的种属认定。工具种类数量繁多，形成的痕迹也较为多变。通过对于工具痕迹的种属认定，推断形成痕迹的工具种类，可以有效缩小侦查范围，为案件侦破提供方向。

5.解决工具痕迹中的同一认定。工具痕迹的同一认定，主要是为了认定作案工具，为诉讼活动提供证据材料。准确地对作案工具进行认定，从而有助于正确处理案件。

二、工具痕迹的发现

工具痕迹在现场上出现概率较高，与其他痕迹相比，具有易于发现、形状稳定、不易消失与破坏等特点。但由于工具痕迹一般形态较小，需要通过勘查人员的细致搜寻才能发现。

（一）工具痕迹勘验的重点部位

1.作案人来往现场的进出口。除溜门、预伏等特定方式外，大部分作案人均需对障碍物进行一定程度的破坏，才能进入现场实施犯罪活动。作案人通常选择门、窗、墙壁、管道等作为来往现场的进出口，这就需要借助工具对这些出入口处的障碍物进行破坏。破坏方式一般有破坏窗户、击碎玻璃、蹬踹房门、撬压门锁、切割护栏等，较易留下撬压、蹬踹、锯割、切、烧、挖、擦划等痕迹。在进行现场勘查时，应当重点对这些部分进行搜寻、发现工具痕迹。

2.现场中心部位及作案目标物。现场中心处所以及作案目标物是发现工具痕迹的主要部位。现场中心部位的保险箱、立柜、大厨、抽屉等作案目标物，常被作案人用撬压、切割、拆卸等方式进行破坏，从而在承痕体相应接触部位留下工具痕迹，这些是勘查人员发现工具痕迹的重点部位。

3.作案人遗留在现场的物品。作案人在实施犯罪活动过程中，可能会将作案使用的一些物品遗留在现场内，从这些遗留物可能会发现工具痕迹。例如：

① 参见马忠红:《系列案件串并案后案情分析研究》，载《中国人民公安大学学报（社会科学版）》2013 年第 3 期。

凶杀案件中，作案人用来捆绑被害人尸体的铁丝、绳索上往往留有剪切痕迹；野外凶杀现场中，作案人用来掩盖被害人尸体的树枝、杂草断面上往往留有砍削痕迹。

4. 作案人逃离现场的沿途路线。作案人在逃离现场时，往往会在沿途丢弃或隐匿被破坏的物品、作案工具或者不易搬运的赃物，在这些物品上往往遗留有工具痕迹或者物品本身就有可能是形成痕迹的留痕物。在现场勘查时，应当注意沿车轮痕迹或足迹进行追踪，搜寻作案人逃离现场的沿途路线是否存在被破坏物或者作案工具，从而为发现遗留的工具痕迹创造条件。

（二）工具痕迹的发现方法

发现案件现场的工具痕迹，需要正确运用自然光或者其他人造光源，结合放大设备的使用，从不同角度、不同方向进行全面细致观察。

勘查人员在搜寻、发现工具痕迹的过程中，务必做到全面、细致。不仅要注意到工具痕迹本身，又要关注工具痕迹周围；既要重视对待单一工具痕迹，又要将相关联的痕迹进行综合观察；既要重视损毁、破坏严重的部位，又不能忽视、遗漏破坏程度较小的部位；既要注意观察承痕客体的情况，又要关注地面上的相应情况。在寻找被破坏的设备、铁路、桥梁等客体物时，应该根据这些设备的性能，有步骤地寻找工具痕迹，并邀请内行等有关人员参加，共同进行勘查。①

三、工具痕迹的识别

勘查人员在固定与提取工具痕迹之前，必须对发现的工具痕迹进行识别。识别的目的在于甄别、排除现场中非犯罪活动而形成的痕迹，确定现场上遗留的工具痕迹与犯罪事实之间的联系。工具痕迹的识别，主要应用于区分工具痕迹与非工具痕迹、作案遗留的工具痕迹与非作案遗留的工具痕迹两大类。

（一）识别现场遗留的痕迹是否由工具所形成

现场勘查中，时常会发现一些可疑的工具痕迹。这些痕迹在外观上类似于工具所形成，实则非工具痕迹。非工具痕迹，一般是指并非由人在使用工具的

① 参见赵成文：《实用刑事现场勘查技术》，群众出版社 2004 年版，第 218~219 页。

过程中形成的痕迹。在对现场遗留的痕迹进行识别时，应当重点注意以下几方面内容：

1. 动物咬划形成的痕迹。动物留下的痕迹主要是鼠、兔、狗、狼等动物的啃咬或者鸟类、猫、狗等动物的爪划在某些客体上留下的痕迹，这些痕迹类似于某些工具形成的刺切或者擦划痕迹。在进行识别时，应从痕迹反映出的形态和痕迹所处的环境进行综合判断。动物咬痕断面切割不整齐，常带有凹坑或突尖，遗留的线形痕迹方向不一。而利用工具形成的剪切线形痕迹则完全相反，断面切割整齐，边缘平整，线形痕迹方向一致。勘查人员应当结合以上分析进行综合判断，从而正确识别现场中遗留的痕迹是否为动物咬划所形成。

2. 自然因素形成的痕迹。自然因素形成的痕迹主要是由于自然气候环境或者物理、化学等因素的作用，而引起客体变形后形成的痕迹。环境因素、物理变形、化学腐蚀等都会破坏客体的构件。某些客体由于自然因素而造成的损坏，有时会形成与工具痕迹较为相似的痕迹。勘查人员在识别这些痕迹时，应当了解在现场环境中是否存在各类自然破坏因素，客体是否因金属自身疲劳而发生断离；事发时是否发生狂风、暴雨、雷击等；是否有腐蚀性液体、气体等溢出而造成客体变形。为了正确识别此类痕迹，可以邀请相关领域专家一同进行分析会诊，必要时还可通过模拟实验的方式来验证。

（二）识别现场遗留的工具痕迹是否由犯罪活动所形成

现场上遗留的痕迹判定为工具痕迹时，仍需要进一步识别，以确定工具痕迹与犯罪行为之间是否存在必然的联系。在识别现场遗留的工具痕迹是否由犯罪活动所形成时，应当从以下几个方面着手进行分析：

1. 观察痕迹新旧，排除无关痕迹。某些物品在生产、使用、维修中，在其表面也会遗留下一定的工具痕迹。如门窗、桌椅在修理的过程中，可能遗留下螺丝刀、木工锤、钢丝钳等工具痕迹。在案发时间较近的现场上，作案人留下的工具痕迹与这些案前正常形成的工具痕迹在新旧程度、边缘轮廓清晰程度上均存在差异。同等条件下，案前形成的痕迹较旧，轮廓清晰程度差，痕迹上常有灰尘、污垢、锈垢，痕迹与其周围色泽大体一致；案中形成的痕迹较新，轮廓较清楚，痕底灰尘少，痕迹与周围色泽差别较明显。[1]现场勘查过程中，切忌将案前正常形成的这些痕迹误认为是作案人在实施犯罪活动时所遗留的工具痕迹。

2. 观察痕迹遗留部位，判断是否与犯罪行为吻合。作案活动中的工具痕迹遗留部位，与犯罪行为联系紧密，痕迹出现的部位往往具有一定的规律性，多出现在现场的出入口以及被破坏的障碍物体表面。工具痕迹遗留部位是否与犯罪行为相吻合，是识别该痕迹是否为作案工具痕迹的重要依据之一。

3. 利用现场遗留痕迹，进行多方相互印证。对于现场中发现的多处工具痕迹，进行特征比对后，如发现这些痕迹系由同类工具或同一工具所形成的，即可作为是作案工具痕迹的有力依据。一般犯罪活动中形成的工具痕迹，往往会在多个客体表面形成同一种痕迹。而非犯罪活动中形成的正常工具痕迹，出现较为单一，往往只在某一特定部位反映出一种工具痕迹。

4. 利用犯罪工具及其痕迹，对可疑痕迹进行比对。利用犯罪工具及其痕迹，对现场中存在的可疑痕迹进行比对，是识别可疑痕迹最为可靠的方式。如在现场发现了作案人遗留的犯罪工具或者某一工具痕迹已经确定为由犯罪行为所形成，就可以借助于犯罪工具或犯罪工具痕迹对可疑痕迹进行识别，分析判断两者之间特征是否吻合，从而认定可疑工具痕迹是否由作案人所遗留。

四、工具痕迹的固定与提取

现场勘查工作中，用以固定与提取工具痕迹的常用方法一般有以下几种：

（一）摄影法

在提取现场痕迹时，摄影法往往是必不可少的一种提取方法。利用摄影法提取工具痕迹时，应当选择适当的光线和拍摄角度，在工具痕迹旁放置比例尺，与痕迹处于同一水平面。拍摄时必须将工具痕迹所处的方向、位置，与其他客体之间的关系，痕迹特征等反映清楚。

① 参见解云等主编：《痕迹检验》，中国人民公安大学出版社 2003 年版，第 311 页。

（二）现场测绘法

由勘查人员运用制图学的技术和方法，对现场上遗留的各种形态的工具痕迹进行测绘提取。现场测绘法可以直观地描绘出现场工具痕迹的分布、间隔、形态、面积、深浅等特征。

（三）原物提取法

提取原物能够最大程度上保全以及反映现场工具痕迹具有的所有细节特征。因此，对于体积较小、重量较轻的客体以及能够拆卸、分割实物的客体上存在的工具痕迹，应当尽量采用提取实物的方法。提取实物时应当遵守法定程序，征得事主同意,使用完毕后应当及时归还。保存实物时应当采取必要的保护措施，防止人为或自然因素对附有工具痕迹的实物造成损坏。

（四）制模提取法

对于不能提取原物的工具痕迹，则应当根据痕迹的类型、面积以及深浅等，使用不同的制模材料进行提取。根据常用的制模材料进行分类，制模提取法又可以细分为以下几种：

1. 硬塑料制模法。硬塑料是一种牙科用制模材料，又名打样膏，具有稳定性能较好、塑型能力较强的特点，适合于提取印痕较深、面积较大的工具痕迹。具体操作时，取适量硬塑料浸泡于热水中，待其软化后取出。制模前先在工具痕迹表面涂抹一层甘油，再将硬塑料直接按入工具痕迹内并压实，冷却定型后即可取出成型。

2. 软塑料制模法。软塑料俗称橡皮泥，较适合于提取表面光滑而深度较浅的工具痕迹，但软塑料易于变形，需妥善保存。具体操作时，先在工具痕迹表面涂抹一层甘油，然后将软塑料揉搓成团后在光滑物体上压平，再将其按压在工具痕迹上，待软塑料与工具痕迹完全接触后，将其垂直取出即可成型。

3. 硅橡胶制模法。硅橡胶呈白色黏稠状，是一种含硅元素的有机化合物。具有弹性较好、塑型细腻、不易断裂及破碎等特点，适合于各类不同面积、不同深度的工具痕迹提取，是一种应用较为广泛的制模材料。具体操作时，可在玻璃板上放置适量的硅橡胶，再滴入少量正硅酸乙酯和月桂酸二丁基锡，用小刀调拌均匀后，轻轻注入待提取的工具痕迹内，待硅橡胶干涸后，即可将模型取出。

4. 醋酸纤维素薄膜提取法。醋酸纤维素薄膜俗称AC纸，具有渗透性能较好、透明度较高等性能，适合于提取金属表面的线形工具痕迹。具体操作时，取一块面积稍大于工具痕迹的AC纸置于丙酮溶液中浸泡，待其软化后，取出贴于痕迹表层。用手按压，防止AC纸与痕迹中间留有空隙。随后在其表面再覆盖一张AC纸，压紧使两张AC纸黏合在一起。待AC纸干透后取下，痕迹表面的线性工具痕迹特征即可在AC纸上体现出来。

案 例①

某日，杨某在家饮酒后，起床拿了一把斧头，砸烂其居住房子二楼的神龛和房门，又走到父亲杨某1睡觉的房内将电视机砸烂，听到躺在床上的父亲杨某1说了几句阻止的话，就持斧头砍、砸父亲头部。感觉其没有呼吸后，持斧头又将二楼楼梯和门板劈烂，后顺手将斧头丢到一楼院坝内。经公安局司法鉴定中心鉴定，杨某1系钝器伤致开放性颅脑损伤死亡。经精神卫生中心鉴定，杨某患有酒精所致精神障碍；杨某作案时具有完全刑事责任能力。

现场勘验检查笔录及照片证明，在一楼木梯阶梯上见多处工具痕迹，二楼木梯东侧一木板见一处工具痕迹；二楼西侧主卧室床上见一尸体，卧室窗帘、地面、门见多处疑似血迹，卧室门、电视柜的音箱上、电视上见工具痕迹；客厅地面、门见多处疑似血迹；卧室地面、木墙上、沙发上见多处疑似血迹；堂屋门上见工具痕迹。在房屋前小路的西侧尽头草丛中见一斧头，并提取了相关实物。

① 案例来源：贵州省黔南布依族苗族自治州人民检察院黔南检刑诉〔2020〕1号起诉书，笔者稍作改动。

案 解

在该故意杀人案中，杨某的作案工具斧头和留下的工具痕迹是重要的物证，可以通过现场勘查推断痕迹形成的情况，为分析作案手段和案件性质提供依据。一般犯罪活动中形成的工具痕迹，往往会在多个客体表面形成同一种痕迹。对于本案例中现场发现的多处工具痕迹，在进行特征比对后，如发现这些痕迹系同一工具，即斧头所形成的，即可作为是作案工具痕迹的有力依据。另外，也需要观察工具痕迹的遗留部位，以此判断是否与杨某的犯罪行为吻合。在作案活动中的工具痕迹遗留部位，与犯罪行为联系紧密，且杨某利用工具造成痕迹出现的部位具有一定的规律性，勘查人员可以结合工具痕迹的分析进行综合判断。

拓展阅读

1. 林志鹏等：《“依痕找物、顺物寻人”——一宗通过工具痕迹追踪寻迹的典型案例》，载《中国公共安全》2020 年第 4 期。
2. 刘燕等：《3D 打印技术在工具痕迹提取中的应用探究》，载《云南警官学院学报》2018 年第 6 期。
3. 徐文彬、李晓慧:《工具痕迹检验技术研究》，载《科技资讯》2013 年第 22 期。
4. 杨敏：《工具痕迹检验技术研究的现状及展望》，载《公安理论与实践：上海公安高等专科学校学报》2011 年第 4 期。

复习试题

1. 简述现场工具痕迹的识别。
2. 简述提取工具痕迹的方法有哪些。
3. 简述工具痕迹的保全措施。

复习与作业要求

1. 课后复习，并完成复习试题。

2. 考核要点：现场工具痕迹的识别，工具痕迹的提取，工具痕迹的保全措施。

3. 辅助教学活动：案例简析。

第四章　书证的证据调查

教学目的和要求｜通过本章学习，使学生了解书证特征、书证调查。

教学重点和难点｜书证调查的概念与特征、书证调查的相关证据规则、书证的收集与保全。

教学方法与手段｜讲授和案例分析。

第一节　书证调查概览

一、书证的概念

书证，是指以文字、符号、图形等所记载的内容或表达的思想来证明案件事实的文件和其他物品。书证具备以下证据特征：第一，书证必须以书面文件或其他物品为载体；第二，书证应当是通过文字、符号、图形等作为表达方式；第三，书证记载和表达的思想内容或意思表示应当与案件有关，并以此证明案件事实。前两点是书证借以形成的基础，后一点是书证的内部规定性。①

书证，是我国最重要的法定证据种类之一。其中，较为常见的有文件、书信、合同书、契约书、票据、单据、账册、书面遗嘱、传真电报文稿、出生证、结婚证书、学历证明、身份证、设计图纸，等等。除此之外，以特殊物质为载体的文字、符号、图画，如果其记载的内容或表达的思想能够证明案件事实，则也属于书证的概念范畴，如壁画、墓碑、广告牌，以及篆刻着特殊符号或图案的金属器物、竹木、武器、令牌，等等。当然，这主要是狭义上的书证概念。广义的书证概念乃是指一切书面性的证据，不仅包括了狭义上的书证，还包括其他诸如调查笔录、口供笔录、书面证言、勘验报告，等等。我国立法上和学理上一般采用狭义的书证概念。

① 参见陈一云：《证据学》，中国人民大学出版社2000年版，第287页。

第一，书证的物质载体、制作方式、表现形式具有多样性。由于书证的核心特征乃在于表意性，因此，在物质载体、制作方式、表现形式等多方面呈现出多样性的特征。具体而言，在物质载体方面，通常情况下是纸张，但也可以是地面，也可以是布匹、竹简、木材、石头、金属或其他器物。人类关于书写载体的运用在不同时期是不一样的，因此，并非写在纸上的东西才符合书证的特征。[①] 在制作方式方面，书证是一种以书写方式形成的证据，一方面，书写的具体方式很多，如手写、打字、印刷、记录、绘制、临摹、剪拼、雕刻、涂抹等等；另一方面，书证的制作工具也很多样，只要能用以写或制作出文字、图案或符号来表达内容就可以，如笔、刀、棍、手指等。在表现形式方面，能够表意的形式很多，既可以是文字、图形，也可以是符号等。

第二，书证的表意应能够被人理解，且具有相关性。首先，具有书证形式的证据材料应旨在表达一定的意思。如果某一证据材料虽然具有与其他书证类似的形式和特征，但却并不表意，就决然不能成为书证。其次，书证的表意应能被人理解。学者们指出，作为证据使用的书证“所记载和表达的思想内容，应按照通常标准为人们所认识和理解”[②]。一般而言，人的思想需要经过言辞、神情或书写等方式予以表达，而在未经表达之前，是不会被其他人知晓的；同样地，试图表达思想的人虽以一定的方式表达了，若其他人并不理解其真实意思，则该表意也并不具有任何价值。最后，书证的表意应当与案件事实有相关性。若人们在实施某种行为时，用书面记载的方式将自己的作为保留起来，这只是书面材料；但这些书面材料却并不必然成为书证，只有在诉讼发生时，当这些书面材料与诉讼所要证明的事实存在一定关联时，才可能成为证据。

二、书证的特征

除了具有一般证据所必须具备的客观性、关联性和合法性之外，书证还具有以下特征：

① ［英］理查德·梅：《刑事证据》，王丽、李贵芳等译，法律出版社 2007 年版，第 3~4 页。
② 何家弘：《新编证据法学》，法律出版社 2000 年版，第 200 页。

（一）书证具事先性和静态性

一方面，书证与其他书面材料有一定的类似之处，即都可以通过所记载的内容或表达的思想来证明案件事实，但书证一般都不是针对特定案件的诉讼活动而刻意制作的，相反却是在诉讼活动开始之前制作的，或者在与诉讼活动毫无关联的情况下制作的。证言笔录、当事人陈述笔录、口供笔录则是人对案件事实感受之后，在向司法人员陈述时所作的客观记录，是在诉讼过程中形成的。

另一方面，书证与视听资料都是通过内容或思想证明案情，但视听资料的内容是动态的，而书证则是静态的，是人们通过对直接源于案件事实的文字、图形或符号的认读所体会出来的。[①]

（二）书证具有较强的稳定性和客观性

书证的载体在物理属性上也具有稳定性，如书证一般记载于纸张、金属、木材、石头、布匹、塑料等，文字、图形或符号一经记载，其所表达的意思就会以一种相对稳定状态固化在物质载体之上，因此，书证的证明力也就具有了持久性和稳定性的特征。其次，书证的形成一般都是在诉讼发生之前，其内容具有预先成型的特点。由于书证把一定的思想内容固定下来了，所以无论它存在的时间长短，只要没有污损，都能反映出某种事实。它不像证人那样会因时间长远而对事物丧失了记忆，以致影响证言的真实性。[②]

（三）书证量大种类多易取证

随着印刷技术的发展，再加上书证本身就是一种非常优良的表意方式，这完全契合了以意思表示为要素的民商事法律行为的需要，尤其是近代商业社会，无论是各行各业，还是各种组织机构对文书的依赖性都越来越高，可以说，“空口无凭、立字为据”的原则在现代社会得到了极大的拓展和深化。由此，一旦发生诉讼纠纷，大量书证就进入到诉讼证明的具体环节之中。[③]

---

① 参见孙维萍主编:《证据法学》，上海交通大学出版社 2009 年版，第 120 页。
② 参见孙维萍主编:《证据法学》，上海交通大学出版社 2009 年版，第 121 页。
③ 参见孙维萍主编:《证据法学》，上海交通大学出版社 2009 年版，第 121 页。

（四）书证可以是直接证据

书证所记载的内容和表达的意思往往与案件事实直接相关，并且是案件事实的完整叙述，因此，具有较强的证明力，能作为案件事实的直接证据。如在刑事诉讼中，被告人是不是真正的犯罪嫌疑人，是否实施过犯罪行为，某些记载犯罪事实发生经过的被告人的日记或证人的回忆录，也是案件事实的直接证据。书证在民事诉讼和行政诉讼中则经常扮演着直接证据的角色，如一个借据就足以反映债权债务关系；一个土地证或房产证，便可以证明产权所有。[①]

案 例[②]

上诉人M投资管理有限公司不服某区人民法院民事判决，提起上诉。

M公司表示于2019年某日通过邮寄方式向J公司的所在市火车南站东侧寄送《应收租金收款账户变更通知书》，明确指定了新的应收租金账户，告知J公司应向该账户履行，该通知书已送达J公司。M公司、某区人民法院以及一审法院均通过邮寄的方式向J公司住所地送达过相关材料，J公司均表示收悉并知晓相关内容。M公司提交的前述通知书的EMS邮寄送达凭证可以证明该通知书已被有效送达，一审法院仅依据J公司当庭否认而认定该通知书未实际送达J公司，系事实认定错误。

上诉人M公司上诉请求撤销某区人民法院民事判决，依法发回重审或改判J公司向M公司赔偿损失，赔偿损失范围为全部未付租金、逾期付款违约金。

① 参见孙维萍主编：《证据法学》，上海交通大学出版社2009年版，第121页。
② 案例来源：上海市浦东新区人民法院(2020)沪0115民初37979号民事判决书，著者稍作改动。

案 解

本案中的《应收租金收款账户变更通知书》《售后回租合同》和EMS邮寄送达凭证都可以作为书证通过其记载的内容和表达的意思证明案件的事实，且法院送达相关材料时，J公司亦表示收悉并知晓相关内容。因此本案中的书证可以证明通知书已送达J公司，这也可以进而帮助上诉法院法官作出合理的判决。

拓展阅读

1. 曹建军：《论书证提出命令的制度扩张与要件重构》，载《当代法学》2021年第1期。
2. 庞宇培：《论我国书证提出命令制度的完善——基于新〈民事证据规定〉的思考》，载《集宁师范学院学报》2020年第4期。
3. 洪冬英：《论书证复制件的证据效力》，载《政治与法律》2011年第6期。
4. 相启俊：《民事诉讼中书证复制件的证据效力》，载《山东公安专科学校学报》2003年第4期。

复习试题

1. 简述书证与书面证据的区别。
2. 简述书证的表现形式。
3. 简述书证调查的特征。

复习与作业要求

1. 课后复习，并完成复习试题。
2. 考核要点：书证调查的相关概念，书证调查的特征。
3. 辅助教学活动：案例简析。

第二节　书证调查的最佳证据规则

与书证调查联系最为紧密的一项证据规则就是最佳证据规则，又称为原始证据优先规则，指的是在书证取证过程中，尽可能提取原件并出示书证的原始证据形态。[①]

一、最佳证据规则概述

（一）最佳证据规则概念

最佳证据，也称为基本证据或原始证据，指最为可靠、与需要证明的事实有最直接联系的证据。而最佳证据规则也称为原始书证规则。最佳证据规则是指当需要证明书面文件、录音录像、照片等的内容时，除非有法定的例外情况，当事人应当出示该文件本身或原件作为证据。最佳证据规则在我国诉讼法中有明确规定，《民事诉讼法》第73条要求“书证应当提交原件”；最高人民法院《关于行政诉讼证据若干问题的规定》第10条也指出，提供书证应当提供原件。“原件”是指文书或记录的本身，或其制作人或签发人有意使它与原件具有相同效果的任何对应物。照片的原件包括底片或其他所冲印出来的任何照片。对于存储在电脑或相似设备中的数据信息，任何印出物或其他可以视觉阅读的输出物，如果显示正确地反映了这些数据信息，那么它也是原件。[②]

最佳证据规则不仅是英美普通法传统上的证据规则之一，在大陆法系各国同样也有类似的书证原本优于副本或复制件的立法安排。建立最佳证据规则，可以防止对事实的歪曲、当事人的欺诈，以及可能产生的误导。[③]因为在原始书证还存在的情况下，如果允许证人出庭就文件内容作证，或者允许出示其他形式的第二手证据，就可能因为证人记忆不准确或者文件可能因为欺诈目的被修

① 参见邱爱民著：《实物证据鉴真制度研究》，知识产权出版社2012年版，第329页。

② 参见郭华、王进喜主编：《〈办理死刑案件证据规定〉与〈非法证据排除规定〉的释义和适用》，中国人民公安大学出版社2010年版，第40~43页；张军主编：《形式证据规则理解和适用》，法律出版社2010年版，第100~103页。

③ 参见[美]史蒂文·L.伊曼纽尔著：《证据法》（第4版），中信出版社2003年版，第474页。

改等而无法查明事实真相。[①]

最佳证据规则其实就是一项规定原始文字材料作为证据有优先权的规则，其正当性就在于原始证据具有不同于传来证据的特点或优势，它直接源于案件事实且未经复制或者转述的证据，与案件事实有直接联系、是过去事实的直接产出物。社会常识和司法实践充分表明，证据传递或转手的次数越多，真实性和准确性就越低；中间环节越多，越有可能被有意或无意地扩大、缩小或误传。就证据鉴真制度而言，遵循最佳证据规则、出示书证原件，一方面提供了最直接、最原始的鉴真客体；另一方面出示原件本身就是一种鉴真方法，自我鉴真的方式。这样要求，既彰显了客体的存在性，又表示了方法的自足性，是为“不证自明”。

（二）最佳证据规则的适用

传统的最佳证据规则仅适用于文书证据，强调出示其原件。书面文件包括以手写、打字、印刷、影印等手段固定下来的字母、文字、数字或者其他具有相似功能的符号等。计算机打印物、计算机磁盘，以及嵌有标志文字的动产如路标和商品标签等都属于书面文件。

既要求出示原件，也允许出示复本和拟制原件。美国《联邦证据规则》第1003条规定，除非原件的真实性已引起怀疑，或者在特定情形下，允许复本代替原件将是不公平的情形，复本与原件具有相同的可采性。这就把最佳证据规则的适用范围扩至了文书证据的“复本”。复本是指以原件的同一版本、从相同的模体、以照相的方式包括放大或缩小，以机械或电子重录的方式、以化学复制的方式或以精确地再制原件的其他相同技术所制作的对应物。除文书或记录本身为原件外，其制作人或签发人有意使它与原件具有相同效果的任何对应物亦为原件；照片的底片或其所冲印出来的任何照片为原件；电子数据信息的任何印出物或其他可以视觉阅读的输出物，如果显示正确地反映了这些数据信息，它也是原件。

在诉讼中，最佳证据规则一般适用于以下两种情况：第一，文件本身就是

① 参见高忠智：《美国证据法新解：相关性证据及其排除规则》，法律出版社2004年版，第221页。

需要被证明的事实。例如，在淫秽物品犯罪的指控中，影片的内容作为案件的要件是必须证明的事项，需要出示原件。第二，当事人选择使用书面文件作为证据证明事实的存在等。例如，被告人张三涉嫌杀害李四被起诉。办案警察王五曾在张三的衣服口袋里发现一张能证明犯罪动机的纸条，纸条即可作为书证，而不必传刑事警察出庭作证该纸条内容。[①]

二、最佳证据规则的例外

最佳证据规则的例外主要体现在以下方面：第一，允许文件复本的使用。经复核与原件无异的文件复本与原件可以作为证据被同等程度地采纳。文件复本包括：①通过使用制作原件的模板或者字模制作的对应品；②通过摄影技术拍摄的对应品，包括放大或者缩小；③通过机械或者电子手段翻录的对应品；④化学复制品；⑤以其他同类技术对原件进行准确复制而得到的对应品。[②]

第二，法律规则明确规定不适用最佳证据规则的情形。在美国，根据《联邦证据规则》和司法判例，下列 7 种情形明确地不适用最佳证据规则：①独立于书面文件的文件；②证明某一事项并不存在于某一书面文件中；③证明文件本身存在或者证明文件日期等；④当文件为涉及争讼事实的附属文件时；⑤公共记录；⑥文件摘要；⑦当事人的证言或书面自认。

第三，特殊情况下传来证据的采纳。在以下情况下，可以采纳原件之外的其他复制件：①原件已丢失或毁损。所有原件都已丢失或已遭毁损，但提出者恶意丢失或毁损的，不在此限。②原件无法得到。用尽任何可利用的司法程序或途径，仍不能得到原件。③原件为对方所占有，原件在反对将其提出的当事人控制之下时，声明该证据的当事人在诉答程序或其他程序中，已向该方当事人提出通知，而该当事人未向法庭提交。提交的传来证据以代替原始文书应符合下列前提：该原始文件确实曾经存在；第二手证据是真实的原件复制件或者准确地描述了原件的内容；提出第二手证据的原因具有正当性或合法理由。[③]

① 参见邱爱民：《实物证据鉴真制度研究》，知识产权出版社 2012 年版，第 331~332 页。

② 参见高忠智：《美国证据法新解：相关性证据及其排除规则》，法律出版社 2004 年版，第 224 页、第 230 页。

③ 参见邱爱民：《实物证据鉴真制度研究》，知识产权出版社 2012 年版，第 333~334 页。

案 例[①]

2014年，侯某某被某公安局聘用为警务辅助人员，被安排到监所管理大队工作。在工作期间，侯某某利用工作便利，多次违反规定，通过隐秘方式将违禁品手机、香烟等带入监区，传递给在押人员使用，致使在押人员多次使用手机与外界联系，并违规为在押人员传递衣物、食物、信件，严重破坏了正常的监管秩序，影响诉讼活动，造成了恶劣的社会影响。

微信聊天记录截图与证人刘某的证言，证实刘某与在押人员赵某通过电话、微信有联络，并通过侯某某把食物、烟带进看守所给赵某。

看守所接受犯人家属现金登记表，证实2016年9月至2017年7月看守所干警接受犯人家属送入现金的登记情况，其中记录有侯某某为犯人代缴现金的情况。

案 解

在本案例中，犯人家属现金登记表以其记载的内容和表达的意思来证明案件事实的书证，能够反映侯某某违反规定为犯人代缴现金的情况，证明了其破坏正常的监管秩序的事实。另外，微信聊天截图既能以其内容证明案件情况，又为存储在电子介质中的数据，故其证据类型具有双重性，即既为书证，也是电子数据。

拓展阅读

1. 黄健：《我国刑事诉讼书证复制件准入情形研究——基于民事对应规则的参照与调整》，载《证据科学》2021年第3期。

① 案例来源：四川省长宁县人民检察院长检诉刑诉〔2017〕214号起诉书，著者稍作改动。

2. 张保生:《〈人民法院诉讼证据规定适用指南〉的理论逻辑和要点分析》,载《法律适用》2021 年第 1 期。
3. 高星阁:《民事诉讼中公文书证之证据效力研究》,载《证据科学》2016 年第 5 期。
4. 王德新:《书证证明评价规则研究——以法、德、英、美为标本的分析》,载《证据学论坛》2010 年第 15 卷。
5. 唐力:《论书证的认证规则——书证认证规则之比较研究》,载《证据学论坛》2002 年第 1 期。

复习试题

1. 简述最佳证据规则存在的理由。
2. 简述最佳证据规则的适用。
3. 简述最佳证据规则的例外。

复习与作业要求

1. 课后复习，并完成复习试题。
2. 考核要点：书证调查的最佳证据规则。
3. 辅助教学活动：案例简析。

第三节　书证的收集、保全、调查之研究

在学理上，书证和物证均隶属于实物证据的范畴。书证的收集、保全不仅适用关于证据收集、保全的一般性原则，而且，还与物证的收集、保全在很多方面具有一致性。我国刑事诉讼法中关于法定证据种类的规定干脆直接将物证和书证列举在一起，而关于物证、书证的收集、保全等也在一定程度上等同视之。

一、书证收集的调查研究

书证的收集主体包括监察机关、公安机关、人民检察院、人民法院、诉讼

当事人及其辅佐人。在具体收集措施方面，也包括除检查之外的所有物证收集措施，如勘验、搜查、扣押，调取、提供等。在一般要求方面，也应遵循客观全面、高效及时、程序合法等原则。当然，由于监察法和三大诉讼法在调整的法律关系、准用的诉讼原则不尽相同，当事人之间的证明责任存有差异，以及各种诉讼参加人的功能角色有所区分，因此，在书证的收集方面也体现出一定的差别。

（一）监察调查和刑事诉讼中书证的收集

关于书证收集的主体，准用监察法和刑事诉讼法中证据收集主体的一般原理。第一，原则上由司法机关负责犯罪事实的证据（包括书证）收集，其他机关、团体、企事业单位和公民有提供证据（包括书证）的义务。如《刑事诉讼法》第52条规定："审判人员、检察人员、侦查人员必须依照法定程序，收集能够证实犯罪嫌疑人、被告人有罪或者无罪、犯罪情节轻重的各种证据。严禁刑讯逼供和以威胁、引诱、欺骗以及其他非法的方法收集证据……"第54条第1款规定："人民法院、人民检察院和公安机关有权向有关单位和个人收集、调取证据。有关单位和个人应当如实提供证据。"第137条规定："任何单位和个人，有义务按照人民检察院和公安机关的要求，交出可以证明犯罪嫌疑人有罪或无罪的物证、书证、视听资料等证据。"第二，认可当事人、辩护律师及其他诉讼代理人的证据（包括书证）收集权利。《刑事诉讼法》第43条规定，辩护律师经证人或者其他有关单位和个人同意，可以向他们收集与本案有关的材料，也可以申请人民检察院、人民法院收集、调取证据，或者申请人民法院通知证人出庭作证。辩护律师经人民检察院或者人民法院许可，并且经被害人或者其近亲属、被害人提供的证人同意，可以向他们收集与本案有关的材料。在此之外，还规定了被害人、自诉人或者附带民事诉讼当事人委托的诉讼代理人的收集证据的权利。第三，在刑事自诉案件中，根据诉讼中的证明责任原理，证明被告人有罪的书证原则上应当由自诉案件的原告人及其辅佐人负责提供，必要时，公安机关和司法机关也可以收集。①

---

① 参见孙维萍主编：《证据法学》，上海交通大学出版社2009年版，第130~131页。

除此之外，刑事诉讼法及相关司法解释还针对书证的收集措施和程序要件作了规定。公安机关、人民检察院、人民法院向有关单位收集、调取的书面证据，必须由提供人署名并加盖单位印章；人民法院向个人收集、调取的书面证据，必须由本人确认无误后签名或者盖章。公安机关、人民检察院进行搜查，必须向被搜查人出示搜查证。在勘验、搜查中发现的可用以证明犯罪嫌疑人有罪或者无罪的各种文件，应当扣押；但与案件无关的文件，不得扣押。持有人拒绝交出应当扣押的文件、资料和其他物品的，可以强制扣押。对于扣押的文件，应当会同在场见证人和被扣押文件的持有人进行清点，并当场开列《扣押物品、文件清单》一式三份，写明文件名称、编号、规格、数量、重量、质量、特征及其来源，由侦查人员、见证人和持有人签名或者盖章后，分别交持有人和侦查机关保管人员，另一份附卷备查。侦查人员认为需要扣押犯罪嫌疑人的邮件、电报的时候，经公安机关或者人民检察院批准，即可以通知有关机关单位将有关的邮件、电报检交扣押。对不需要继续扣押的或者查明确定与案件无关的文件、电报、邮件等，应解除扣押，并退还原主或者原邮电机关。

在刑事诉讼中，书证的收集、调取应以原件为原则。若取得原件有困难或者因保密工作需要的，可以是副本或者复制件。调取书证的副本、复制件，应当附有不能调取原件的原因、制作过程和原件存放处的说明，并由制作人和原书证持有人签名或者盖章。

（二）民事诉讼中书证的收集

在民事诉讼活动中，书证的收集具有非常重要和独特的地位。一方面，由于现代民事法律关系基本上都是以书面材料为载体的，因此，书证的收集可以为当事人实现举证权利提供保障，为当事人完成证明责任创造前提。这一点与收集其他证据的作用基本相同。另一方面，在民事诉讼过程中，由于能够查明案件事实的书证往往不在举证人手中，这使得书证的收集与“谁主张，谁举证”的证明责任分配原则形成冲突。正基于此，在民事诉讼中，书证的收集与其他证据的收集就存在一定差别，它主要不是调整当事人整理和提出自己控制的有利于己的书证，而主要是规定在书证为对方当事人或案外第三人控制且不愿出示时，法院、双方当事人和第三人之间相互的权利义务关系。[①]

在我国，针对证据收集权限的分配问题，民事诉讼法律的立场基本上经历了两个阶段：第一阶段以1991年《民事诉讼法》和之后的1992年最高人民法院《关于适用〈中华人民共和国民事诉讼法〉若干问题的意见》、1998年最高人民法院《关于民事经济审判方式改革问题的若干规定》为代表；第二阶段以最高人民法院《关于民事诉讼证据的若干规定》为代表。在第一阶段，当事人举证责任逐渐强化、法院调查取证权逐渐弱化，但总体上，我国民事证据收集制度所坚持的仍是“以法官依职权收集调查证据为主，当事人举证为辅”的原则。关于书证的收集也无太多细化规定，只有1991年《民事诉讼法》第68条第1款规定：“书证应当提交原件。物证应当提交原物。提交原件或者原物确有困难的，可以提交复制品、照片、副本、节录本。”在第二个阶段，最高人民法院《关于民事诉讼证据的若干规定》对举证、质证和认证等问题作出了更为具体的规定，相关条款也对当事人申请法院收集证据的程序要件进行了限制，基本确立了“当事人取证为主，法院取证为辅”的证据收集原则，并且，还对书证的质证和认证规则进行了一定的细化规定。然而，尽管如此，在书证收集制度方面，基本上仍局限于证明各自主张的书证，对于那些不支持自己主张或支持对方主张的书证如何收集，还缺少具体规定。那么，实践中遇到类似情况应当如何处理呢？在此，我们认为，为了保障一方当事人从对方或第三方手中获得有利于己方的书证，如果对方当事人无正当理由拒绝提供，而当事人又主张对方当事人持有的书证不利于对方当事人，则可以推定该主张成立；若持有书证的第三人不愿提交，则可以由当事人向人民法院提出申请，要求人民法院依法收集有关书证。

在民事诉讼中，书证的收集应当以原件为原则，在例外情况下，可以是复制本或节录本，但需要保持书证内容的完整性和准确性，并应制作相应调查笔录。如最高人民法院《关于民事诉讼证据的若干规定》（2019年修正）第21条规定：“人民法院调查收集的书证，可以是原件，也可以是经核对无误的副本或者复制件。是副本或者复制件，应当在调查笔录中说明来源和取

① 参见孙维萍主编：《证据法学》，上海交通大学出版社2009年版，第132页。

证情况。”第 44 条规定：“摘录有关单位制作的与案件有关的文件、材料，应当注明出处，并加盖制作单位或者保管单位的印章，摘录人和其他调查人员应当在摘录件上签名或者盖章。摘录文件、材料应当保持内容相应的完整性。”[①]

（三）行政诉讼中书证的收集

根据行政诉讼法中关于证明责任的规定，对行政机关作出的具体行政行为的事实根据所依据的证据，由作出该具体行政行为的行政机关，也就是被告方的行政机关负责提供，因此，在行政诉讼中，书证通常情况下应由被告人提供。当然，原告为了支持自己的诉讼主张，也有权向人民法院提供自己所掌握的书证。具体而言，根据最高人民法院《关于行政诉讼证据若干问题的规定》第 10 条的规定，当事人向人民法院提供书证的，应当符合下列要求：①提供书证的原件，原本、正本和副本均属于书证的原件。提供原件确有困难的，可以提供与原件核对无误的复印件、照片、节录本。②提供由有关部门保管的书证原件的复制件、影印件或者抄录件的，应当注明出处，经该部门核对无异后加盖其印章。③提供报表、图纸、会计账册、专业技术材料、科技文献等书证的，应当附有说明材料。④被告提供的被诉具体行政行为所依据的询问、陈述、谈话类笔录，应当由行政执法人员、被询问人、陈述人、谈话人签名或者盖章。⑤法律、法规、司法解释和规章对书证的制作形式另有规定的，从其规定。当然，人民法院在必要时也有权向有关行政机关及其他组织、公民收集书证。[②]

二、书证保全的调查研究

书证的保全指的是为防止由于自然或人为的原因，可能引发的书证之灭失或损坏，或者为避免由此引发的书证之难以收集，而采取一些必要的措施对书证实行有条件的固定或保护。

在刑事诉讼中，书证的保全主要是由公安机关、检察机关主动进行的，公安司法机关对诉讼中收集到的书证，应妥善保管、不得毁损。如《刑事诉讼法》第 142 条规定，扣押文书时，侦查人员应当会同在场见证人和被扣押书证

① 参见孙维萍主编：《证据法学》，上海交通大学出版社 2009 年版，第 133 页。

② 参见孙维萍主编：《证据法学》，上海交通大学出版社 2009 年版，第 133 页。

持有人在一式两份的清单上签名或盖章，一份交给持有人，另一份附卷备查。第 141 条第 2 款规定，对扣押的文件，要妥善保管或封存，不得使用或毁损。除此之外，当犯罪嫌疑人及其辩护人认为如果不及时收集相关书证会导致将来该书证的收集或使用发生困难的，应该申请侦查机关予以收集或保全。目前国内一些地方性证据规则已经对此有所涉及，如湖北省高级法院、省公安厅、省检察院、省司法厅就已联合下发了《关于刑事证据若干问题的规定》，第 26 条规定："犯罪嫌疑人及其辩护人认为如果不及时收集相关证据会导致将来该证据的收集或使用发生困难的，可以申请侦查机关予以收集。侦查机关不予收集的，申请人可以书面向检察机关申请保全该证据。检察机关应当在收到书面申请之日起 12 小时内作出是否收集、保全的决定，并通知申请人。申请人对不予保全决定不服的，可以向作出不予保全决定的检察机关申请复议。"

在刑事诉讼中，书证保全的具体措施包括原件保全、封存保全、复制保全、拍录保全、笔录保全等。各种保全方法的适用，视具体情况而定。一般情况下，应当进行原件保全，并随案移送。但除此之外，《公安机关办理刑事案件程序规定》第 231 条还规定，对作为犯罪证据但不便提取或者没有必要提取的财物、文件，经登记、拍照或者录音录像、估价后，可以交财物、文件持有人保管或者封存，并且开具登记保存清单一式两份，由侦查人员、持有人和见证人签名，一份交给财物、文件持有人，另一份连同照片或者录音录像资料附卷备查。财物、文件持有人应当妥善保管，不得转移、变卖、毁损。

在民事诉讼中，证据的保全，一般是因诉讼参加人提出申请而采取，但人民法院认为有必要采取证据保全措施时，也可以依职权主动进行。如《民事诉讼法》第 84 条第 1 款规定："在证据可能灭失或者以后难以取得的情况下，当事人可以在诉讼过程中向人民法院申请保全证据，人民法院也可以主动采取保全措施。"最高人民法院《关于民事诉讼证据的若干规定》第 25 条第 2 款还对申请证据保全进行了细化规定，当事人根据《民事诉讼法》第 81 条第 1 款的规定申请证据保全的，应当在举证期限届满前向人民法院提出。当事人申请保全证据的，人民法院可以要求其提供相应的担保。法律、司法解释规定诉前保全证据的，依照其规定办理。由此可见，民事诉讼中的证据保全主要有两种：一是诉讼参加人申请进行证据保全；二是人民法院依职权进行证据保全。而申请证据保全又包括两种情形：一是在提出诉讼的同时提出或人民法院受理诉讼之后、开庭之前提出；二是在起诉之前申请证据保全。前一种情形，诉讼参加人应向受诉人民法院提出证据保全的申请；后一种情形，一般是由公证机关实施证据保全，所以申请人应向证人住所地、物证所在地的公证机关提出申请，在例外情况下，利害关系人也有向人民法院申请证据保全的，此时应当向有管辖权的人民法院提出。一般而言，诉中证据保全在各类民事诉讼中都可以适用，而诉前证据保全主要适用于知识产权方面案件与海事纠纷案件，对于其他民事诉讼一般不适用。如《海事诉讼特别程序法》第 63 条规定："当事人在起诉前申请海事证据保全，应当向被保全的证据所在地海事法院提出。"书证的保全，也准用证据保全的这些一般原理和规定。近年来，由于在诉讼之前经常出现书证被利害相关人毁损的情况，一些学者也提出，在书证保全方面，应当吸收《海事诉讼特别程序法》中有关诉前证据保全的成功经验，以实现诉前有灭失风险的书证的固定与收集。

在民事诉讼中，人民法院采取书证保全措施，是由法官单方面进行，还是要通知申请人及对方当事人到场后进行，我国民事诉讼法未作规定。在司法实务中，人民法院进行证据保全一般不通知双方当事人参加。证据（包括书证）的保全实质上是将原来开庭后进行的法庭调查活动因出现特殊情况而前移到开庭前进行，并且，保全下来的证据在以后开庭时可能因损毁或灭失等原因而无法像正常的证据材料那样进行质证，因此，证据（包括书证）保全不宜仅仅作为法院单方面的证据固定或证据保存行为。为此，通常情况下，法院应通知双方当事人于实施证据（包括书证）保全行为的日期到场。这样不仅有利于保证当事人行使诉讼权利，也有利于保证证据（包括书证）保全行为的客观公正性。[①]

在民事诉讼中，人民法院进行证据保全，可以根据具体情况，采取查封、扣押、拍照、录音、录像、复制、鉴定、勘验、制作笔录等方法。人民法院进行证据保全，可以要求当事人或者诉讼代理人到场。其中，针对书证的保全措

① 江伟主编：《民事诉讼法》，高等教育出版社 2000 年版，第 148 页。

施，主要包括复制、拍照、录像、制作笔录等。具体而言，除了随案移送、交持有单位或持有人封存保管之外，还可以采取以下方法，第一，对提供原始书证确有困难的，可以采取抄录、复制、拍照等方式保全书证，如最高人民法院《关于民事诉讼证据的若干规定》第44条规定："摘录有关单位制作的与案件事实相关的文件、材料，应当注明出处，并加盖制作单位或者保管单位的印章，摘录人和其他调查人员应当在摘录件上签名或者盖章。摘录文件、材料应当保持内容相应的完整性。"第二，对个别思想表述不准确，内容反映不直观的书证，必须询问、调查当事人或证明人，制作调查证据笔录，以保证该证据的证明力。第三，还可以通过公证的方式予以保全，即公证机构根据自然人、法人或者其他组织的申请，依法对与申请人权益有关的、有法律意义的书证加以提取、收存、固定和描述。

三、书证调查的方式方法

（一）书证调查的方式

一般而言，人证的法庭调查是采取"询问"的方式，物证的法庭调查是采取"展示"的方式，而书证的法庭调查，通常采用的方式是在法庭上全文朗读或叙述摘要。在我国，《刑事诉讼法》第195条规定："公诉人、辩护人应当向法庭出示物证，让当事人辨认，对未到庭的证人的证言笔录、鉴定人的鉴定意见、勘验笔录和其他作为证据的文书，应当当庭宣读……"而民事诉讼法则涵盖性地规定"出示"，当然，这里的"出示"也蕴含了"宣读"的意思。

针对书证的调查，原则上应当采用全文宣读的方式，因为只有全文宣读才能够让所有诉讼参加人全面、准确地理解书证的内容及其所表达的思想。只有在例外情况下，如在不便朗读或朗读时间过长可能导致诉讼拖沓的，才允许采用摘要朗读、书面展示或投影展示等方法替代。当然，如果审判人员已经知悉书证的全文，而且，其他当事人也有机会知悉，可以不予朗读。这主要是为了使得诉讼程序更加迅速。当然，即使是摘要朗读，也必须以准确地反映书证的整体意思或核心意思为要旨。

书证的调查，应当给予其他诉讼当事人及其辅佐人充分的质证机会。如我国三大诉讼法均规定，在调查证据的过程中，审判人员应当听取公诉人、当事人和辩护人、诉讼代理人的意见。对于外文书证的调查，一般按照调查民族语言文字的原则进行，即应当翻译成法庭通晓的语言后进行朗读，但必须同时展示该书证的原始文本，当事人对翻译的含义持有异议时，可以向翻译人提出询问，翻译人应当回答。当然，有一些特殊的书证文件，不宜在法庭上公开调查和质证，如最高人民法院《关于民事诉讼证据的若干规定》第47条规定：“……涉及国家秘密、商业秘密当事人或第三人的隐私，或者存在法律规定应当保密的情形的，提交后不得公开质证。”

（二）书证调查的内容

第一，调查书证的真实性。真实性是证据的基本属性之一。在法庭审理过程中，书证应当注重对真实性的调查。具体而言，包括对提交的书证材料是否是伪造的，有无伪造、变造、删改的痕迹，以及书证材料所表达的真实意思是什么，等等。在刑事诉讼中，犯罪嫌疑人为了躲避侦查或者混淆视听，经常会伪造一些虚假的书证，或者伪造、变造、删改原始书证中的内容，如将犯罪行为栽赃陷害给其他人的书信，经济犯罪案件中被告人虚假制作的会计报告等。在民事诉讼中，双方诉讼当事人为了实现自己的利益，也常存在伪造、变造、删改书证内容的现象。同样地，诉讼实践中也经常遇到同一书证的内容存在相互冲突的情况。这些都影响司法人员对书证真实性的调查和判断。

具体地讲，当书证的部分内容存在删改痕迹时，由于书证在诉讼证明中具有非常重要的意义，不能废弃不用或认定整个书证不具有证据能力；相反，应当针对不同部分分别进行调查。对于不存在删改的部分，一般仍应具有证据能力，但对于被删改的部分应诉诸证明责任之分配，即如若有当事人主张该删改内容具有原件的效力，则该当事人应对此承担证明责任。当然，法律规定有例外的情况除外。如我国《票据法》第9条第2款、第3款规定：“票据金额、日期、收款人名称不得更改，更改的票据无效。对票据上的其他记载事项，原记载人可以更改，更改时应当由原记载人签章证明。”

当书证的不同内容存在冲突时，其一，一般情况下，某一书证的不同内容之间存在冲突，同样不宜将整个书证否定，对于有争议的内容应付诸法官的自由裁量权，法官需根据不同的解释规则对该书证有争议部分的文字内容进行合理解读，以确定该书证所表达的真实意思。其二，当书证文件中存在两种数字表达方式时，即文字数字（如壹、贰、叁、肆、伍等）与号码数字（如 1、2、3、4、5 等）所表达的意思不尽相同，则通常情况下以文字数字为准。这主要是因为文字数字的笔画比较多，按照人们的书写习惯，前者也较为谨慎，并且不容易伪造、编造或删改。当然，如果法律另有规定的除外，例如我国《票据法》第 8 条规定："票据金额以中文大写和数码同时记载，二者必须一致，二者不一致的，票据无效。"因此，当这种数字表达方式不尽一致的票据做书证时，该书证就不具有证据能力。其三，当手写体与印刷体的内容不尽一致时，一般不宜认定任何一种形式具有优先效力，应视具体情况和交易习惯而定。即印刷体的文件内容是当事人为了重复适用而事先拟定的，具有普遍性，而且针对不同的对象都存在增添内容的情况。手写体可以认为是针对特定情况的特定条款，从而认定手写体是原件的真实内容；如果根据案件具体情况和交易习惯，印刷体的文件内容并不具有重复适用的目的，而仅仅是针对特定情况所拟定，且其内容基本完整，那么，手写文字的可信性就值得怀疑了。当然，对方当事人有提出异议的权利。

第二，调查书证的最佳性。在法庭审理过程中，书证通常遵循一种特殊的证据规则——最佳证据规则。最佳证据规则，又被称为原始证据规则，是一项要求提供原始文书证据或者说原始文书证据有优先权的证据规则，而非像"最佳"这一语词所通常表达的意思——必须提供最有分量、最强、最好的证据。按照吉尔伯特对证据等级的划分，蜡封的公共档案记录是最佳证据，其次是其他公共文书如宣誓作证书和证言笔录，然后是私人文书如蜡封合同，上述三种证据之后才是口头证据。[①] 显然，在当时人们看来，虽然文字经过转抄或摘录，容易失真，但比起口头证据而言，书证的确定性还是更强。进入现代社会，文书证据的运用范围更为广泛，最佳证据规则在各国诉讼中仍然发挥着非常重要

① 参见何家弘：《外国证据法》，法律出版社 2003 年版，第 82 页。

的作用，当然，最佳证据规则的适用范围已越来越狭窄。如证据法学者理查德·梅指出的："该规则曾经是证据法的重要部分……现在法院会采纳所有证据，而无论其是否为最佳证据。不能提供最佳证据的唯一弊端是可能会降低证据的证明力。"[①] 具体而言，一方面，该规则现今只适用于文书材料或准文书材料[②]，而不适用于口头证据或物证，如证据学者迈考密克指出的："只有文书要求提供'最佳证据'——文书的原件；对于不含文书的物品，法官不得排除描述该物品的口头证言而要求提供该物品本身。"另一方面，该规则存在很多例外情况，如在美国，《联邦证据规则》第1004条规定："在下列情况下，可以不提交文书、录音或照片的原件：（a）遗失或毁坏；（b）原件无法获得；（c）原件在对方掌握中；（d）文书、录音、照片与案件中主要争议问题之间没有密切关系。"在英国，最佳证据规则也在悄然隐退。

在我国，诉讼法中虽然没有明文规定"最佳证据"规则，但是对书证的"最佳性"还是有相应的类似要求。如最高人民法院《关于适用〈中华人民共和国刑事诉讼法〉的解释》第84条第1款规定，据以定案的书证应当是原件。取得原件确有困难的，可以使用副本、复制件；第3款规定，书证的副本、复制件，经与原件核对无误、经鉴定或者以其他方式确认真实的，可以作为定案的根据。民事诉讼法及相关司法解释规定得更为详细，如《民事诉讼法》第73条规定："书证应当提交原件……提交原件或者原物确有困难的，可以提交复制品、照片、副本、节录本。提交外文书证，必须附有中文译本。"最高人民法院《关于民事诉讼证据的若干规定》第61条规定，对书证进行质证时，对方当事人可以要求出示书证的原件，除非："1.出示原件或者原物确有困难并经人民法院准许出示复制件或复制品的；2.原件或者原物已不存在，但有证据证明复制件、复制品与原件或者原物一致的。"第87条规定，审判人员对单一证据进行审核

① ［英］理查德·梅：《刑事证据》，王丽、李贵方等译，法律出版社2007年版，第8页。

② 如在美国，通常情况下，这一规则仅适用于文字材料，如信件、合同、电文等，但现代案件和法规中都明确认为该原则同样适用于照片、录音、录像等，甚至包括电影底胶片以及X光片，等等。如美国赫济格诉斯奎司案判决指出："最佳证据规则在其现代的应用中仅指这样一条规则，即一份文书材料的内容必须通过引入文书本身来证明，除非对原始文书的缺失提出令人信服的理由。"参见［美］华尔兹：《刑事证据大全》，何家弘等译，中国人民公安大学出版社2004年版，第420~421页。

认定时，可以从证据是否是原件，复制件与原件是否相符等方面进行。

我国的法律及相关司法解释的有些规定甚至还超越了最佳证据规则的原始含义，即原始书证与派生书证之间的证据力区别，规定了一些关于何种书证最佳的条款。如《民事诉讼法》第72条规定："经过法定程序公证证明的法律事实和文书，人民法院应当作为认定事实的根据，但有相反证据足以推翻公证证明的除外。"人民法院对数个证据进行认定，可以遵循以下原则：国家机关、社会团体依职权制作的公文书证的证明力一般大于其他书证；经过公证、登记的书证的证明力一般大于其他书证、视听资料和证人证言。

第三，调查书证的相关性。书证应与案件事实或系争事实具有一定的相关性。在法庭审理过程中，调查书证的相关性有两个方面的意义：一是该书证只有与待证事实存在联系，才具备成为诉讼证据的资格，由此获得证据能力。二是该书证与待证事实的相关性程度，决定着审判人员对该书证证明力大小的审查和认定。显然，不同记述内容或不同记述方式的书证所表达的意思与待证事实之间的相关性程度是不一样的。如在合同纠纷诉讼中，甲乙公司签订的买卖合同乃是处分性书证，这种书证明确记载着甲乙公司曾针对某一标的物发生过一定的法律行为，两者存在一定的法律关系，因此，它的相关性就较强，证明力也更大；相反，甲公司自己的公司记载账簿对于证明两公司之间曾发生过买卖关系这一待证事实来说，相关性就更小，证明力也显得更弱。

案　例[①]

某县区种粮大户共同委托种粮大户南某购进玉米种。2015年10月，南某委托宁某购买玉米种。宁某通过杨某委托彭某购买玉米种，彭某又通过王某购买玉米种。王某等人在没有获得农作物种子生产经营许可证的情况下，将玉米种卖给彭某，获得货款78.4万元。2015年11月，该批玉米种运到后，经检验发芽率达不到国家标准。后杨某把部分玉米种退给彭某，剩余玉米种被农业局查扣。

① 案例来源：河南省驻马店市驿城区人民检察院刑诉〔2017〕279号起诉书，著者稍作改动。

委托购买协议书及种植户所出具的证明，证明承包土地农户委托南某购买玉米种及南某于2015年10月1日委托宁某购买达到国家标准的玉米种16万斤的情况。

玉米种生产管理合同及某公司农户亲本种子实用数量统计表，证明该公司与种植所签玉米种生产管理合同中约定种植户不得将该公司所提供的玉米种转卖他人及王某所属公司的种植户。

收条、谅解书证明2016年1月29日，杨某退回宁某玉米种款50万元；同年2月21日，王某退回宁某玉米种款20万元，宁某对王某出具谅解书。

案 解

本案的证据中，委托购买协议书、生产管理合同以及收条都作为书证为还原案件事实提供了线索，且这些书证与案件事实具有一定的相关性，证明了南某委托宁某购买玉米种的事实。同时，由该公司与种植所签玉米种生产管理合同中的约定可得，转卖行为违反了合同的条款，依此也可帮助法官作出合理判决。本案中的书证与待证事实的相关性程度较高，审判人员对该书证证明力大小的审查和认定也较容易。

拓展阅读

1. 曹建军：《论书证提出命令的制度扩张与要件重构》，载《当代法学》2021年第1期。
2. 欧延实：《论电子邮件证据的保全公证》，载《中国司法》2010年第9期。
3. 江晨：《民事书证取得机制比较研究及启发》，载《江淮论坛》2008年第4期。
4. 王梦飞：《论我国民事诉讼书证收集制度的缺陷与重塑》，载《江淮论坛》2007年第4期。
5. 张振东：《书证的审查和固定保全》，载《检察实践》1999年第5期。

复习试题

1. 简述刑事诉讼中书证的收集。
2. 简述书证的保全措施。
3. 简述书证调查的方式有哪些。

复习与作业要求

1. 课后复习，并完成复习试题。
2. 考核要点：书证的收集，书证的保全，书证的调查研究。
3. 辅助教学活动：案例简析。

第五章　证人证言的证据调查

教学目的和要求｜通过本章学习，使学生了解证人证言的收集与审查程序，以及证人作证问题的探究。

教学重点和难点｜证人证言的审查、证人保护、证人出庭问题。

教学方法与手段｜讲授和案例分析。

第一节　证人证言概述

一、证人证言的概念

证人证言，即证人就自己所知道的案件情况向公安司法机关所作的陈述。其内容包括能够用以查清案件真相的一切事实，与案件无关的内容或是证人的猜测、估计、想象等则不能作为证人证言。[①]

二、证人证言的特征

第一，特定不可替代。当自然人在与案件没有发生联系时，他对案件事实有所感知、了解时，从客观实在性上来看，他就成了该案件的证人，其性质就转变为特定案件的证人，充当了特定的诉讼角色。但并非所有知悉案件情况的人都是证人，只有经过特定法律程序、进入诉讼轨道的与案件事实有关的陈述，才能算是证人证言，才称得上是证人，才能作为诉讼过程中用以侦查终结、提起诉讼、定罪量刑的一种依据。

第二，直接反映案件事实。证人证言，可以是证人在现场亲自听到的或看到的，也可以是别人听到或看到后转告证人的，但不允许掺杂对案件事实的个人判断，如果是别人转告的还必须说明来源。现场证人的证言往往可以清楚地

---

① 参见徐静村主编：《刑事诉讼法学》，法律出版社 2012 年版，第 122 页。

描述案件事实的整个发生过程，即使是经别人转告而知道案件事实的证人，也可以根据其了解的案件情况，说明案件事实的大体脉络，将整个案件事实与查证到的各种证据、发现的各类线索建立起联系，完善案件事实。

第三，相对客观，但不稳定。一方面，证人一般与案件没有利害关系，其证言相对客观真实，可能会更加接近事实真相，尤其是在双方当事人各执一词的情况下，无利害关系的证人的证言会对当事人的陈述进行补强。

另一方面，证人证言易受各种主客观因素影响而出现虚假、夸大、隐匿、臆断等不稳定特征。主要原因有：一是证人证言的形成要经历感知、记忆、陈述3个阶段，这一系列的心理、身体活动会受时间、地点、环境、身体器官、认知能力、记忆强度、表达能力等的影响，比如面对犯罪行为时的恐惧、过度紧张造成的记忆混乱，陈述时的语言表达能力不强、侦查人员的记录造成的信息损耗等；二是有关证人证言规则制度方面。作为社会人存在的证人，不能排除可能由于个人品质、个人私利、社会价值观、外界威胁利诱等因素的影响，出现拒不作证、作伪证等现象，从而导致证言易变不稳定，可信度降低，影响诉讼的公正进行。

案例[①]

2019年7月25日凌晨0时许，吸毒人员文某发微信叫吸毒人员曾某帮忙买300元冰毒，随后来到顺庆区聚茗轩茶坊。曾某当着文某的面给苏某波打电话欲向其购买300元的冰毒，苏某波同意后，二人约定在顺庆区聚茗轩茶坊门口见面交易。苏某波来到顺庆区聚茗轩茶坊门口，曾某在茶坊门外将300元人民币交给了苏某波，苏某波将一小袋疑似冰毒交给了曾某。二人在离开时被顺庆区公安分局民警现场抓获。

证人曾某陈述：2019年7月25日凌晨大概零时，文某给他发微信，问他在不在茶房，当时他没有看见，等看到后就回复说没在

① 案例来源：四川省南充市顺庆区人民法院（2020）川1302刑初121号刑事判决书，著者稍作改动。

茶房。过了几分钟，文某又发微信问他现在拿得的“东西”不。他回复说老婆在不方便，等10分钟后再给文某回电话。凌晨0时20分，他就给“波娃”（苏某波）打电话，问“波娃”有没有冰毒。“波娃”说有一点，大概三百块钱的。他问波娃在哪里，波娃说在小西门。他就往茶坊走，到了顺庆区与玉带路交界的聚茗轩茶坊，文某已经在等他。然后在0时53分，他当着文某的面给波娃打电话说他现在在茶坊走不脱，让波娃给他送三百块钱冰毒过来。波娃同意了，大概10多分钟后，即凌晨1时13分，波娃在茶坊外给他打电话说已经到了茶坊门口，让他到茶坊门口来取冰毒。他即去茶坊门口看到波娃就站在门口，旁边有一辆电瓶车。他走到门口把面值一百的3张人民币交给波娃。波娃把一个用白色透明塑料袋装的冰毒交给他。他当时拿在手里准备看一下，波娃说不要在这里打开，有摄像头。然后他就说你往不往府街去，波娃说把他送到小西门天桥。他说等他一下，他进去告诉老婆说坐波娃的车顺路回去。他回茶坊后，文某也在茶坊包间里。后来，波娃被警察抓住了，带到茶坊里。警察在茶坊对他与波娃都进行了检查，文某也一直在场。

案解

本案中关于证人曾某的证言，争议最大的便是“东西”一词。证人证言应当反映案件事实，其内容应当能够清楚地描述案发整个过程，而本案中曾某在作证时说文某找他要“东西”，就给波娃（苏某波）打电话要冰毒，因此可以看出曾某在证言中并未直接提毒品。在此情况下是否可以认定证言中的“东西”为毒品呢？

笔者认为，本案中3人在警方到达现场时确有毒品交易，而在买卖毒品活动中将毒品（冰毒）称为“东西”是一种暗语，交易者之间彼此心知肚明，因此3人均应明白“东西”的指代含义。而在侦查人员询问的时候曾某、文某回答的是冰毒或者毒品，是在面对警察时没有必要隐瞒该事实情况下的陈述。

因此可以得知，证人证言中的“暗语”在特定语境下如果是能够推定彼此之间熟知，则不影响证言的效力。

拓展阅读

1. 陈瑞华：《看得见的正义》，北京大学出版社 2013 年版。
2. 白俊华主编：《证据法学案例评析》，中国政法大学出版社 2016 年版。
3. 李学军、朱梦妮等：《意见证据制度研究》，中国人民大学出版社 2018 年版。

复习试题

1. 证人的特点有哪些？
2. 证人证言的特点有哪些？
3. 论述证人证言作为证据的优势。

复习与作业要求

1. 课后复习，并完成复习试题。
2. 考核要点：证人证言的特点。
3. 辅助教学活动：案例简析。

第二节　证人证言的收集与审查判断

一、证人的法律定位

（一）证人的适格性

证人的适格性，也即证人的资格条件，即在法律上可以成为证人的条件。除生理上、精神上有缺陷或者年幼，不能辨别是非、不能正确表达的人外，一切了解案情的人都有作证义务，也就是说，只要能够辨别是非并能够将自己所了解的案件情况准确表达出来的人，依法都可以作为证人提供证言。“一切有理智的人，也就是说，自己的思想具有一定的连贯性，其感觉同其他人相一致的人，都可以作为证人。”[①] 此外，《关于办理死刑案件审查判断证据若干问题的规定》（以下简称《办理死刑案件证据规定》）第12条第2款规定：“处于明显醉酒、麻醉品中毒或者精神药物麻醉状态，以致不能正确表达的证人所提供的证言，不能作为定案的根据。”在具体案件中，对于证人是否能正确表达、分辨是非，如儿童、间歇性精神病患者等，还需认真审查，特殊情况下还要申请鉴定或检查其是否具有作证能力。

（二）证人的权利和义务

凡是知道案件情况的人，都有作证的义务。《刑事诉讼法》第61条规定：“证人证言必须在法庭上经过公诉人、被害人和被告人、辩护人双方质证并且查实以后，才能作为定案的根据。法庭查明证人有意作伪证或者隐匿罪证的时候，应当依法处理。”第192条第1款规定：“公诉人、当事人或者辩护人、诉讼代理人对证人证言有异议，且该证人证言对案件定罪量刑有重大影响，人民法院认为证人有必要出庭作证的，证人应当出庭作证。”司法实践中证人不出庭作证、拒绝出庭作证的现象十分普遍，其原因除了证人的法律意识淡薄、经济补偿不到位、保护制度不完善之外，证人出庭作证制度的法律规范不完善也是重要原因。

为保证证人尽可能出庭作证，《刑事诉讼法》第193条规定对无正当理由拒绝出庭作证者施以惩罚：“经人民法院通知，证人没有正当理由不出庭作证的，人民法院可以强制其到庭，但是被告人的配偶、父母、子女除外。证人没有正当理由拒绝出庭或者出庭后拒绝作证的，予以训诫，情节严重的，经院长批准，处以十日以下的拘留。被处罚人对拘留决定不服的，可以向上一级人民法院申请复议。复议期间不停止执行。”

除此之外，《刑事诉讼法》还对证人及其近亲属的保护、证人作证的经济补偿等证人权益保护方面作了规定，以期从更大程度上保障证人权利来促使证人积极作证。如《刑事诉讼法》第63条和第64条规定了对证人及其近亲属的

① ［意］切萨雷·贝卡里亚：《论犯罪与刑罚》，黄风译，中国大百科全书出版社1993年版，第22页。

保护性措施、第65条对证人因作证支出的费用和相应工资福利进行了保证，这些法律规定都为证人证言的获取提供了保障。

二、证人证言的收集

（一）询问证人

收集证人证言大多会询问证人，即拥有法定证据调查权的人员为查明案情、收集证人证言，依法通过与证人进行谈话或问话来了解案件情况的一种专门的活动。收集证人证言必须依法定程序进行，必须保证一切与案件有关或者了解案件的公民，有客观、充分地提供证据的条件，以保证证人提供证言的真实性。[①]

1. 主体、地点与期限

在刑事诉讼中，除依法具有侦查权的侦查人员外，依法接受犯罪嫌疑人、被告人和被害人委托的辩护律师在征得证人同意后，也可对证人进行询问。询问证人时侦查人员须两人以上，但辩护律师的人数则没有相关规定，比较常见的是委托律师一人会见犯罪嫌疑人。

《刑事诉讼法》规定，询问取证的地点范围包括："证人所在单位、住处"和"人民检察院或者公安机关""现场""证人提出的地点"。若在现场询问证人，应当出示工作证件；若到证人所在单位、住处或者证人提出的地点询问证人，应当出示人民检察院或者公安机关的证明文件。

询问证人的期限没有相关法律规定，但从证人证言的性质特点和固定证据的角度来讲应当及时进行，避免因各种主客观因素造成证人证言失真、打折，从而影响案件侦查与审理。单次询问的时间虽无严格限制，但从保障证人基本权利的角度出发，单次时间不能过长或者短周期内多次询问证人，要保障证人的必要休息和正常生活。如果证人出现伤病等情况，在不影响证人证言收集、固定的情况下，一般应当先保障证人的医药治疗，待其康复后再进行询问。

2. 方式方法

首先，询问证人应当个别进行。受观察、感知的角度以及个人生理特征影响，每个证人所感知的案件情况都不相同，只有单个进行询问，才能防止证人之间

① 参见徐静村主编：《刑事诉讼法学》，法律出版社2012年版，第123页。

相互启发、影响，证人证言的真实性才能得到保证。其次，询问前的权利义务告知。在询问证人之前，询问主体需要告知证人应当如实作证以及有意作伪证或者隐匿罪证要负的法律责任。同时就证人在刑事诉讼中的权利进行告知，一方面在于告知其要进行真实陈述，另一方面在于告知其享有的权利和相应保障措施，以使其放下思想包袱，能够如实、准确地阐述案件事实。再次，询问方式要灵活多变。根据案件性质特点、询问场景、证人个人情况等不同，可以灵活地采取不同的询问方式。比如：案件侦查初期，侦查人员为了了解案情、发现线索而围绕案件与证人进行非正式询问；在证人证言需要形成笔录作为刑事诉讼证据使用时，侦查人员严格依照法律规定对证人进行正式询问；其他还有诸如公开询问和秘密询问，直接询问和间接询问，走访询问和传唤询问，侦查人员询问和非侦查人员询问；等等。最后，获取证人证言要合法，此为最重要一点。《刑事诉讼法》第 56 条规定：“采用刑讯逼供等非法方法收集的犯罪嫌疑人、被告人供述和采用暴力、威胁等非法方法收集的证人证言、被害人陈述，应当予以排除……”除却证人证言本身所具有的不稳定、易变性，其还可能受到案件利害关系人的暴力、威胁等影响，而发生证人证言不真实的情况，因此收集证人证言时要以法律规定为依据，认真审查，保证得到的证人证言于法有据。

3. 询问笔录

询问笔录是记载和固定询问全部活动的诉讼文件，应力求准确无误、详细全面，故在询问证人的过程中要依法准确记录。询问人员在记录完毕后要将笔录交予证人阅读或向其宣读后确认，如有遗漏或差错，证人可以提出补充或者改正，最后证人确保无误后应当签字确认，一般会载明“以上记录与我说的一致”或者“上述记录已向我宣读”等字样，并签字、盖章或者捺手印、写明时间，同时询问主体也应当在笔录上签名、写明时间。对于证人自书证词的，应当同时写明侦查人员或其他取证主体收到证词的时间并签字。对于未成年证人以及盲聋哑、外国人、少数民族证人的，应当有相应的参与人如法定代理人、翻译等的签字。

在司法实践中，会遇到证人的书面证言没有证人签字盖章的情况，因其违反了法律关于证人证言的程序要件的规定，不能作为证据使用。有的侦查人员因一时疏忽，忘记了在调查人或记录人栏内填写姓名，此类证人证言虽内容客观真实，但因不符合要求，在质证时很难被采信。另外，如果缺乏应当在场人员，如询问聋、哑人，应当提供通晓聋、哑手势的人员而未提供的，证人作证的真实性以及自愿性无法得到证实，故该证言同样也不能作为证据使用。

（二）证人辨认

1. 辨认界定

辨认，即辨认人将案发时留在自己记忆中的人或物和辨认对象本身进行比较，并得出是否同一的思维活动。辨认的主体是证人，其过程是证人通过感知现场、留存记忆、再现表达来实现，辨认对象本身以及所处环境的不同可能会导致对证人的要求也不同，通常情况下辨认活动中对证人的要求较高，不但需要满足其作为证人的要求，还要满足正常辨认的要求，如果辨认时对证人有特殊要求如听觉、视觉等，那么证人必须符合标准。辨认的对象是可能与案件有关的人、物品或场所。一般来讲，辨认对象具有相对稳定性，但有些特征受时间或人为因素的影响而变化，如人的毛发长短、穿衣打扮等。辨认必须在侦查人员的主持下进行，且侦查人员不得少于两人，其目的是查明辨认对象与案件中的人、物、场所是否同一，是否与案件存在某种联系。

运用辨认收集证人证言，要特别注意影响辨认结果的因素。客观上包括各种自然条件，如光照、气温、距离；证人与辨认对象接触的时间、次数；案件发生地和辨认地点；辨认对象的特征是否独特、外貌是否改变等。主观上证人的年龄、性别、种族、文化程度、记忆能力、职业经验、自信心、压力、信仰、价值观念等，都会在辨认活动中有所表现。

2. 辨认的原则

（1）依法辨认原则，即辨认活动必须严格按照法律和程序进行，不允许有违法组织、操控辨认活动的情况。辨认活动要在两名以上检察人员或侦查人员的主持下进行，以避免个人主持辨认可能发生的主观臆断现象。在辨认活动开始之前，侦查人员应履行告知义务，告知辨认人有意作虚假辨认应当承担的法律责任。

（2）独立辨认原则，即在辨认中要保证证人独立自主辨认，严禁任何人采取任何方式对证人进行暗示或诱导。在辨认过程中，侦查人员不能以语言、表情、眼神或动作暗示或诱导证人作出某种不符合证人意志的辨认，一切与证人的语言、肢体交流都应当是中性的、不含有任何暗示的，即便对证人作一些必要的解释，也要注意语言的使用，给证人留下自己独立的思考、回忆、识别机会。

（3）及时辨认原则，即在需要进行证人辨认时，基于公平对待犯罪嫌疑人、被告人和证人的考虑，避免证人受到更多的外界舆论以及案情进展的影响，在条件允许时及时进行。

（4）混杂辨认原则，即对辨认对象进行混杂后再组织辨认。无论辨认对象如何，都要按照同类混杂的原则，把辨认对象夹杂在类别相同、特征相似的对象之中，不能将辨认对象单独提供给证人进行辨认。

（5）分别辨认原则，也称单独辨认、个别辨认，指若干证人对同一辨认对象进行辨认或同一证人对若干辨认对象进行辨认时，要按照一个证人对一类辨认对象进行辨认的原则使其分别进行。[①]

3. 关于辨认笔录

（1）辨认过程要全面记录。首先，应记录辨认的目的、方法、要求，重点记录辨认现场的人员情况，包括辨认的组织者、证人、辨认对象、陪衬人或物、其他侦查人员、在场律师等。其次，要记录侦查人员询问证人并向其告知法律责任的情况，尤其要载明辨认前询问证人时证人对辨认对象的特征描述，以便在辨认后作比对。最后，要记载辨认的具体步骤、时间、方法，体现辨认原则。

（2）辨认结果要记录客观完整。记录辨认结果主要体现在辨认结论和辨认所用时间长短上面。辨认结论，无论是肯定性还是否定性结论都要按证人的描述原原本本地记录，避免出现侦查人员不实记录、不断向证人暗示或施加压力等情况。辨认所用时间长短也可以用来说明辨认结果，因为证人所用时间的长短会与其感知、记忆有关，这与证人证言的可信度有直接关系，因此要准确记录。

（3）签名等齐备。辨认结束后，参加辨认的侦查人员、证人、见证人、记

① 参见何家弘主编：《证人制度研究》，人民法院出版社 2004 年版，第 314 页。

录人应当在辨认笔录的结尾处签名。实践中，往往会出现缺少部分人员签名的情况，使得辨认笔录在形式上存在瑕疵，影响其证明力。除了签名外，还应让证人在辨认笔录上签上“上述笔录我已看过，记录和辨认过程、辨认结果一样”的字样，并注明日期，对整个辨认活动进行确认，以免为以后质证时带来不便。

（三）收集证人证言时应注意的问题

1. 客观全面地收集证人证言

为保障犯罪嫌疑人、被告人的合法权益，确保司法公平公正，在进行证据收集时要客观全面地收集关于犯罪有无、罪轻罪重的证据，对此《刑事诉讼法》第52条规定：“审判人员、检察人员、侦查人员必须依照法定程序，收集能够证实犯罪嫌疑人、被告人有罪或者无罪、犯罪情节轻重的各种证据……”长期以来受有罪推定思维的影响，侦查人员在收集证人证言时，有利于犯罪嫌疑人、被告人的证言会被有意或无意地忽略，这极易导致断章取义、刑讯逼供和冤假错案的发生。不过还应注意区分有罪推定与侦查假定，否定有罪推定的办案思维并不等于侦查人员在办案时不能提出推断、假设，但有罪推定的惯性思维极容易引起侦查人员的偏见，导致其在侦查案件时有主观倾向，对证据进行有差别选取、固定。贯彻客观全面原则，有利于消除侦查人员偏见，切实减少冤假错案的发生。

2. 避免对证人引诱、暗示

虽然证人在刑事案件侦破中具有重要地位，但证人有时也会成为不实信息的来源。在感知记忆能力、心理活动强弱、个人意志倾向和外部客观因素等影响下，有时证人虽亲身经历案件现场，目睹了案发始末，但却会在接受询问和辨认时出现大脑记忆暂时短路，对案件情况记忆模糊甚至出现记忆空白等现象，因而不能提供准确有价值的证言。此外，一些案件中涉及的复杂的数字、车牌号码等也是证人难以记忆的。因此，在面对以上情况时，侦查人员或其他取证主体通常会使用一些方法来启发证人的回忆，如重建案发现场、让证人倒叙案件情况等，这些恢复证人记忆的方法通常被称为刷新记忆。在法律允许的范围内，适当地运用此类方法有助于证人证言的获取，但是如果使用不慎，就会造成对证人的引诱、暗示，使证人证言失去真实性。所以，在收集证人证言时，要特别注意方式方法，避免对证人进行诱导、暗示甚至施加压力。

3. 要加强对证人的保护

《刑事诉讼法》规定了多项保护措施。既强调预防工作的重要性，避免发生不必要的加害行为出现，又建立专门的证人保护组织，协调有关方面对各种措施予以综合应用。为了保证证人保护制度的切实运行，还要明确规定证人保护制度实施中的案件范围、启动程序、责任制度等。

4. 要尽量避免证人作伪证

证人在询问过程中由于种种原因可能作出与先前不一致的陈述，为了预防、避免证人翻证、作伪证的出现，在司法实践当中，应当注意以下几个方面：

（1）尽量多地询问案件细节情况，对同一问题前后反复询问，证言一旦有假，立马露出破绽。一个谎言需要十个谎言来掩盖，无论编造的多么完美，终究是会被识破的，任何说谎的人都会越编越乱、越编越漏洞百出。

（2）用其他证据来佐证，如犯罪嫌疑人的供述和辩解、被害人陈述、物证、书证等，所谓“兼听则明，偏听则暗”，把所有证据形成体系，不难看出证人证言中的疑点。

（3）详细掌握证人与案件当事人之间的关系，了解证人作证的心理。通常情况下，证人作证是以自己的利益得失为考量的，询问证人之前应当对证人与当事人或利害关系人的关系、来往情况做到心中有数，对证人因势利导，利用其自身特点对其动之以情、晓之以理，促使证人如实提供证言。

三、证人证言的审查判断

证人证言之审查判断，就是公安司法人员对于收集的证人证言进行分析研究和鉴别，找出它们与案件事实之间的联系，分析证据材料的证据能力和证明力，从而对案件事实作出正确认定的一种活动。[①]证人证言作为刑事诉讼中常见的言词证据之一，需要在认真审查判断之后，才能作为定案的依据。

证人证言之所以需要审查，原因有二：第一，证人证言是人的感受，基于

① 参见刘金友主编：《证据法学》，中国政法大学出版社 2001 年版，第 318 页。

心理和认知规律的制约，且受到一系列主客观方面的影响，这些因素都会影响证人对案件事实的感知、记忆和陈述，从而使证言在某种程度上偏离了事实的真相，导致证人证言失实。第二，现阶段我国关于言词证据的规则有不完善之处，直接言词原则尚未得到有效执行，司法实践中收集到的证人证言多以证言笔录的形式作为证据使用；证人出庭率低也导致了大多数情况下庭审围绕庭前证言笔录进行审查判断，而这些证言笔录是经过取证主体的主观加工后而形成的，同时庭审中对证言笔录多是有选择地宣读部分内容，而非按照询问证人时的一问一答式宣读，这些都与通常所讲的刑事证人证言规则有一定的出入。对证人证言尤其是证言笔录的审查一定要认真、细致、全面，必要时应当强制要求证人出庭，以当面询问的方式对重点证人、证言中的疑点进行复核、质证。

（一）审查证人证言的内容

1. 合法性审查

其一，应当审查证人的资格。关于证人的资格，前文已有论述，在此不做赘述。

其二，要审查取证主体是否合法。公安机关、检察机关的办案侦查人员自然是合法的取证主体，故不做赘述，值得注意的是以下几种特殊主体：

一是法律工作者。《刑事诉讼法》没有规定法律工作者享有调查取证权，但司法实践中法律工作者作为被告人单位推荐的人参加刑事辩护和代理的情况较为普遍，虽在法律上并没有限制，但其在收集、调取证据方面并不享有《刑事诉讼法》规定的收集或申请调取证据的权利。因此，法律工作者作为取证主体是不被法律认可的，所以由其制作的书面证言亦不能作为证据使用。

二是监察人员。贪污、渎职案件当中，检察机关通常会与纪检监察部门联合办案以尽快侦破案件，但我国法律并未赋予监察人员侦查权，故其不具有刑事诉讼意义上的侦查主体资格，其制作的书面证言不管内容真实与否都不能作为证据使用。

三是安全保卫人员。安全保卫人员虽职责与公安、检察机关的侦查人员类似，但在法律上并不具有侦查主体资格。实践中，政府机关、企事业单位安全保卫部门受理的案件很常见，且掌握第一手证据材料。遇此种情形，安全保卫人员应将案件及时移送公安、检察机关立案侦查，提供相关证据材料，否则，其制作的证人证言笔录是不具有合法性的，不能作为刑事诉讼证据使用。

其三，要审查取证程序是否合法。一方面，根据《刑事诉讼法》第 56 条的规定，审查是否存在法律规定的导致该证人证言应被排除的暴力、威胁等非法的取证方式；另一方面，还要审查证人证言的收集过程中有无其他程序瑕疵，如取证程序不合法该证人证言则不能作为证据使用。

2. 关联性审查

证人证言要作为刑事诉讼证据使用，关键的一点是要与待证事实有关联，对于与待证事实无关联的证人证言，无论其是真是假、是否合法，因其不能证明案件事实，都没有继续进行其他方面审查的必要。而对于某一证人证言与待证事实究竟有无关联，这需要审查主体运用经验法则进行逻辑推理判断。

我国刑事诉讼法中的证据关联性强调的是某一证据与个案的具体联系，关注的重点是证据的证明力问题，而非证据能力的问题，就某一证据必须在个案中针对证据与个案的具体联系予以个别审查，有无关联性更多地取决于证据审查主体的逻辑判断，而非预先确立的证据排除规则，目前我国法律中没有明确的规则要排除品格证据，相反，如前所述关于村民证言被告人品格的证据，在实践中法官通常会强化被告人有罪的心证，这一点尤其值得注意，即关于被告人具有的不良品格的证人证言与其是否实施了犯罪行为之间究竟有无关联以及有多大关联，这需要慎重地判断。

3. 客观真实性审查

客观真实性审查即对证人证言的可靠性进行审查判断，这一审查要遵循逻辑理性和经验法则，要对证人证言本身的逻辑性、同一证人前后证言的一致性、不同证人证言之间的关系、证人证言与其他证据之间的关系等予以全面、细致、客观地判断。由于个体之间存在差异，证人产生记忆误差具有一定的必然性，且证人可能与案件当事人存在利害关系，故也存在证人故意作伪证的可能。因此，证人证言与其他证据之间存在矛盾、同一证人的前后证言之间存在矛盾、多个证人的证言之间存在矛盾的情况比较常见。但是，如果出现证人在时隔数日或数月甚至数年的情况下仍作出完全一致的证言、多名证人对案件事实的描述完全一致的情况，反而需要引起注意，这不仅不符合客观规律，也会使人产生证言取证程序不合法的怀疑。

在承认证人证言出现差异具有必然性的基础上，要对证人证言中的不一致进行合理解释和分析，如果这种不一致不影响对案件事实的认定，那么尽可加以适用，如果这种不一致具有本质瑕疵，影响对案件事实的认定，且不能作出合理解释和补正的，则需要排除。

对于特殊证人，由于其生理、心理上的缺陷或者其与案件当事人具有的某种特殊关系等原因，可能导致其证言的可靠性降低，对于这类证人的证言，要特别慎重地对待。下列证据应当慎重使用，有其他证据印证的，可以采信：（一）生理上、精神上有缺陷，对案件事实的认知和表达存在一定困难，但尚未丧失正确认知、表达能力的被害人、证人和被告人所作的陈述、证言和供述；（二）与被告人有亲属关系或者其他密切关系的证人所作的有利被告人的证言，或者与被告人有利害冲突的证人所作的不利被告人的证言。

当然，除了审查证人证言的真实性以外，还要审查是否对所有与待证事实有关的证人证言都进行了全面、充分的收集。一方面，要格外关注关于对犯罪嫌疑人无罪、罪轻证言的收集，切实保护犯罪嫌疑人的合法权益；另一方面，全面、细致地收集证人证言，会使证人证言更加充分，多份证言之间以及与其他证据之间会对案件事实的证明形成完整的证据链条，一旦证据属实，即使出现部分证人翻证、作伪证的情况，也不会使诉讼工作陷入被动。

（二）审查证人证言的方法

1. 单个审查，即对每一份书面证言逐个进行审查，判断证言的可靠性以及与案件事实的联系，看其证明价值的大小，以便为了解证人证言之间的相同点、不同点以及与其他证据之间的联系做准备。这是基础性的审查方法，司法实践中一般会按照证人证言的时间先后顺序或者内容的主次顺序进行审查。

2. 对比审查，即在单个审查的基础上，对一个证人的多份证言、多个证人之间的证言或者其他证据进行比较和对照，看其内容和反映的情况是否一致、能否共同证明案件的主要事实。运用对比审查可以发现证据之间的矛盾或者印证某一证据，通常有纵向和横向两种对比形式。

3.综合审查，即在单个审查、对比审查的基础上，根据证据规则的具体规定，对案件中的所有材料进行整体的综合分析研究，看其内容和所反映的情况是否一致，能否相互印证和吻合，确定案件的基本事实，从而在整体上评断证人证言，以得到更有价值、更加可靠的证人证言。

4.实验审查，即利用侦查实验，通过重演或再现等方式来验证案件中的某些情节或事实的一种演示活动。实验审查要求实验现场情况必须与案发当时的周围环境基本一致，这样才能得出相对科学、有说服力的结论，这种方法也经常被用来验证犯罪嫌疑人供述、被害人陈述等。

5.常识审查，即在没有充足证据反证的情况下，根据社会经验、众所周知的事实、自然规律及定理、法院先前裁判确定的事实或者公证文书所证实的事实，用以检验证人证言的合理性和可能性的一种审查判断的方法。运用这种方法时要特别注意，不能将个人或小范围的经验当成是放之四海而皆准的社会经验、自然规律进行审查。

6.检察复核审查。检察院对证人证言笔录存在疑问或者认为对证人的询问不具体或者有遗漏的，可以对证人进行询问并制作笔录附卷。

7.交叉询问审查，即出庭作证的控方证人在控方进行询问后再由辩护方进行盘诘式询问，或辩方证人在辩护方询问后再由控方进行盘诘式询问。这是法官审查判断证人证言的一个常用方法，但目前我国证人出庭率低导致交叉询问无法正常进行，有必要在证人出庭作证制度上加大改革力度，充分贯彻直接言词规则，更多地使用交叉询问方法来审查判断证人证言。

8.质证审查。质证，是指当事人及其诉讼代理人在庭审中围绕证据的关联性、合法性、真实性，针对证据证明力大小，进行质疑、说明与辩驳，以影响审判人员心证形成的诉讼活动。[①]对证人证言的质证审查主要围绕证人的资格、证人获知事实的途径、证言的真实性、合法性及证言的价值等方面进行，通过质证，法官对证人证言的审查判断更加具有内心倾向。

① 参见何家弘主编：《证人制度研究》，人民法院出版社 2004 年版，第 366 页。

9. 对质审查，即在庭审中法官组织就某一案件事实提出相反陈述的两个或多个证人或当事人互相质询和盘诘以判断证人证言真伪的方法。使用对质的前提是两个或多个证人或与当事人就某一案件事实的陈述出现尖锐矛盾而且很难确认真假，一般先让双方对某一案件事实分别进行陈述，然后双方再进行互相质问并回答，这样可以帮助法官查明证人证言的真实性、可靠性以及证明价值。

10. 庭外核实审查。法官对庭审中的书面证人证言，如果出现当庭无法解决的疑问，又没有办法询问证人，可以在庭下进行调查核实。这也是我国目前审查判断证人证言的一个方法，司法实践中也比较常见。

案 例[①]

2017 年 3 月 2 日 20 时 30 分左右，刘某睡觉时，被潜入屋中的人实施强行亲吻等猥亵行为，并将刘某嘴唇咬伤，后被刘某推开后逃离现场。经鉴定，刘某伤情为轻伤二级，并指认犯罪嫌疑人为赵某某。

本案中证言如下：

证人赵某 1（刘某的丈夫）在案发当天的笔录中陈述其未在案发现场，也未看到作案人，但是其在 2018 年 2 月 6 日的笔录中指证赵某某，并陈述其听其妻刘某说作案人为赵某某，且其在案发当天就向泊头市公安局刑警大队陈述怀疑作案人系赵某某。

证人王某、赵某 2 在 2017 年 8 月 3 日的笔录及证人赵某 3 在 2017 年 12 月 15 日的笔录中指证赵某某均是在案发五个月后，且均是由刘某转述，该三名证人案发时均未在现场，也未看到作案人及作案经过。

证人赵某 4 证实赵某某在案发当晚在家里吃完饭后出去两次，但赵某某第一次出去其本人未看到，只是听到开门的声音。

① 案例来源：河北省沧州市中级人民法院（2019）冀 09 刑终 215 号刑事裁定书，著者稍作改动。

案 解

本案的情况比较有意思，可以看到关于本案的证人证言皆为传来证据，那么传来证据的效力如何呢？传来证据是经过传抄、复制、转述等中间环节后所形成的“第二手材料”，其本身可以作为原始证据的线索，但案件中仅有传来证据时是不可以认定犯罪嫌疑人为有罪的。本案中指控犯罪嫌疑人为赵某某的证人证言皆是传来证据，且均为被害人以及被害人丈夫所转述。由于其具有受害人身份，主观上可能会出于惩罚凶手的着急心理而出现错误指认的情况，由此其他证人所作证言仅能作为参考，还需要其他证据进行佐证。

拓展阅读

1. 段鹏云：《从三方面做好证人证言和鉴定意见的审查工作》，载《人民检察》2017 年第 16 期。
2. 李宁:《公安机关在行政执法中收集的证人证言刑事证据资格——以冯某介绍、容留卖淫案为视角》，载《中国检察官》2017 年第 20 期。
3. 何家弘主编：《证人制度研究》，人民法院出版社 2004 年版。

复习试题

1. 在一起车祸的现场，现场目击者只有一名 9 岁的小女孩，其智力与精神正常，能否作为本案的证人？

2. 试制作一份辨认笔录。

3. 简述证人证言需要审查的原因。

复习与作业要求

1. 课后复习，并完成复习试题。

2. 考核要点：证人证言的收集与审查过程中的注意事项。

3. 辅助教学活动：案例简析。

第三节 证人作证的保障制度探究

一、证人出庭作证

证人作证包括证人在开庭前所作的关于案件事实的证言，也包括证人出庭作证。其中证人出庭作证是最完整的证人作证形式，刑事诉讼中证人作证是我国最典型的证人作证形式，在本文的论述中将就刑事诉讼中证人出庭作证的诉讼行为进行分析。

（一）证人作证的经济成本

证人出庭作证，是对抗式庭审的要求，也是刑事审判直接言辞原则最起码的要求，而证人不愿出庭作证是长期困扰刑事司法审判工作和追诉工作的一大难题。法律对由谁来承担保证证人出庭作证的责任、对证人作证进行管理和负责部门都没有明晰的规定，且《刑事诉讼法》中规定的对于未到庭的证人证言笔录等应当庭宣读、立法规定对证人的权利、义务、责任之间的调节失衡，都构成证人拒证、拒绝出庭作证的重要原因。①证人作证会花费一定的财力、物力和时间上的成本，首先，包括了交通费、食宿费、误工费以及其他经济损失；其次，证人出庭作证可能面临着丧失原工作岗位，或者因作证而不适宜从事原来的工作的情况，由此造成重大的经济损失也是证人作证个体付出经济成本部分的重要内容。②

（二）证人作证的伦理成本

证人作证的伦理成本是证人作证的精神损耗。我国《刑事诉讼法》排斥了特定社会关系主体间证言豁免的例外制度，造成强迫有亲属关系的人互证其罪。这一行为对家庭的稳定、亲情的伤害的程度可想而知，亦使传统伦理道德无以张扬及家庭亲情无以维系。同时我国也未规定特定职业者，如法律职业者、医生、宗教职业者等依职业行为而知悉案情的人员拒绝作证权，他们的作证行为会使

① 参见徐文：《拒证与证人保护制度》，载《现代法学》1999 年第 3 期。

② 参见武鼎之：《证人拒证，良策何在——完善中国证人权利保障制度构想》，载《人民检察》1999 年第 3 期。

行业内的伦理诚信体系崩溃，广泛地造成社会特殊行业的诚信失落，伤及民众对社会司法正义可接近的信念。

目前，我国司法实践中这一部分伦理成本的付出虽然不多，但对社会道德的杀伤力极强大。在特定的证人作证情形，尤其是在证人作伪证时，社会伦理成本的付出极为明显。这不仅是玩弄司法程序和司法尊严于股掌之中，更是对司法权威仪的挑战，给社会理念的塑造进程带来反面影响，会消解艰难积累的法律伦理。

（三）证人作证的社会安全成本

随着我国证人出庭作证的各项相关制度的逐步建立，法律在强化证人作证的义务的同时，也关注“威胁”“恐吓”“暴力伤害”证人的事件，司法实践中加强对证人的人身安全的保护。尽管如此，但目前我国还缺乏有效的证人人身安全、财产保障机制，受害证人无法顺利地从司法部门那里得到实质性保护，其社会安全成本相当之高。

证人作证的社会安全成本的付出途径主要包括：其一，语言威胁，使证人乃至其家庭、家族生活在恐惧之中；其二，蓄意捣乱，打乱证人安宁的生活原状；其三，骚扰侮辱，使证人身心俱疲；其四是暴力殴击，伤人毁物；[①]其五是弄权报复，诬蔑泄恨，借机刁难；其六是为落网同伙或被告人亲私者暴力袭击或追杀证人及其家庭成员；等等。

（四）证人作证的法律安全成本

证人作证的法律安全成本是指出庭作证的证人可能会受到来自刑事追诉机构的侵害，这种成本的付出方式是通过司法追诉机关发动追诉程序，进行拘留、逮捕、羁押、起诉等刑事追诉行为，侵害证人的自由、财产，把它剥离出应当享有的由程序和实体法律保障的“法律安全”。[②]国家追诉机关基于在法庭上获得胜诉的基本欲望，怀着职业的偏私，蒙昧了“无罪推定”的刑事诉讼理念，对在法庭上做有利于被告的控方证人、辩方证人以伪证罪名，强行拉入刑事追

---

① 参见欧阳顺乐：《证人出庭作证四题》，载《法学》1998 年第 3 期。

② 参见陈瑞华：《法治视野下的证人保护》，载《法学》2002 年第 3 期。

诉程序中。在我国的刑事诉讼程序中，对于警察、检察官采取的任何刑事追诉活动，中立的法官既不参与，也不进行任何形式的司法审查、司法授权等控制；对犯罪嫌疑人、被告人、证人等控告检察、警察机构滥用强制措施的行为，法院也从不提供任何形式的司法救济。以至于无论是羁押、逮捕、拘留、取保候审、监视居住、拘传，还是搜查、扣押、窃听、通缉等涉及限制公民人身自由、个人隐私的强制手段，都完全由公安机关、检察机关自行授权、自行决定、自行执行，不受任何形式的中立司法机构的授权、审查和控制。[①]证人个体实力的相对弱小、追诉机关的相对强大和目前不容乐观的司法人员素质，这些因素综合起来，就使得证人作证的法律安全成本付出的机会风险大、法律安全成本总量畸高。

（五）证人作证的特殊成本

1. 证人误证成本

证人误证的最大成本要素可能就是由国家追诉机关发动的所谓“伪证”求刑程序：证人提供了与客观事实不相符的陈述或前后不一致的证言，事实上既可能是出于无知或错误的判断，也可能是故意追求的结果，对此进行主观状态上的判断是极不容易的。一旦证人在法庭上作了不利于控方的偏差证言，则手握追诉大权的控诉方在缺乏中立监督者的刑事诉讼流程中可能怀职业偏私发动对其的“诉讼战争”。这对相对于做出误证证言的证人而言，这笔成本是灾难性的作证成本，同时国家也要为该误证行为的错误求刑承担高昂的司法运作成本。

2. 证人伪证成本

证人伪证有两种行为方式：一是证人无中生有、捏造事实、提供不真实的虚假证明；二是故意掩盖事实真相，应该提供的事实不提供的隐匿罪证行为。[②]这两种行为方式、手段虽有差异，但主观相同：即证人明知某一陈述的事实是假的或者不可信的，却自愿将其提供给法庭，从而追求一种使裁判者作出虚假判断的结果。就伪证证人而言，其应负担的伪证成本包括：引起伪证行为而必

① 参见陈瑞华：《刑事诉讼的前沿问题》，中国人民大学出版社2000年版，第4、5、6章。

② 参见徐文：《拒证与证人保护制度》，载《现代法学》1999年第3期。

然承担的司法行政责任，如拘留、罚款、当庭惩戒等；因作证而先期付出的经济成本将一律不予任何形式的补偿，并负担其伪证行为遭受的社会声誉的损失；由伪证行为造成的受影响一方的损失；在构成伪证罪时需承担的与其犯罪行为相当的刑罚成本。

3. 证人拒证成本

我国法律除涉及国家秘密的作证义务豁免外并未规定完整的证人拒证权限，这就意味着在我国任何证人都负有作证的义务，任何不具有合理理由的拒证行为都是对该义务的违反，是违法行为。但由于法律对证人作证的权利义务规定不平衡，义务与责任脱节，证人是否出庭作证或提供证言全由证人自主决定，也没有国家强制力来约束证人拒证的行为。这一行为对证人来说虽个体成本较小，但社会成本巨大：证人拒证会造成诉讼的僵局，特别是开庭前，有关证人向控方或者辩方甚至是向双方都作了证言，但却拒绝出庭作证，使诉讼程序的流程受阻，极其不利于对嫌疑人人权的保障、追究犯罪的国家权力运作以及对被害人的抚慰，有损社会安全氛围的营造。

二、污点证人豁免

侦控方在调查犯罪过程中，纳入视野考察的除了主要嫌疑人以外，还有一类特殊的人，他们一般游离于案件边缘，与正在侦查或着手审查起诉的犯罪有着某种牵连，受到检控方的讯问时，一般尽可能掩盖自己的罪行，同时又对同案主要犯罪嫌疑人掌握相当多的证据信息，这种边缘人即污点证人。污点证人是具有犯罪污点，但因了解案情而被公安机关、检察机关要求作证的诉讼参与人。[①] 在20世纪末的重庆虹桥跨塌案中，控诉方使用了有犯罪污点的控方证人——行贿人费上利、林世元，两人均因作证而得到不同程度的刑事责任豁免，从而使得人们关注污点证人刑事豁免——这种我国刑事司法实践中应诉讼需要而产生的司法运作方式。

污点证人豁免，是指污点证人因作证而享受原本应受刑罚全部或部分豁免的一种刑事司法措施。作证污点证人的刑事责任豁免在国外和我国香港地区早

① 参见叶青：《关于刑事证人作证制度的思考》，载游伟主编：《华东刑事司法评论》，法律出版社2002年版。

已存在，它是现代证据规则在刑事司法实践中的自然衍生：在香港地区，为了打击黑社会势力和其他严重的刑事犯罪，警方派出的卧底也常常以污点证人身份出庭作证并获得刑事司法豁免，通过法律的污点证人豁免的正当程序脱身。[①]我国刑事诉讼法在立法层面上并未规定证人刑事豁免权制度，但在刑事司法实践中存在证人豁免的司法行为，这实际上是对污点证人不愿意自我归罪权利的尊重和法律规则缺位的无奈默认。[②]鉴于我国刑事诉讼制度中，无罪推定的基本内核已经确立，对抗式庭审的推行和侦查取证的落后现状以及对特殊犯罪治理的要求，应对刑事诉讼法加以改造。应当在保留和完善酌定不起诉制度的同时，建立与之并行的污点证人豁免制度，借以分化瓦解犯罪分子，为打击重大犯罪取得证据，节省有限的司法追诉力量，使有限司法资源最大化使用；贯彻国际公认的“反对强迫自证其罪”原则，实现最大的社会法益的维护。

（一）污点证人豁免的概念界定

污点证人豁免（immunity of tainted witness）是一项刑事司法处置措施，是指证人本身具有一定的犯罪嫌疑，因与已被控诉的嫌疑人的犯罪行为有某种牵连，而与控方达成一项交易，达到回避控方对自已刑事责任追诉和指证该犯罪嫌疑人罪行的双重目的，由有权的司法官员签发豁免令，以控方免予追诉该证人的刑事责任为条件，强制该证人出庭作证，对其所知的事实予以指认和证明。[③]

美国、英国、加拿大、澳大利亚、德国等国家和我国香港地区对污点证人豁免做了相应的规定，其中在污点证人豁免问题上美国联邦立法规则比较完善，其经历了从绝对地反对强迫证人做出归罪性证言，到以免受起诉来换取被迫的证言的“罪行豁免”，最后到现行的可以强迫污点证人作证，但是仅仅承诺在以后的起诉中不使用该证言来反对该污点证人的“使用豁免”的过程，目前在美国联邦和各州司法实践中，“罪行豁免”和“使用豁免”并存于污点证人作证豁免制度之中。[④]美国统一法律委员会全国会议的刑事程序统一规则特

① 参见梁玉霞：《论污点证人作证的交易豁免——由綦江虹桥案引发的法律思考》，载《中国刑事法杂志》2000年第6期。

② 参见王进喜：《刑事证人证言论》，中国人民公安大学出版社2002年版，第162页。

③ 参见张春霞：《论污点证人之豁免》，载《华东政法学院学报》2003年第2期。

④ 参见王进喜：《刑事证人证言论》，中国人民公安大学出版社2002年版，第150~151页。

别委员会（the National Conference of Commissioner's on Uniform Law's Special Committee on the Uniform Rules of Criminal Procedure）1974年确立了证人豁免规则的立法模式，提出污点证人“罪行豁免”规则；而美国法典18编则构成了适用于联邦司法区证人豁免的“使用豁免”规则。

（二）污点证人豁免的特征

综合以上两种典型的现行污点证人豁免立法模式，可以概括出污点证人豁免的特征要素：

1. 污点证人豁免之适用，一般是在案件调查中的犯罪活动非常严重或者对社会治安、公众安全构成重大威胁时，以及一般侦查或打击犯罪活动方法不能奏效时，方可允许污点证人的使用。

2. 对于污点证人的刑事责任的豁免具有强制性，污点证人自己无主动的选择权。污点证人对于追诉方赋予的刑事责任豁免是不能推托的，而且可得被强制作证；出庭作证在赋予其刑事责任豁免权后即变成强制性义务，若拒绝，将会招致相应的司法惩戒，污点证人享有反对强迫自证其罪的特权已被作证义务所取代。

3. 污点证人豁免之适用，应须以证人主张反对被迫自证其罪的特权为前提条件，这样才能使得追诉方能够获得在特定情况下是否赋予证人豁免进行评估的基础。①

4. 追诉方对污点证人豁免拥有启动权，追诉方应考虑该污点证人提供的证言或者其他信息对于司法利益或公共利益可能是必需的，并且污点证人根据反对被迫自证其罪的特权，已经拒绝或可能拒绝作证或提供信息。

5. 拥有裁判权的司法官对污点证人豁免拥有复审权和批准权，虽然裁判权是消极的、被动的，虽不能发动污点证人的豁免，但有权防止该权力被滥用。

6. 虽然规定了污点证人豁免制度的各国家和地区在“罪行豁免”还是“使用豁免”上有分歧，但无一例外地都在规定豁免的同时又规定追诉机关可因污点证人作伪证、虚假陈述或违反“豁免令”义务提供相互矛盾证据的，可以进

① 参见王进喜：《刑事证人证言论》，中国人民公安大学出版社2002年版，第152页。

行刑事指控。如英国《1981年最高法院法》规定，陈述人因伪证或者藐视法庭而受追究时，不在陈述豁免之限。加拿大的《权利和自由宪章》第13条规定：在任何程序中作证的证人，都有权利使任何有罪证据不在任何另一程序中被用来证明该人有罪，但因伪证或者提供相互矛盾的证据而受到指控时除外。

（三）污点证人豁免的性质界定

污点证人豁免是司法权主体为了取得污点证人证言，而进行的一种司法交易。[①]其实质是用免除污点证人的罪责来换取更有价值的证据，在一般情况下，污点证人作证将可能损害自己的反对自证其罪的特权。污点证人的嫌疑之罪极有可能与被指控的重大犯罪纠缠在一起，当污点证人指证他人的犯罪事实时，就可能会同时非自愿地自白了自己的犯罪，从而置自身于刑事指控之下，故其不愿作证，也顺带掩盖了其他人的犯罪事实，此时，追诉方不得不在反对自证其罪的人权保障与追究犯罪的法益追求之间做出平衡：在司法权主体与污点证人之间为实现各自司法上的目的而进行某种司法利益的交换，司法权主体理性地采取赋予污点证人以豁免权，放弃对污点证人一定的刑罚权，而换取另一更大刑罚权的实现，以维护更大的法益。

三、证人保护制度

威胁证人、证人被报复是社会普遍存在的问题。美国一些州的法律规定必须要让被告知道证人的姓名，因而证人非常容易受到威胁，如何保护证人以及如何让证人协助政府指控犯罪就成了难题。

1960年代末美国司法部吉劳德·苏尔创立联邦证人保护项目，后经1970年《有组织犯罪控制法》（Organized Crime Control Act）确认生效；1984年通过的《犯罪综合控制法》进一步增加了检察长在证人保护项目中的权力，并将证人保护范围扩大到证人的亲属和社会关系；1997年10月美国法典将联邦证人保护制度再次具体化，该制度已经比较成熟。美国负责证人保护的机构有4个：联邦马歇尔办公室、司法部执行局、联邦监狱局、联邦总检察长办公室。在出

① 参见陈敏：《英美法中拒绝自证有罪的权利》，载王以真主编：《外国刑事诉讼法学参考资料》，北京大学出版社1995年版。

庭指证前后，为了最大限度地保护证人，执行机构会动用直升机、装甲车等重装设备。对证人保护还包括开庭后对证人的终身保护，例如为其提供全新身份，转至外地隐姓埋名，提供资助和工作、生活、学习、治疗等便利，甚至为其整容等措施。

证人的保护问题是世界各国都面临的问题，构建证人保护制度，核心就是解除证人的后顾之忧。在我国，刑事案件证人出庭率较低，原因之一就是证人心存顾虑，担心遭受打击报复。多年前笔者在检察院工作时，曾办理一起邻里间因琐事引发的故意伤害案件，我们通知一个证人来做笔录，此人目击到被告人持刀捅伤被害人的全过程。可是，当证人到达检察院后，她竟然跪在地上，说："不要让我作证了，我要是得罪他（指被告人）家，我们一家老小都不得安生。"这一幕对我触动很大。我们面对证人时习惯强调"证人有作证义务"，有法有据，理直气壮，却很少站在证人角度着想，思考我们为证人做了什么。证人最现实最直接的危险被我们忽略了。

2012 年《刑事诉讼法》修改增加了证人保护条款，包括公安司法机关保障证人的责任，对四类案件证人的特别保护，免证特权，证人出庭补偿等。这些条款在实践中发挥了作用，证人出庭情况有所好转。不过，刑事诉讼法对证人保护仍有进一步细化空间，而且缺乏对证人作证之后的人身保护。一般情况下，案件结案后，对证人的专门性保护措施随之撤销，证人及近亲属再次陷于危险之中。

受美国证人保护制度启发，我们可以设想建立一套包括永久保护措施的证人保护制度。对重大案件中的特定证人给予从案件启动到结案后永久保护，包括为其提供新身份、异地安置等。不过，这项制度落实难度极大，需要政府财力支持，需要多部门配合，而且我国是注重人情的熟人社会，让证人割断历史远离故乡，对证人也是挑战。法律不强人所难，也包括不让证人为难。如同影片《终极证人》呈现的那样，美国证人保护制度自实施以来，已有数万多名证人及亲属受到了保护。这些勇敢正直的证人没有一个受到伤害，为他们提供强大后盾的，正是完善、严密的证人保护制度。它让证人为法律尽力的时候，没有后顾之忧。

案例[1]

2013年9月18日上午9时许，一位叫邹某的出租车司机报案称自己遭遇了抢劫，身上的钱和车都被抢走。第二天一位自称是犯罪嫌疑人的人告诉了他一个银行账号，让受害人往这个账号上面存5000元，不然就烧车。

警方调查后将目标锁定为杨某，在对杨某接触人员进行摸排时，李某荣供述杨某说他和李某泽抢劫的事实，并声称李某泽将枪交给了他。警方调查后对李某泽进行侦查，并于2011年3月将其抓获。李某泽否认抢劫一事，并告知警方自己近十年的生活轨迹都是在外打工。当年5月，另一犯罪嫌疑人杨某自首，供认自己与李某泽抢劫一事。

李某泽辩护人提出：

第一，本案中证人杨某和李某荣是抢劫案件和私藏枪支案件的当事人，其二人系污点证人，不具备无利害关系的证人资格，其陈述不具备证人证言的证据分类特征，应属被告人供述和辩解；

第二，李某荣和杨某是连襟关系，不能排除两人为了逃避罪责而串供的合理怀疑，且李某荣对案件经过的熟悉程度已超出了案外人的知晓程度，其供述的全部案情均系杨某口头告诉，但杨某的供述对此予以否认，加之抢劫所用枪支又在李某荣手中，李某荣具有重大作案嫌疑；

第三，李某荣的供述前后矛盾重重，其供述案件的经过是听杨某所说，但杨某的供述对此予以否认。对于抢劫用枪支的来源其前后表述不一。

① 案例来源：宁夏回族自治区银川市中级人民法院（2016）宁01刑终1号刑事裁定书，著者稍作改动。

案　解

本案中关于证人证言争议的焦点在于杨某和李某荣的证人资格以及语言的矛盾之处。污点证人是具有犯罪污点，但因了解案情而被公安机关、检察机关要求作证的诉讼参与人，本案中杨某与李某荣的证言使具有污点证人的身份。

本案中除却污点证人这一身份以外，更重要的在于李某荣的证言为杨某转述，故属于传来证据，除却二人以外无法通过其他证据来进行验证对李某泽的指证，且作案用手枪也在李某荣处找到。同时因为二人是污点证人，其关于指证李某泽的证言对其二人有利，因此在主客观两方面的分析上二人的证言依旧存疑。

综上所述，在无其他证据验证的情况下，仅凭二人的证言无法认定李某泽实施了抢劫行为。

拓展阅读

1. 王贤德、安凯：《侦查阶段证人证言的真实性保障——以 20 起虚假证人证言引发的错案为例》，载《中国检察官》2018 年第 12 期。
2. 沈威、黄莺：《台湾地区污点证人制度之观察与启示》，载《人民检察》2020 年第 10 期。
3. 吴杰、仇征：《污点证人豁免价值分析及建构》，载《中国检察官》2017 年第 15 期。
4. 王喜：《证人保护的现状、困境及出路——基于比较法视角》，载《海峡法学》2022 年第 1 期。
5. 涂钒、鲍宗新：《重大涉黑刑事犯罪治理中证人保护的美国经验》，载《犯罪研究》2019 年第 5 期。

复习试题

1. 我国刑事诉讼法对亲属作证义务进行了特免，你认为这样规定的原因是什么？

2. 你认为污点证人的证言应当如何进行采用？

3. 如果一证人受到生命危险拒绝出庭，法庭能否强制其出庭？如果不出庭其证言效力是否会受到影响？

复习与作业要求

1. 课后复习，并完成复习试题。

2. 考核要点：污点证人豁免、证人保护制度的完善。

3. 辅助教学活动：案例简析。

第六章　当事人陈述的证据调查

教学目的和要求｜通过本章学习，使学生了解当事人陈述。

教学重点和难点｜当事人制度及其缺陷、不同法系当事人制度的构建、自认制度构建。

教学方法与手段｜讲授和案例分析。

第一节　当事人陈述概述

一、当事人陈述概述

当事人陈述，是指当事人就案件的事实有关情况向人民法院所作的口头表述。[①] 所谓当事人陈述的调查技术，指的是作为证据种类之一的当事人陈述，其产生和收集的这样一个过程与方法以及事后对其进行的求证。

对当事人概念的准确界定是对当事人陈述调查进行分析的基础。民事诉讼当事人有着广义和狭义的区分：狭义当事人只包括原告和被告；广义当事人则包括原告、被告、共同诉讼人、诉讼代表人和第三人，我国民事诉讼法采取的是广义的规定。然而，对于当事人理论，学者们却有着诸多不同的观点，主要包括权利保护说、利害关系当事人说、程序当事人说以及程序与实体双重适格说。上述学说观点各有特点，也各有争议。个人认为，程序当事人的相关观点比较科学，即所谓民事诉讼当事人，指的是能够以自己的名义起诉和应诉，要求人民法院保护其民事权利或者法律关系的人及其相对方，应包括一切符合诉讼程序要求的起诉和应诉的双方。[②] 并且我国民事诉讼法对当事人陈述中的“当事人”采取广义的规定的做法也是明智的，广义的规定，将共同诉讼人、诉讼代表人

① 参见董少谋主编:《民事诉讼法学》，中国政法大学出版社 2007 年版，第 284 页。

② 参见肖建华:《民事诉讼当事人研究》，中国政法大学出版社 2002 年版，第 28~29 页。

和第三人纳入进来，这种做法有利于我们更加全面地把握不同角色进行陈述的内容，对于当事人陈述的调查也就有了不同内容的侧重。

二、当事人陈述的分类

由于当事人陈述的内容不同，会对相关的调查技术产生直接的影响，因此有必要对之进行分类。

1. 以内容范围为标准，可以把当事人陈述分为反映案件主要事实的陈述和反映案件次要事实的陈述。[①] 按照此种划分标准，在调查过程中，我们首先要做的就是对案件的事实进行主次划分，以案件事实的主次为标准对应地来判断当事人陈述的主次。

2. 以时间为标准，可以把当事人陈述分为诉讼中的陈述和诉讼外的陈述。当事人诉讼中的陈述,在时间上又可以分为庭审前的陈述和法庭审理中的陈述。[②]

3. 以方式为标准，可以把当事人陈述分为书面陈述和口头陈述。对于口头陈述而言，由于并不像书面陈述那样具备可见的书面形式，因此其的变动性和主观性较大,这也使得当事人随着客观情况的变化而改变自己的陈述成为可能。对此，可以考虑再次听取当事人陈述来进行判断，关于听取当事人陈述的做法下文会作分析。

4. 以当事人陈述是否对陈述者有利为标准，可以分为利己的陈述和利他的陈述。所谓利己的陈述，则包含了两个方面的内容，一是对自己有利的事实的承认；二是对自己不利的事实的否认。相对应地，利他的陈述就是指对另一方当事人提出的对自己不利的事实的承认。

三、当事人陈述的特征

上文根据内容对当事人陈述做了相应的分类，从中我们也可以反思出当事人陈述所具备的一些基本特征：

1. 真伪性，包括真实和虚假两个方面的内容。真实性指的是当事人在对案件事实进行陈述的时候，原原本本地按照事情的原貌予以还原；另外，诉讼的

① 参见李祖军、王世进主编:《民事诉讼法学》，重庆大学出版社 2006 年版，第 260 页。
② 参见李祖军、王世进主编:《民事诉讼法学》，重庆大学出版社 2006 年版，第 260 页。

本质是一种利益的对抗关系，很多时候人们为了自身的利益或者是出于某些方面的特殊考虑，可能会对案件事实进行虚假的描述，或者为了隐瞒某些事实而对与案件无关紧要的部分进行大肆渲染，以达到混淆视听的效果。

2. 事后性，这是当事人陈述产生时间上的特点。与物证等证据相比较，当事人陈述毕竟是在诉讼过程中所产生的，换言之，如果没有诉讼程序的进行，就没有没当事人陈述这样的说法。对于当事人陈述调查的价值，此处强调的只是“诉讼中”这样一个时间特征。

3. 主体特殊性，这里主要是将当事人陈述和证人证言做一个区分。当事人陈述是由作为诉讼主体的当事人就案件事实所做的陈述，而证人证言是指证人在民事诉讼过程中向审判人员陈述的与案件情况有关的内容。

4. 内容广泛性。当事人陈述的内容可能包含着非常多的方面，信息量会比较大，除了当事人对有关事实的描述、相应的观点，还可能会涉及相关的证据线索以及当事人的观点和情感世界。

以上几点关于当事人陈述的基本特征，都是贯穿于当事人陈述产生的整个过程，既是特征，也可以反映出其性质，因此不论是在证据收集，抑或事后对当事人陈述进行求证，我们都需要结合当事人陈述的上述内容和特征来进行考量，以此来尽量地避免差错。

案 例①

朱某与张某于2010年离婚，后在2012年复婚。2012年原告与被告一起到长海县打工，2014年因被告有外遇导致双方分居近两年。2021年9月1日，朱某发现张某又与李某有不正当男女关系，后张某也承认其在2021年2月开始就与李某有不正当关系，并提出离婚。

当事人朱某称：张某在我起诉离婚之前，已经在老家起诉离婚，后来法院告知管辖权在长海，所以就撤销了老家的起诉。9月8日，

① 案例来源：辽宁省长海县人民法院（2021）辽0224民初736号民事判决书，著者稍作改动。

张某从家中搬出与李某同居至今，2021 年 10 月 28 日我们签订了夫妻财产协议书。现在我们同意离婚，但财产问题无法协商解决。张某对我有家暴行为，2021 年他两次殴打我，我还向广鹿岛镇派出所报过案。

当事人张某称：我不同意离婚。朱某说的夫妻财产协议我也不认可，这是她骗我签的，说是给她个心理安慰，保证不离婚。她对我的父母不孝敬，还天天骂我。我现在不在李某那儿住，而是在柳条村租房子住，已经租了 3 个月了，并且我没有打她。

案 解

当事人陈述是我国刑事诉讼法所规定的法定证据形式之一，我国民事诉讼法认为当事人包括原告、被告、共同诉讼人。诉讼代表人和第三人。本案是起诉离婚的案件，当事人双方就离婚意向分别发表了自己的意见，并就相关情况展开陈述。其中可以看出，二人所作陈述均为利己陈述，即对自己有利的事实的承认和对自己不利的事实的否认。

当事人陈述由于是事件的亲历者所做出的陈述，因此具有主观性的特点，除了较容易发生变动以外，还易出现基于当事人利己的一种想法而存在捏造事实、虚假陈述等情况，当事人双方往往各执一词，因此当事人陈述往往需要结合其他证据进行印证。

拓展阅读

1. 刘显鹏：《民事证明制度改革的架构与径路研究》，武汉大学出版社 2020 年版。
2. 毛雨洁：《我国当事人陈述的困境及出路——基于新〈民事证据规定〉第 90 条的体系化考察》，载《东南大学学报（哲学社会科学版）》2022 年第 S02 期。

复习试题

1. 文中提到了关于当事人的不同学说，你认同哪一观点？理由是什么？

2. 关于当事人宣誓制度，我国有无类似的规定？

复习与作业要求

1. 课后复习，并完成复习试题。

2. 考核要点：当事人学说，不同法系当事人制度构建。

3. 辅助教学活动：案例简析。

第二节　我国当事人陈述调查的制度困境

一、当事人陈述的证据立法缺陷

第一，现行民诉法有关当事人陈述的规范过于粗陋，而且自相矛盾，使得该制度形同虚设。我国民诉法只有一条对当事人陈述进行了规定，其后最高人民法院《关于民事经济审判方式改革问题的若干规定》（已失效）第 21 条和《关于民事诉讼证据的若干规定》（2001 年版，已被修改）“当事人举证”部分都对当事人陈述的证明力进行了规定。当事人陈述制度是一项复杂的制度，仅两条是难以涵盖其全部内容的。更加令人费解的是，如此简陋之规定其本身竟然存在矛盾。《民事诉讼法》第 78 条第 2 款规定：“当事人拒绝陈述的，不影响人民法院根据证据认定案件事实。”由此可见，当事人拒绝陈述没有任何不利后果，其并不负有陈述义务；同时，法院也不能依职权强制当事人陈述。如此一来，当事人陈述制度功能的发挥具有极大的偶然性，当事人陈述与否纯属其个人自由选择的范围，这显然与制度创设的初衷是背道而驰的。

第二，现行民诉法没有当事人陈述的程序性规定，这一方面使法官在证据调查中处于主导地位，随意处置当事人的陈述，另一方面使法官难以从程序的角度将当事人陈述与当事人的主张和辩论加以区分。因此，从程序上完善当事人陈述也是非常迫切的，否则将使诉讼程序与证据制度成为“两张皮”，从而难以达到民事诉讼的目的。

二、当事人陈述的证据实践困境

在诉讼实务中，当事人陈述也面临着待解决的问题：作为证据的当事人陈述与当事人的主张和辩论相混同。尽管在多数判决书中，法官都会在其采信的证据中列举到当事人陈述，但如果追问哪些属于当事人陈述，恐怕很难有人进行过深究，我们之所以强调当事人陈述的这种外观上的要求，就在于当事人陈述在实质上与证人证言具有相似之处，都需要法官认真地进行审核和判断。由此所造成的消极后果是不容忽视的，根据王亚新教授的调查，尽管从数字上看“当事人陈述”显得比较少见，但通过调查发现，在与主张及辩论不加严格区分的意义上，作为证据的当事人发言或表述往往发挥了几乎与书证同等重要的证明作用，有的情况下这种作用甚至超过或否定了书证。尽管作为证据方法的当事人陈述一般得以口头方式表达，但却与庭上庭下的主张辩论等融为一体。这样的情形意味着法官有可能在庭外就开始接触几乎所有的证据，当事人围绕任何证据和主张的辩论因而也不太可能只限定在正式的开庭这种场合。于是更为简便易行的“非正式开庭”自然应运而生并大行其道。

案 例[①]

李某与王某之间就车辆交易产生纠纷。

当事人李某称：自己准备向王某购买一辆货车，在支付了 5 万元的定金后，王某将该车辆和车辆行驶证交给了自己。4 月 12 日，二人准备办理车辆过户手续，为从融资公司拿回机动车登记证书，自己向王某转账 12 万元，并与其签订了一份《车辆买卖协议》，但当天双方并未成功办理车辆过户手续，王某从自己那里拿走涉案车辆行驶证并持有至今。之所以车辆未能过户是因为王某此前与某

① 案例来源：新疆维吾尔自治区昌吉回族自治州中级人民法院（2021）新 23 民终 2871 号民事判决书，著者稍作改动。

运输公司签订了《机动车辆管理服务合同》，车辆进行过户时该合同还未到期，导致自己未能拿到车辆。所以王某应当返还自己已经支付的 17 万元并承担自己因无法用该车生产经营而造成无生活收入的损失。

案 解

本案是王某与李某之间的车辆交易纠纷，通过李某的陈述可以了解基本案情以及矛盾双方的争议焦点。但此当事人陈述中不仅有对基本案件情况的陈述，还包括了李某自身的诉求，也是上述所强调过的在当前审判实务中不可回避的一个问题，即作为证据的当事人陈述与当事人的主张和辩论相混同。

基于当事人心理考量，其在做陈述时必定会在对自己所经历过的事件之外加上自己对该事件结果的“评价”，这种评价往往是以要求或者说是主张所体现的，也与当事人当时采用口头陈述的方式有关，因此要求法官在接触到此类证据时能够对当事人陈述的内容加以考量和判断。

拓展阅读

1. 李祖军、王世进主编：《民事诉讼法学》，重庆大学出版社 2006 年版。
2. 姜霜冬：《新民事诉讼证据规定下的当事人陈述规则之探讨》，载《黑龙江生态工程职业学院学报》2021 年第 1 期。
3. 伊舟:《当事人询问程序规范化研究——以〈新证据规定〉第六十四条为中心》，载《河南财经政法大学学报》2021 年第 1 期。

复习试题

1. 找出我国法律法规与司法解释中有关当事人陈述的规定。
2. 对文中所述当事人制度在司法实践中的问题进行评析。

复习与作业要求

1. 课后复习，并完成复习试题。

2. 考核要点：我国当事人制度立法缺陷与实践存在的问题。

3. 辅助教学活动：案例简析。

第三节　当事人陈述的证据调查制度优化

一、确立听取当事人陈述制度

听取当事人陈述制度即法官为了明晰案情，就有关事实上及法律上的事项对当事人进行发问，使当事人就一切重要的事实和法律问题作出充分说明。该制度的目的在于让法官能与当事人本人（或其法定代理人）进行直接沟通，充分利用当事人本人的见闻知识，全面掌握案件情况，进而消除当事人事实主张的不清楚、不完整和矛盾之处，并确认哪些问题存在争议。这种做法也是从法官的角度来对当事人陈述进行的一种"调查"，个人认为这种方法还是行之有效的。而此做法属于何种性质，其实这只是了解案件真实情况的一种方法途径，属于法官的权利，也是法官为了明晰案件真实情况的职责所在。

我国听取当事人陈述制度运作可集中于以下方面展开：（1）听取当事人陈述的程序存在于整个民事诉讼的过程中，即既可存在审前准备程序中也可存在庭审程序中。对于发问的主体和范围，由承办法官根据具体的案情自行决定。当然，法官的发问也不是可以任意发挥的，他要受制于当事人提出的事实资料的拘束，就当事人在言辞辩论中没有提出的事实主张，不得予以发问。（2）在程序的启动方式上，法官可以依职权主动发问，也可以由当事人申请法官为必要的发问。当事人听取制度的功能就在于查明法院裁判之基础事实，赋予法官主动发问权和当事人申请发问权便于弄清当事人的事实主张，消除不清楚、不完整及矛盾之处。（3）当事人申请发问时，如果法官予以驳回该申请，当事人有提出异议的权利，法院应当以裁定的方式对该异议作出裁判。无救济亦无权利，在赋予当事人申请发问权利的同时给予相应的保障措施，才能使该项权利真正名副其实。（4）我国未实行律师强制代理制度，在其委托代理人代为进行诉讼时，如若该代理人了解案情，知晓案件事实，则该代理人可代其陈述。当然，若委托代理人代为陈述的事实能够对诉讼胜负产生重大影响时，该代理人必须被特别授权。(5)在当事人陈述案件事实时，不管是依职权还是依申请而为陈述，必须要坚持“对席、口头、直接”原则，这样可以防止法官受一方陈述的信息的影响而先入为主，同时坚持“口头、直接”原则，也便于沟通交流、信息疏通，从而使纠纷得以公正、有效解决。

因此，听取当事人的陈述实际上是在案件事后，我们对当事人陈述进行了解所采取的最有效的方法。不论是在制作当事人陈述的书面材料，还是在事后对当事人陈述的真伪性进行调查，都离不开这种“听取”的制度设计。

二、完善自认的有关程序制度

我国的自认制度是通过最高人民法院的司法解释确立起来的，虽然一定程度上对当事人陈述制度的缺陷起到了一定的弥补作用，但其就自认的规定仍有诸多不完善的地方。

（一）把握自认本质

自认的本质，不是证据，而是免证事实的性质。从立法上将自认规定于言词辩论中，贯穿于整个民事诉讼程序之中，即自认既可存在于审前准备程序之中，也可存在于庭审的辩论程序之中。同时，将自认的事实与显著事实、推定等并列规定在通常的诉讼程序之中，具体而言，规定于证据章节的总则，即作为指导性规则对证据调查起指引作用。

（二）明确构成要件

当事人自认的构成要件中，应当进一步明确“于己不利”要素。根据《关于民事诉讼证据的若干规定》的相关规定，“于己不利”的构成要件已经入法，有利于明确免证事实的范围，提升了证明和确认事实的诉讼效率，却忽视了诉讼的公正。通常来说，当事人都是在竭尽全力地证明对自己有利的事实，对于对自己不利的陈述，如果不是真实的就必然会竭力证明该事实的虚假性，因此，当事人于己不利的事实陈述真实度较高，可以免除对方当事人的举证责任。但是，必须进一步明确“于己不利”事实要素，必须明确“国家利益”“公序良俗”“人身关系”等的例外。双方串通诈取法院判决的案例已经屡见不鲜，必须防止有人利用当事人自认的制度设计危害公共利益和他人合法权益。

（三）完善效力规定

自认的效力规定还有待完善。首先，在现行民诉法中没有关于自认的具体规定，自认本身被包含于当事人陈述之中，法院将其视为一种证据资料，对于其效力的认定具有自由裁量权。《关于民事诉讼证据的若干规定》规定一方当事人自认时，另一方当事人无须举证。但是却没有明确自认对法院的拘束力，即法院在认为必要时，仍有可能对当事人自认的事实进行审查，并判定其能否作为认定案件事实的根据，即当事人的自认对法院的拘束力不够刚性。对当事人而言，其自认对法院认定案件事实没有拘束力就意味着不能免除自认相对方的证明责任，这就完全违背了辩论主义的要求，也与自认限缩证明对象的功能相左。对自认效力片面性的规定，也反映了民事诉讼模式仍然在一定程度上受制于职权主义的樊篱。其次，尽管自认是辩论主义的第二要义，但是随着自由主义诉讼观转向社会主义诉讼观，绝对的辩论主义日趋衰微，相对的辩论主义开始兴起。与此相应地，对自认的效力也作出了一些限定性规定，自认的效力不再绝对化。《关于民事诉讼证据的若干规定》排除了自认在身份关系上的效力，但是规定并不全面，除了身份关系以外，法院依职权调查的事项、与司法认知的事实及显著事实相矛盾的事实、必要共同诉讼中一方的自认及在调解或和解中的让步，当事人的自认也不发生法律效力。

（四）完善拟制自认规定

拟制自认的规定不够完善。《关于民事诉讼证据的若干规定》第4条规定：“一方当事人对于另一方当事人主张的于己不利的事实既不承认也不否认，经审判人员说明并询问后，其仍然不明确表示肯定或者否定的，视为对该事实的承认。”显然，《关于民事诉讼证据的若干规定》关于拟制自认奉行的仍然是立法宜粗不宜细的指导方针，对于当事人在言词辩论中作“不知道，不记得”陈述和言词辩论期日缺席的情形没有规定它们的效力。对其进行完善著者认为应从以下几点出发：首先，当事人能否为不知陈述，不完全取决于是否涉及本人的行为与认识范围内的对象，还要考虑当事人在客观上是否有资讯探知的可能性。一般而言，当事人毫无困难即可接近、取得或认识的事实及资料即具备资讯探知的可能性，如医疗纠纷中，医生对其所执业的医院场所设备容易探查。其次，法官在当事人为不知陈述时，应充分行使阐明权，告知当事人是否应当进行资讯探知，以防止法官突袭性裁判。最后，对于当事人于言词辩论期日不出庭的情形，鉴于我国答辩制度与缺席判决制度尚有待完善，在现有的状况下，将当事人于言词辩论期日不出庭视为自认，在理论和实务上还有较大障碍，因此对其可暂不予以规定。

三、建立当事人陈述的约束机制

（一）增加诚实信用原则

在民事诉讼法基本原则中增加诚实信用原则，确定当事人陈述真实义务为一项法律义务而非道德责任。如此一来，在当事人陈述具备了这样一个法律性质之后，当事人在进行陈述之时便有所考虑，使得陈述的真实性提高，也方便了对当事人陈述的内容进行调查。

（二）明确法律制裁程序

具体明确当事人违反真实义务的法律制裁措施。首先，在法律中对当事人陈述不得为的行为尽量作具体规定。其次，对违反当事人真实陈述义务的处以不同的制裁措施：第一，程序性处罚，对经过宣誓仍然故意虚假陈述造成严重后果的当事人处以一定罚款；第二，侵权损害赔偿责任，因虚假陈述而侵害对方合法权益情节严重的，承担损害赔偿责任，并赋予当事人救济权；第三，刑事处罚，也是对当事人虚假陈述可能造成的严重后果所进行的最后也是最为严厉的处罚，应用于情节特别严重、后果危害性很大的情形。

（三）建立当事人宣誓程序

在我国民间常有宣誓或者发誓作为日常生活或者互相交往中保证其诚信行为的传统，因此引进国外的宣誓制度有一定的文化和传统基础，能为民族心理所接受。同时由于我国民众缺乏广泛信教的传统，所以缺乏宗教强制力以保证宣誓效果的有利条件，因此我们只能寻找别的方法。除却实践中已经有的证人宣誓书、具结书或如实陈述担保书等，还可以让当事人手持宪法宣誓，保证所讲情况为真实，对不愿口头宣誓者，则由当事人签署书面的如实陈述的保证书，当法官询问当事人的时候，应当责令当事人宣誓或者出具保证书。

（四）明确客观陈述义务

禁止当事人在不知情的情况下提出相应的主张，也就是强调主观上的真实，在当事人自己对客观情况都不了解的情况下，即使其提出了自己的主张并进行陈述，那也是没有丝毫价值的。但是，只要当事人陈述并没有违反其对客观事实的主观认识，就不应当认定其违背了真实陈述的义务。此外，把握当事人真实陈述义务的限度与处罚措施应当相适宜。从民事争议私权纠纷的性质特点和民事诉讼当事人的心理特征而言，对违反当事人真实陈述义务加以处罚，必须慎重考虑，只有对那些显而易见、损害他方利益、欺骗法庭、情节特别严重的谎言，才考虑使其承担一定的法律责任。

（五）建立真实陈述义务的保障程序机制

第一，在诉讼主体违反真实陈述义务、滥用诉讼权利、实施不正当的行为时，赋予对方当事人一定的权利来进行对抗，对方当事人因此可以表示反对或者提出不同的意见。如果一方当事人认为其他诉讼主体的诉讼行为违反了真实陈述的义务，就可以在法庭辩论程序终结之前向法院提出异议。法院对当事人的异议应当进行认真的审查。第二，赋予当事人对适用真实义务时程序上的救济权利，真实义务赋予法院对当事人诉讼行为的效力进行评价的裁量权，法院可以违反真实义务为由对当事人的诉讼行为作出否定性评价。在前述情况下，如果当事人因此遭受不利判决，应允许当事人以适用法律错误为由提出上诉或者再审。[①]

四、确立当事人陈述调查的具体准则

（一）主体

当事人陈述的主体必须是当事人，这是基本前提。对于什么是当事人我们

① 参见柯阳友、吴英旗：《民事诉讼当事人真实义务研究》，载《北京科技大学学报（社会科学版）》2005 年第 3 期。

在上文中已经做过讨论，此处不再赘述。此处需要关注的是，我们在当事人陈述的调查中，需要遵循的基本前提，就是明确陈述的主体，无论是搜集，还是在事后对陈述的真伪性进行求证，首要前提就是先确保陈述的主体，如此一来，大方向才不会出错。

（二）时间

当事人陈述的时间应当是在起诉之后庭审结束之前，在起诉前或者庭审后所作陈述不是民事诉讼意义上的当事人陈述，时间方面比较容易把握，只要不是在此规定的时间内所做的陈述，我们便将之排除在当事人陈述的范围，也就没有必要进行相应的调查。

（三）程序

当事人陈述作为证据种类的一种，其必须具备一定的程序条件，例如：第一，在首次陈述之时，以严格的方式加以记录，多次陈述要有多次的记录，以方便日后进行比对；第二，在规定的程序下进行陈述，即在一定程度上确保当事人陈述的效力，如此日后对当事人陈述进行的调查便有章可循，也使事后的求证有据可依。

（四）内容

对于当事人陈述，其内容主要是针对案件的真实情况、整体情况，陈述的内容必须是当事人主观上真实的反映，哪怕事实情况所表现出来的只是“假象”。这里强调的是，当事人需要陈述自己所看到的，所了解的真实情况，排除的是当事人对此发表的个人看法。因此，在调查当事人陈述的内容之时，凡是当事人提出的自己的看法应当一律排除，这也是尊重事实的表现。

案　例[①]

钱某欲与其丈夫陈某离婚。钱某称，她是经朋友介绍认识的陈某，两人在相识不久后就去民政局登记结婚。婚后，双方育有一子

① 案例来源：福建省安溪县人民法院（2021）闽0524民初5651号民事判决书，著者稍作改动。

一女。因为自己和陈某是草率结合，婚姻基础比较差，所以夫妻感情一般。并且随着时间推移，自己发现和陈某在思想、性格、语言、乡土人情等方面差异很大，很难沟通，无共同语言。尤其是自己任劳任怨，但陈某老是经常暴力殴打自己，陈某还经常醉酒，因此，两人经常吵闹不休，导致双方从2020年5月开始分居生活至今。庭审期间，陈某并未参加答辩。

案　解

本案中值得讨论的一点在于陈某在庭审期间并未出庭参加答辩：如果陈某拒绝参加答辩，能否构成自认？根据上文我们可以知道，自认包括对于己不利事实的承认或于己有利事实的否认，本案中钱某的陈述主要包括的是对陈某不利的事实。陈某未到庭的情况显然不能直接适用自认的规定，但能否符合拟制自认呢？《关于民事诉讼证据的若干规定》第4条确立了我国的拟制自认制度："一方当事人对另一方当事人主张的于己不利的事实既不承认也不否认，经审判人员说明并询问后，其仍然不明确表示肯定或者否定的，视为对该事实的承认。"著者认为在该条规定中仍然是要求当事人出庭参加答辩，在对另一方当事人所出示的证据保持沉默时经讯问若既不明确否认也不明确承认时才构成拟制自认。本案中陈某拒不出庭的行为只能是自愿放弃其举证、质证的权利，不能构成拟制自认。

拓展阅读

1. 戴书成：《自认成立要件的误识与回归——兼论〈新证据规定〉第3条第1款的适用》，载《太原理工大学学报（社会科学版）》2022年第2期。
2. 李雨桐、谢文哲：《我国拟制自认制度的反思与完善——基于新〈民事证据规定〉第四条的思考》，载《金陵科技学院学报（社会科学版）》2022年第1期。

3. 林瑶：《论我国非约束自认制度引发的困境及出路》，载《东南大学学报（哲学社会科学版）》2021 年第 S02 期。

复习试题

1. 简述听取当事人陈述制度。
2. 简述自认制度。
3. 论述如何对自认制度进行完善。

复习与作业要求

1. 课后复习，并完成复习试题。
2. 考核要点：自认制度构建、当事人陈述调查。
3. 辅助教学活动：案例简析。

第七章　被害人陈述的证据调查

教学目的和要求｜通过本章学习，使学生了解被害人陈述相关问题。

教学重点和难点｜证据、被害人陈述的法律地位、收集、审查与认定。

教学方法与手段｜讲授和案例分析。

第一节　被害人陈述概述

一、被害人陈述的概念

（一）被害人陈述的内涵

关于被害人陈述，学者们看法不一而足，有人认为："犯罪行为的直接受害者就其了解的案件情况，向公安司法机关所做的陈述"[①]；"作为自然人的刑事被害人就其所感知的案件事实在刑事诉讼的审前程序以及审理程序中依法向公安司法机关所做的陈述"。[②]"被害人陈述，是指被害人就其了解的与案件有关的事实及其个人意见依法向公安司法人员所作的陈述"。[③]上述对被害人陈述的定义表述虽然有差异，但实际内容则是相通的，都包含了3个方面：一是被害人陈述的主体是谁；二是被害人陈述的内容是什么；三是被害人陈述的对象是谁。

（二）被害人陈述的界定

被害人陈述，就是刑事被害人就其所感知的案件事实情况，向公安、司法机关工作人员以及办理案件的人员所作的陈述。

---

① 陈光中、徐静村主编：《刑事诉讼法学》，中国政法大学出版社2002年版，第160页。

② 欧卫安：《被害人陈述问题研究》，法律出版社2009年版，第31页。

③ 兰跃军：《刑事被害人作证制度研究》，中国人民公安大学出版社2011年版，第9页。

1. 主体

被害人陈述的主体是刑事诉讼中的被害人，即因遭受犯罪行为直接侵害而参加刑事诉讼程序的自然人。不管是检察院提起公诉的案件还是告诉才处理的案件，凡是遭受到犯罪行为的直接侵害受到了人身、自由、生命、财产等损失的人皆为被害人。

2. 内容

公安司法机关工作人员在进行被害人陈述证据调查时，被害人陈述的往往不仅仅是被害人自己所感知的案件真实情况，可能还会包含被害人对犯罪行为的控诉以及对于案件的最终处理提出的主张和请求。在这些内容当中，只有有关被害人被犯罪行为侵害的事实，例如犯罪的时间、地点、情节等才属于证据意义上的被害人陈述，才能作为证据采用或者采信。而被害人在陈述当中提出的对犯罪人的控诉或者对案件处理的主张和请求，则不属于被害人陈述的范畴。

3. 被害人陈述的对象

被害人陈述的对象应该是公安机关、司法机关的工作人员。此外，《刑事诉讼法》第 43 条第 2 款规定："辩护律师经人民检察院或者人民法院许可，并且经被害人或者其近亲属、被害人提供的证人同意，可以向他们收集与本案有关的材料。"可以看出，辩护律师也有对被害人进行调查取证的权利，也能成为被害人调查取证的对象。

二、被害人陈述的特征

（一）被害人陈述的特征

1. 内容真实性和虚假性并存

在刑事诉讼中，被害人对犯罪行为的亲历性是其他任何人难以比拟的，也是难以临摹再现的，具有很强的真实性。甚至在有的情况下，犯罪人具有的隐秘特征也能为被害人所知，这样就更加有利于查明犯罪嫌疑人、查清案件事实。但是，由于被害人对于犯罪人可能存在厌恶、憎恨等情绪，所以在对公安、司法机关进行陈述时，就有可能会夸大某些事实情节，甚至编造一些子虚乌有的情节以达到严厉惩罚犯罪人的目的，进而造成陈述的失实。

另外，由于记忆力和表达能力等主观因素的影响，被害人陈述的内容就可能会与原来案件的真实情况有所不符。同时，被害人陈述的内容真实性也受到客观因素的影响。比如案件发生时候的光线、天气、被害人的感官功能等原因，都可能影响到被害人对案件事实的真实感受，从而在陈述时提供了并不真实的证据内容。

2. 主体地位的双重性和不可替代性

作为陈述主体的被害人具有证据方法和证明主体的双重身份：既可以是案件证据的来源，作为证据方法发挥实质证人的作用；也可以是案件证据的提出者、使用者，作为证明主体发挥当事人在程序中的作用。[①]

同时基于被害人是案件亲历者这一事实，其对于犯罪行为的感知是其他任何人未曾经历的，具有唯一性和特殊性。这就决定了被害人以外的人不可能亲身感知被害人的经历，除了被害人自己谁也不能准确真实地向公安司法机关描述其遭受犯罪的具体经过。

3. 证明信息的完整性

被害人是案件事实直接或间接的感知者，他们的陈述能够使公安、司法人员迅速地从总体上甚至在细节上把握案件的全貌，是犯罪行为整个过程中最直接的见证者。在被害人与犯罪人有直接接触的案件中，被害人陈述的具体内容，通常包含了犯罪行为实施的主体、时间、地点、犯罪行为是如何实施的以及犯罪行为实施的后果。因此，是最为完整地能够从动态的角度上描述犯罪行为发生的具体过程。即使是并没有明确具体犯罪嫌疑人的案件中，被害人对犯罪结果的陈述也对案件定性与量刑有着直接影响。

（二）被害人陈述的作用

1. 有利于司法机关查获犯罪嫌疑人和查明犯罪事实

在刑事诉讼中，司法机关最为重要的两项任务就是查获犯罪嫌疑人和查找相关的证据证明案件事实。由于被害人一般与犯罪嫌疑人有过直接接触，有的对犯罪嫌疑人的体貌特征、言谈举止、甚至一些隐蔽特征都会有所了解，可向

① 参见张旭梅：《论被害人陈述》，西南政法大学 2011 年硕士学位论文。

侦查人员指认或者陈述犯罪嫌疑人的特征；有的被害人往往就是刑事案件的目击人，对犯罪人对其实施犯罪的时间、地点、工具以及手段方法等往往都有所了解，能够向案件侦查人员准确如实提供案情有关信息。因此，被害人陈述对于司法机关判断案件性质，确定侦查方向和范围，收集其他证据，揭露犯罪和证实犯罪，有着特别重要的作用。

2. 有利于核实、印证其他证据

在刑事诉讼中，被害人和犯罪嫌疑人处于对立的双方，因此有时候可能会出现双方主张的内容不一致的情形。因此，有的时候就需要多个证据相互印证，形成完整的证据链，才具有说服力，被害人陈述对于其他证据可以起到印证作用，尤其是对于犯罪嫌疑人、被告人的供述和辩解，如果与被害人陈述一致，就可以基本上确定案件事实；如果犯罪嫌疑人、被告人作虚伪供述，用查证属实的被害人陈述也可以起到对质作用，以查明真正案情事实。

3. 基于当事人地位，被害人陈述可能会引发刑事案件的启动

“对于犯罪行为隐蔽的案件，被害人陈述是引起刑事诉讼的启动器。”[①] 虽然刑事案件大多是公诉案件，由公安机关主动立案侦查，但也有相当大一部分案件是因被害人的报案被查实后而被立案侦查的。需要注意的是，被害人向公安机关报案所作的陈述并不是证据，被害人提出的控诉或者主张也不是证据，只有被害人陈述的有关案件事实情况的内容才属于证据意义上的被害人陈述。在案件被立案侦查后，侦查机关也会就此内容再询问被害人或让被害人对嫌疑人进行辨认，形成笔录，固定被害人陈述。

三、被害人陈述的法律地位

（一）被害人陈述是我国独立的法定证据种类

我国《刑事诉讼法》第50条规定：“……证据包括……（四）被害人陈述……证据必须经过查证属实，才能作为定案的根据。”根据该条款的规定，在我国的刑事诉讼立法中，并没有把被害人陈述作为证人证言的一部分看待，而是将其确立为一种独立的法定证据种类，作为我国法定的8种证据形式之一。

① 刘应江：《论刑事被害人陈述》，四川大学2005年硕士学位论文。

（二）目前作为我国独立证据种类的理由

1. 基于被害人的诉讼当事人地位

为了维护被害人的合法权益、实现公平正义，我国 1996 年修订的《刑事诉讼法》直接将公诉案件中被害人定位于当事人，赋予了被害人与以往不同的特殊的诉讼权利，与以往将其作为证人权利义务也就有了区别：如被害人作为当事人享有质证、辩论、调查和申请法院调取证据等与被告人及公诉人同等的权利，而证人则没有这些权利，且其陈述的真实性也有别于证人陈述的真实性。

2. 有利于司法人员明确认识不同言词证据的特点

公安司法机关办案人员在履行证据收集职能时必须根据一定的证据形式，这是正确分析认定证据的前提。将被害人陈述独立于其他证据种类，这样使得各类证据的特点更加易于把握，公安司法机关在收集证据时按照法定证据分类的特性，依据经验法则和法律规定对各类证据材料进行收集、审查、认定。不但能够提高诉讼的效率，还能更进一步影响到真相的查明和公正的实现程度。

3. 作证规则不同使其有必要独立

在证人出庭作证的过程，为了保证证人证言的客观真实性，防止证人的陈述受到其他外来因素的影响，证人在作证之前不旁听庭审过程，在作证之后也要及时退庭以防再次出庭作证。而被害人除了是证据的提供者，还兼具诉讼当事人的身份，有权参与法庭审理的全过程，因此，被害人的作证规则有别于证人出庭作证规则。这样看来，被害人陈述成为一种独立的证据种类也是有其必要性的。

4. 虚假陈述责任不同使其有必要独立

我国刑事诉讼法中规定，证人作证时对与案件有重要关系的情节，故意作虚假证明，意图隐匿或者陷害罪犯的，情节严重的，构成伪证罪。被害人故意捏造犯罪事实，意图包庇或者陷害他人，使得他人受到刑事追究，情节严重的，被害人应该承担相应的刑事责任。由此可得，证人和被害人作虚假陈述，在刑法上触犯的罪名不同，二者所承担的法律后果不同，因此被害人陈述需要独立出来。

5. 细致具体的分类逻辑使其有必要独立

我国刑事诉讼法对证据的分类并没有严格按照证据的种类形式将其分成物

证、书证、人证三大类，而是在此基础上进行了更加细致具体的分类，并将细化的分类与之并列，形成现在的 8 种证据分类。在物证和书证都进行了细化的基础上，对人证也进行这种细化分类，是有其内在逻辑的合理性的。在我国法律制度与法律文化已普遍接受被害人陈述作为独立证据种类的前提下，坚持被害人陈述在证据种类上之独立性，既符合分类逻辑的要求，又能利用已有的证据法学知识的传统，为证据制度乃至诉讼制度的进一步改良提供一条可以依赖的改革路径。①

案 例②

2013 年 3 月 4 日，有人报警某物流屋内发生抢劫事件。警方到达现场后，被害人黄某说：

董某来到物流屋实施盗窃行为时，正好被我发现。之后他就掐着我的脖子打我，趁我倒下时候后就逃跑了。这个时候因为天黑，屋里也没开灯，我还不知道他是谁，后来我发现这个人把手机落在了屋子里，之后我就报了警。等警察来的时候我发现董某在窗外，因为我们之前认识，也没什么矛盾，我就让他进来，然后告诉他刚刚发生了什么。他知道手机落在这里后就用电线勒我脖子然后打我，抢过手机后逃跑了，后来警察就来了。

案 解

被害人陈诉作为刑事诉讼法定证据之一，除了有帮助侦查机关查明犯罪嫌疑人和犯罪事实的作用外，还起到核实其他证据的作用。但另外要值得注意的是，被害人陈述属于言词证据，基于被害人的经历其有可能会将自己经历过的事情进行放大以达到想要惩罚犯罪嫌疑人的目的；另外由于天气、时间等客观因素的影响都可能会影响被害人的感官，使陈述出现与客观事实不相符的情

① 陈卫东主编：《模范刑事诉讼法典》，中国人民大学出版社 2005 年版，第 227 页。

② 案例来源：河北省抚宁县人民法院（2014）抚刑初字第 78 号刑事判决书，著者稍作改动。

况。本案中黄某的感知受到黑夜的影响，会有出现感知错误的可能性，因此被害人黄某的陈述也要经过审查且与其他证据相印证。

拓展阅读

1. 欧卫安：《被害人陈述问题研究》，法律出版社 2009 年版。
2. 兰跃军：《刑事被害人作证制度研究》，中国人民公安大学出版社 2011 年版。
3. 袁浩为、苗越：《"童言证据"在儿童性侵案件中的适用研究》，载《黑龙江省政法管理干部学院学报》2021 年第 5 期。

复习试题

1. 简述被害人陈述的概念。
2. 论述被害人陈述作为法定证据之一的必要性。
3. 比较证人证言与被害人陈述。

复习与作业要求

1. 课后复习，并完成复习试题。
2. 考核要点：证据特点，证据分类。
3. 辅助教学活动：案例简析。

第二节　被害人陈述的收集

一、被害人陈述的收集规则

（一）是否遵循"来源自由"①

被害人向公、检、法三机关进行控告时都应接受。无论是口头或书面的都应接受，不允许推脱不理。对于不属于自己管辖的案件应当移送到有关主管机

① 参见吴康忠：《固定收集客观性证据的思考》，载《中国刑事警察》2018 年第 4 期。

关处理，对于接受口头控告、检举的人，应制成笔录，经宣读无误后，由控告人、检举人签名或盖章。

（二）对于被害人所提出的控告

接受控告的人员应告知其根据刑事诉讼法的规定所应承担的法律责任；告知被害人根据刑事诉讼法的规定，报案和控告是其拥有的权利。鼓励被害人针对案件情况做出陈述，但必须是客观的，真实的，不得夸大与缩小，更不得捏造、伪造证据陷害他人。在此，诬告与错告是有本质区别的。

（三）是否以合法有效手段收集

从侦查人员角度来说，应该做到询问全面原则，首先让被害人陈述案件的整体经过，让其充分、客观地进行陈述。不能为了侦查案件的需要只着重对犯罪嫌疑人不利陈述的收集，而忽视客观有利于犯罪嫌疑人的细节，同时也不能受被害人主观情绪的影响，做出主观不利的预判。还需做到取证合法的原则，不能为了案件侦查的顺利进展，而采用威胁、利诱、欺骗等非法手段，让被害人按照自己的思路来歪曲案件事实，编造虚假陈述。

（四）是否遵循了分别进行规则

对刑事案件中多个被害人的陈述进行收集时需要分别进行，使被害人就自己所遭受的伤害做出客观的陈述，防止被害人之间的相互影响，过分夸大犯罪嫌疑人所犯下的罪行。对询问的地点，可以参照讯问证人地点的规定，既可以在被害人住处或单位或被害人提出的地点，也可以在司法机关所在地。这些规定在一定程度上对于保证被害人的尊严、安全，至关重要。在特殊案件中，可能因为被害人自身的名誉等原因，被害人不希望被别人知道案件的事实，或者为了保护被害人自身的安全，就需要采取保密措施。在开庭审理时，也可以兼顾被害人的情绪，采取直接宣读被害人陈述或辨认笔录的方式，而不需要被害人出庭陈述，接受交叉询问。

（五）是否遵循了征得本人同意非强制的规则

大多数被害人遭受侵害后为了尽快帮助侦查机关破案，会积极陈述案件事实。但会有部分被害人不愿意将自己所遭受的痛苦再一次展现在侦查机关面前，或者因为情绪失控，暂时无法陈述。这时侦查人员就应该以安抚被害人情绪为主，等到被害人恢复的时候再适度进行询问。同样，在需要对被害人进行检查时也要充分征得被害人本人的同意，而不能强制检查，尤其对妇女被害人，进行人身检查、鉴定更要特别慎重，严格依法进行。

（六）是否遵循了保障被害人诉讼权利充分行使的规则

虽然被害人在公诉案件中不能作为当事人来直接起诉犯罪嫌疑人，但被害人可以在公诉的同时提起附带民事诉讼或者单独提起民事诉讼，要求犯罪嫌疑人赔偿自己的物质损失和精神损失。对于一些不能提起国家公诉的轻微刑事案件，被害人可以以自诉人的身份，直接请求法院审理。同时对于侦查机关的不作为行为，被害人可以申诉，请求检察机关要求侦查机关及时立案。在收集被害人陈述时，应当保障被害人这些权利的充分行使，不得剥夺或限制。

但是，也应防止被害人滥用这些权利无理取闹，胁迫司法机关满足其不合理的要求。对被害人的要求，既要坚持依法办事，决不无原则迁就，又要耐心地引导教育搞好善后工作，防止意外事件的发生。

二、被害人陈述的收集

（一）询问主体和询问时间

《刑事诉讼法》第 43 条第 2 款规定：“辩护律师经人民检察院或者人民法院许可，并且经被害人或者其近亲属、被害人提供的证人同意，可以向他们收集与本案有关的材料。”这说明辩护律师经司法机关的许可并经被害人同意，可以向被害人收集与本案有关的材料。当然，如果被害人不同意，则这种询问无法进行。虽然修订后的《律师法》第 35 条第 2 款规定，律师自行调查取证的，凭律师执业证书和律师事务所证明，可以向有关单位或者个人调查与承办法律事务有关的情况，但毕竟律师对相关单位和个人的调查取证不具有法律上的强制作用，当被害人不同意提供相关陈述时，这种询问无法进行。

凡有被害人的案件，都应当在案发之后及时询问被害人。这是因为随着时间的推移，被害人对犯罪案件的某些情节、犯罪人的某些特征等都可能产生记忆和感知上的偏差，如果不及时询问将会产生陈述上的失实。尤其对于某些生命垂危的被害人，更应强调及时询问。

（二）确定询问的地点

《刑事诉讼法》规定询问被害人的地点有 3 个：一是被害人的所在单位；二是被害人的住处；三是公安机关、人民检察院和人民法院的办公地点。应当说，公安司法人员在上述的 3 个地点中的任何一个地点询问被害人都是可以的，但公安司法人员要考虑办案的需要，在被害人有利于提供陈述的地点进行询问，也要充分考虑被害人的自身的特点尽量选择便利被害人的地点进行询问。

（三）出示证明文件

无论在各种执法场合还是刑事案件的侦查过程中，侦查人员以公职人员的身份处理案件，都需要主动表明自己的身份，获得相对人的信任，这也是程序正义的必然要求。询问被害人也同样如此，无论询问的地点是司法机关还是被害人的家里、工作单位等，想要取得被害人的信任以及收集证据材料，必须首先表明自己的身份，以便接下来的工作能够顺利进行。

（四）告知权利、义务

询问人员在询问被害人时不仅仅在于获得案件的证据材料，还应该告知其作为被害人享有法律赋予的权利和应承担的义务。《刑事诉讼法》中对被害人相关权利义务都进行了详细规定，询问人员在进行询问时应当保证被害人知晓这些权利义务。

（五）注意发现和收集其他证据

被害人的陈述不仅是一种证据材料，而且询问人员通过对被害人所了解的案情进行询问，可以将被害人陈述和现场勘查的结果相对照，可以发现可能遗漏的重要物证。也可以收集属于被害人主观层面的证据，如被害人陈述的证明力，被害人与犯罪嫌疑人之间的关系，犯罪地点、犯罪时间、光线等情况，同时也有助于侦查人员对案件发生原因以及寻找犯罪发生地、犯罪工具等做出判断。

（六）个别询问

根据《刑事诉讼法》的规定，询问被害人应当个别进行。即对于同一案件中的数个被害人，应当是一个被害人接着一个被害人地依次进行询问，不能将两名以上被害人同时通知到场，在同一时间同一场所内进行询问，更不能以“座谈会”的方式来询问被害人。以免证人证言受到外界干扰和影响，以此保证证人陈述的可靠性。同时，个别询问很多时候也有利于保护相关被害人的隐私。

（七）制作询问笔录

在询问被害人之后，应当及时将被害人所陈述的内容制成笔录。在制作笔录的过程中应该遵循全面、客观的原则，凡是被害人陈述的案件客观事实都应该记载到笔录之中。询问笔录制作完成后要交给被害人核对，对于没有阅读能力的，应当向他宣读，允许补充和改正。在被害人认为没有错误时，应让他签名或盖章。如果被害人要求自行书写陈述的，应当准许。必要时，办案人员也可要求其亲笔书写陈述。根据案件中的需要和实际情况，也可以辅以录音、录像以便更好地固定和保全被害人陈述。

案 例①

袁某与前妻于2012年4月5日结婚，婚后育有一女。双方因家庭矛盾及感情不和，于2020年9月22日协议离婚，女儿归袁某抚养。后袁某多次向前妻及其家人请求复婚，但均遭到拒绝，于是对其产生仇恨心理，并给前妻多次发送恐吓、威胁的极端信息。2021年2月9日凌晨，袁某来到前妻家，用携带的水果刀将大门撬开后闯入卧室用菜刀准备杀害前妻，在砍伤前妻后被其家人发现而逃窜。

其前妻后来称：他（袁某）不知道怎么进了我的卧室，还把门反锁了。我听到动静突然惊醒就开灯查看情况，突然看见他在我房间里，因为他之前给我发过很多威胁消息，我很害怕，就大声喊救命。

① 案例来源：广东省河源市中级人民法院（2021）粤16刑终219号刑事判决书，著者稍作改动。

他就冲上来拿菜刀往我头上、身上砍，我伸手挡但是挡不住，受伤出了很多血。还好我弟弟来了，用脚把房门踢开，他就挥着菜刀逃跑了。我弟弟他们就把我送去医院了。

案　解

对被害人陈述进行采集时需要注意方式方法，因为被害人一般经历过案件后会有恐惧心理，或者不愿将自己的痛苦记忆展露出来，因此侦查人员在询问时需要注意方式方法。本案中被害人经历了死里逃生的时刻，身体和心理都承受了很大的伤害，因此侦查人员在询问过程中需要注意，尽量在不伤害被害人的情况下让其讲述案件经过。

根据法律规定，询问被害人的地点包括被害人的所在单位、被害人的住处以及公安机关、人民检察院和人民法院的办公地点，但同时也应考虑到被害人的情况，在被害人有利于提供陈述的地点进行询问。本案中被害人受到了身体伤害且情况严重，案件又亟待解决，因此应当在保证被害人及时就医的情况下尽快向其询问案件详细情况以抓获犯罪嫌疑人，所以本案如果被害人存在伤重需要住院的情况在医院进行询问也未尝不可。

拓展阅读

1. 刘启刚、李学成：《刑事案件被害人询问对策的实证研究——以我国中部某地区为分析样本》，载《中国人民公安大学学报（社会科学版）》2018年第1期。
2. 戴紫君：《国外未成年被害人询问方法比较研究及其启示》，载《中国青年社会科学》2022年第2期。
3. 赵珊珊：《被害人陈述法庭质证程序反思——以完善对质制度为视角的分析》，载《中国政法大学学报》2017年第4期。

复习试题

1. 简述“合法有效”收集被害人陈述的重要性。

2. 简述“保障被害人权利充分行使”的作用。

3. 简述被害人陈述的收集规则。

复习与作业要求

1. 课后复习，并完成复习试题。

2. 考核要点：证据特点，证据分类。

3. 辅助教学活动：案例简析。

第三节　被害人陈述的审查与认定

一、对刑事被害人陈述的审查判断

（一）审查被害人陈述的来源

首先要查明被害人陈述的内容是直接感知的，还是由他人告知的，或是自己想象、推测的。如是直接感知的，当时的环境为何；如是他人告知的，应问清时间、地点、告知人，并尽力向直接了解案件情况的人调查、核实；如是被害人的推测，可要其说明推测的根据，以供分析研究时参考。被害人的猜测性、评论性、推断性的陈述，不得作为证据使用，但根据一般生活经验判断符合事实的除外。对于被害人受犯罪行为侵害时直接感知的陈述，也要具体了解，仔细分析被害人受犯罪行为侵害时的环境、条件、他的精神状态等，以便弄清它们对被害人陈述的影响，正确判断其陈述的真实程度。

（二）分析被害人陈述的内容是否合情合理

犯罪事件的发生、发展是有着内在逻辑规律的，被害人所陈述的犯罪情况应当是该事件符合规律的反映，如果陈述内容不合情理或前后矛盾，就应进一步询问或采取其他方法进行核实。如果查明被害人陈述的内容纯系主观想象或无端推测，甚至是有意捏造，并无客观依据，那么这种证据即便与案件事实貌似具有关联性，也不得加以采纳。在确定被害人陈述同案件事实的关联性时，应当把案件事实的发生、发展的过程和结果，同被害人陈述的犯罪过程和结果相对照，以确定二者的内在联系。在确定这种关联性时，既不能生拉硬扯，又不能牵强附会，一定要找出其内在的必然的关联，揭开其事实真相。

（三）审查被害人的精神状态与品格

审查被害人的精神状态是否正常，有助于判断被害人陈述的可靠性。在审查幼年被害人陈述时，应当查清幼年被害人陈述的内容是否与被害人的感知事物的能力，记忆、陈述表达的能力相称，以便从中发现幼年被害人有无因受威吓、利诱、胁迫而作虚假陈述的情况。发现上述问题，应有针对性地做好幼年被害人的教育工作，使其在无干扰的条件下如实陈述。

品格如何也会影响被害人陈述的可靠性，但不能简单地认为被害人的人品有问题，其陈述就是假的，而应根据案件中的有关证据进行分析判断。发现其陈述自相矛盾或不合情理的时候，应当仔细询问，查清问题，排除矛盾。

（四）审查被害人与犯罪嫌疑人、被告人的关系

一般而言，如果被害人与犯罪嫌疑人素不相识或关系正常，则提供虚假陈述的可能性较小；如果被害人与犯罪嫌疑人有冤仇，则可能作虚假的陈述，既可能夸大犯罪事实，还可能捏造犯罪事实，以加重其罪责。因此公安司法机关应当理清被害人与犯罪嫌疑人的关系，以判断被害人陈述是否受到影响，鉴别其真伪。

（五）综合全案证据审查被害人陈述与其他证据有无矛盾

在审查判断被害人陈述时，应当将被害人陈述与其他证据结合起来进行分析判断，看被害人陈述与其他证据是否相印证。如果发现被害人陈述与其他证据存在矛盾，那么应当分析矛盾产生的原因，以便分析研究作出取舍判断或进一步收集证据，排除矛盾，从而对被害人陈述作出肯定或否定的评断。在将被害人陈述与其他证据结合起来审查判断时，应正视矛盾，揭露矛盾，而不能回避矛盾和掩盖矛盾。如果被害人陈述与其他证据之间存在矛盾，那么就说明有关证据中有不确实的成分，还需要进一步地调查核实。

二、被害人陈述证据的认定

值得思考的是，我国刑事诉讼法规定对证人证言必须经过法庭质证，没有对被害人陈述如何质证，是否需要出庭，审判人员、辩护人、被告人是否有权要求被害人出庭等问题做出明确的规定，只在相关法律当中规定被害人陈述证据的审查和认定适用证人证言的相关规定。因此，在审判实践中对被害人陈述进行认定时，一般也都是适用有关证人证言的规定。

由于被害人与被告人有着直接的利害关系，审判实践中被害人的陈述通常难辨真伪，一般情况下，被害人的陈述笔录相对于被告人的供述和辩解，更容易被法庭采信。因此，对被害人陈述的审查是否应当有具体要求，对被害人是否应当出庭接受质证，被告人、辩护人是否有权申请被害人出庭，法官有无权力要求被害人出庭接受质证，在立法上是应该予以具体明确的。

案 例[①]

2016年12月3日晚，周庄村村民齐某在路上单独行走时遇到刘某某，刘某某伸手拽齐某的衣服，并用言语威胁齐某，后将齐某手中拿的OPPO手机抢走，后被齐某丈夫拦住并将该手机追回。经襄城县价格认证中心认定，被抢手机价值1580元。经法医精神病司法鉴定：刘某某为完全刑事责任能力。

被害人齐某陈述：在案发当天下午天黑时，自己在路上散步的时候遇到一迎面骑电动车男子驶过自己后将三轮车停下，并从后边向自己跑过来。自己赶紧向西跑，并大声叫喊。该男子赶上自己后以用手拽住肩膀、言语威胁的手段将自己手机夺走。自己丈夫杨某从东边过来截住三轮车司机将手机要回，三轮车司机趁机跳上三轮车向东驶去，后自己丈夫往村里打电话将三轮车司机截住。

刘某某辩称，其与被害人存在暧昧关系，并没有抢被害人的手

---

① 案例来源：河南省许昌市中级人民法院（2018）豫10刑终134号刑事判决书，著者稍作改动。

机。其被抓当天在接受公安讯问时受到了刑讯逼供，身上有伤痕，是被电警棍所伤。

案 解

被害人陈述与其他证据一样都需要进行审查，包括对被害人陈述内容、来源的审查以及对被害人本身精神状态、品格以及与犯罪嫌疑人之间的关系的审查。本案中被害人在夜晚独自一人行走时遇袭，可能会受到惊吓，因此侦查人员在收集被害人陈述时应当注意到被害人可能会因为心理惊吓出现多次陈述细节前后不一致的情况，应对被害人陈述中的细节进行仔细甄别；同时本案犯罪嫌疑人辩称自己与被害人之间有暧昧关系，这也是在询问被害人时侦查人员需要理清的一点，如果确有此事，被害人可能会在陈述时对部分事实进行隐瞒。

拓展阅读

1. 郑蕾：《性侵儿童案件被害人陈述的审查判断》，载《中国检察官》2021 年第 6 期。
2. 郭欣阳：《从刑事错案看言词证据的审查判断》，载《中国检察官》2016 年第 11 期。
3. 王继福、赵浩：《运用证伪思维审查被害人陈述》，载《石家庄铁道大学学报（社会科学版）》2012 年第 3 期。

复习试题

1. 被害人品格能否影响其陈述的效力认定？

2. 审查被害人与犯罪嫌疑人、被告人的关系时应当从哪几个方面考虑？

3. 你认为我国对被害人陈述的部分规定适用证人证言的规定是否合理？为什么？

复习与作业要求

1. 课后复习，并完成复习试题。

2. 考核要点：被害人陈述的收集规则、审查与认定。

3. 辅助教学活动：案例简析。

第八章　口供的证据调查

教学目的和要求｜通过本章学习，使学生了解犯罪嫌疑人、被告人供述和辩解。

教学重点和难点｜口供的特点、非法证据排除研究、虚假供述相关问题。

教学方法与手段｜讲授和案例分析。

在刑事案件中，犯罪嫌疑人、被告人针对案件事实向司法机关做出的供述和辩解，俗称为“口供”。为了行文的方便，文中在同等意义上使用“犯罪嫌疑人、被告人的供述和辩解”和“口供”。

第一节　口供概述

一、口供的法律界定

口供，是刑事被告人、犯罪嫌疑人供述和辩解的俗称，即刑事被告人、犯罪嫌疑人就有关案件情况，向侦查人员、检察人员和审判人员所作的陈述，[①]包括刑事被告人、犯罪嫌疑人承认自己罪行的陈述或对自己的犯罪嫌疑进行辩解、主张自己无罪或罪轻的陈述。

从表现形式来看，口供具有口头和书面两种形式。书面形式即被告人、犯罪嫌疑人亲笔书写的书面供词，我国《刑事诉讼法》第122条规定：“……必要的时候，侦查人员也可以要犯罪嫌疑人亲笔书写供词。”此法条为被告人、犯罪嫌疑人供述和辩解的书面形式提供了法律依据，虽然在实务中书面供词的价值常常被轻视，但并不影响亲笔供词作为口供表现形式的重要价值，书面形式相比于口头形式在证明力方面更具有稳定性，收集亲笔供词能有效地遏制翻

① 参见樊崇义：《证据法学》，中国人民公安大学出版社2003年版，第108页。

供现象产生，另外，普通法系也将书面形式作为供述形式之一，如布莱恩词典就将供述解释为“犯罪嫌疑人对犯罪的口头或者书面承认，通常包括犯罪的细节，是刑事案件中被控方对被指控罪名的主要事实或部分必要构成的承认。”[①]

二、口供的特性

（一）直接性

口供是犯罪嫌疑人、被告人对案件情况的陈述，其作为亲身经历案件的当事人，最了解案件情况，其所作的供述是无须结合其他证据的推理就可以反映案件情况的，它与书证、物证等需要结合其他证据才能证明犯罪的主要事实不同，口供具有直接的证明力，它可以单独地证明案件的主要事实，即口供是直接证据。

（二）自愿性

除非法刑讯逼供的情况外，口供一般是在被告人、犯罪嫌疑人在意志自由的情况下做出的。这里所说的供述自愿性和英美法系以及我国台湾地区的自白“任意性”含义相同，只是自白包括的内容更广，不仅包含了对罪行的承认，也包括对实施部分行为的承认。这里所说的“自愿性”，并不是指社会心理学意义上的“自由自愿”，而是一种对强迫取证行为的否定。[②]

在侦查过程中，有的侦查人员为了尽快侦查破案，往往会采取刑讯逼供、威胁、引诱、欺骗等非法方法进行讯问，造成犯罪嫌疑人违背自由意志认罪。对此，我国2010年颁布了《关于办理刑事案件排除非法证据若干问题的规定》，2012年正式将非法证据排除制度纳入新修订的刑事诉讼法中，将采用非法方法获取的证据排除，使其不具有证据能力以作为收集证据不合法的程序性制裁，从而确保讯问活动中犯罪嫌疑人供述的自愿性。

（三）复杂性

口供具有复杂性，这主要是由于口供内容同时兼备真伪两种性质。被告人、犯罪嫌疑人所作的供述与辩解有的是真实反映案件情况的，包括犯罪嫌疑人作案的动机、目的、工具、方法等，而有的则因为其趋利避害或者保护真正的罪

① Black’s Law Dictionary,9th edition.

② 参见陈瑞华：《论被告人口供规则》，载《法学杂志》2012年第6期。

犯等动机与事实不符合。因而需要慎重对待口供的真伪，刑事诉讼法明确了不能轻信口供、仅凭口供不能定案的立场。

三、口供的内容

（一）承认

承认是指在刑事诉讼过程中被告人、犯罪嫌疑人在确凿证据面前承认有罪，交代包括犯罪具体过程、情节在内的全部事实。承认需要与自首、坦白进行区分：自首根据《刑法》第 67 条的规定是指犯罪以后自动投案，如实供述自己的罪行的行为；坦白通常是指罪行已被公安司法机关发现，并对其进行传讯或采取强制措施之后，犯罪嫌疑人、被告人如实对其犯罪行为的供述。[①] 由此可以看出，自首与坦白属于犯罪嫌疑人、被告人的“主动”交代，承认则是犯罪嫌疑人、被告人在证据面前无可逃避的“被动”交代。

（二）辩解

辩解即被告人、犯罪嫌疑人否认犯罪或者虽然承认实施了犯罪行为，但又申辩自己具有依法不应该追究刑事责任及从轻、减轻、免除处罚等情节[②]，包括否认、反驳、申辩、翻供、解释等内容。犯罪嫌疑人、被告人的辩解在司法实践中往往与其供述相互交融，对自己行为进行一定程度上的辩解属于人之常情，但也提醒了审判人员在证据审查过程中应当对辩解进行清晰的判断：被告人对行为性质的辩解属于正当辩解，无论是被告人主张无罪还是将此罪辩为彼罪都是受自身价值观、认识能力等因素限制对行为性质作出的价值判断，但法官通过审查证据凭借专业素养能够准确地裁判。然而翻供等不正当辩解是被告人歪曲事实，本质是一种狡辩。[③]

（三）攀供

关于攀供的概念学术界存有争议，一种观点认为攀供包含两种情况：一是

① 参见卫跃宁：《口供制度研究》，中国政法大学 2005 年博士学位论文，第 10 页。

② 参见樊崇义：《证据法学》，中国人民公安大学出版社 2003 年版，第 183 页。

③ 参见刘环宇：《被告人辩解对自首制度中“如实供述”的影响》，载《江西警察学院学报》2018 年第 5 期。

初查对象、犯罪嫌疑人、被告人检举、揭发的犯罪行为自己也参与其中，与被检举、揭发的人是共同犯罪；二是初查对象、犯罪嫌疑人、被告人检举、揭发的犯罪行为本人并未参与而只是知道，所以其陈述的只是别人的犯罪行为。[①]另一种观点则认为攀供是在共同犯罪案件中，共同被告人交代与检举本案中其他被告人的犯罪事实的陈述。[②]《刑法》第68条规定："犯罪分子有揭发他人犯罪行为，查证属实的，或者提供重要线索，从而得以侦破其他案件等立功表现的，可以从轻或者减轻处罚；有重大立功表现的，可以减轻或者免除处罚。"由此可见。检举揭发自己并未参与的他人犯罪行为属于立功行为，因而笔者认同第二种观点，即攀供是对本案中其他犯罪人的犯罪行为进行检举、揭发的陈述。

案 例[③]

2021年5月26日，丽江市公安局古城分局民警在丽江市古城区"彭厨"餐厅抓获犯罪嫌疑人张某，在其停放在该餐厅南侧烟草路边的车内查获疑似"卡苦"的毒品，并在其身上及住处查获贩毒赃款；同日，民警在丽江市古城区"汇宇电脑科技公司"门前人行道上抓获犯罪嫌疑人洪某，在其右侧裤包内查获疑似"卡苦"的毒品和贩毒赃款。

根据张某的供述，证实其从2019年12月至2021年5月，前后5次驾驶车辆到盈江大尚腊约家中购买鸦片。前3次将鸦片放在车辆后备厢运回丽江，后两次藏在备胎内运回丽江，将鸦片熬煮加入车前草丝加工成"卡苦"，前两次自己吸食，从2020年9月第三次购买后开始贩卖鸦片和"卡苦"，答应表弟洪某的提议以洪某找买家后从张某处拿毒品卖，洪某挣差价的方式合作卖毒品，但洪某并不参与出资及购买毒品事宜。除此之外还卖"卡苦"给杨某2十多二十次，卖给杨某2的堂弟两次，均是电话联系后当面付现金交易；

① 参见高权、宋惠玲：《论口供的概念》，载《大庆师范学院学报》2006年第1期。
② 参见杨开湘：《攀供问题新探》，载《现代法学》1993年第2期。
③ 案例来源：云南省丽江市中级人民法院（2021）云07刑初30号刑事判决书，著者稍作改动。

卖给住出租房三楼的永胜男子 2 市斤鸦片价值 2 万元。通过卖毒品共获利 4 万余元。

根据洪某的供述与辩解，证实自己被公安民警抓获时从其裤包内查获的毒品卡苦是张某的妻子看到张某被抓后出于害怕转交洪某保管的。洪某承认从 2019 年 11 月开始吸食“卡苦”，还会吸食“小马”，表示所抽“卡苦”都是表哥张某赠予，只有一次是向张某购买，也曾帮张某免费送“卡苦”给杨姓男子，但否认自己贩卖毒品或者为他人提供毒品。

案 解

犯罪嫌疑人的供述与辩解就是我们常说的口供，其直接性的特点能够使办理案件的侦查人员直接清晰地了解案件的整个过程和细节，但同时其又具有复杂性，因为犯罪嫌疑人总是存在趋利避害的倾向，往往会在口供中避重就轻，试图减免自己的罪过。本案中洪某与张某被查获带有毒品且存在毒品交易行为，二人的供述可以使我们直观地了解毒品交易的过程，但是二人在口供中关于洪某是否参与毒品交易一事存在出入，因此侦查人员在对此点进行判断时还需要结合其他证据进行审查，并结合其他证据进行多次讯问。

拓展阅读

1. 赵桂芬:《犯罪嫌疑人拒供态度改变的结构化引导方法研究》，载《公安学研究》2021 年第 5 期。
2. 郭建成：《试论犯罪嫌疑人供述心理障碍及讯问对策》，载《武汉公安干部学院学报》2020 年第 1 期。
3. 刘启刚：《基于犯罪嫌疑人供述的证据收集》，载《中国刑警学院学报》2017 年第 6 期。

复习试题

1. 简述犯罪嫌疑人、被告人供述与辩解的概念。

2. 论述口供的特点。

3. 简述犯罪嫌疑人、被告人供述与辩解的作用。

复习与作业要求

1. 课后复习，并完成复习试题。

2. 考核要点：口供的特点，犯罪嫌疑人、被告人供述与辩解的重要性。

3. 辅助教学活动：案例简析。

第二节　当前口供取证面临的困境

一、以非法方法讯问屡禁不止的原因

在讯问犯罪嫌疑人时采用不法手段的现象屡禁不止。我国立法虽然明文禁止以非法方法获取犯罪嫌疑人供述，但此现象仍然存在，且在当前法律更加强调和关注讯问合法的环境下，非法讯问转入地下，隐藏得更深、更难以发现。根据实践调查，自新刑事诉讼法实施以来，非法讯问的现象明显减少，但未能得到根治。究其原因是多方面的，但主要有以下两点：

其一，有罪推定观念还未被肃清，部分侦查人员素质仍未全面提升。有的侦查人员仍然会先入为主地做出犯罪嫌疑人差不多就是罪犯的判定，侧面说明“无罪推定”“未经审判不得定罪”的观念还未在我国司法领域内深扎，因为有罪推定地先入为主，侦查人员便认为犯罪嫌疑人是罪犯，所以没有资格被赋予人权。诚然这与我国几千年的封建专制文化有一定联系，是历史遗留问题，但可见近年来诸如佘祥林等案件的曝光对于侦查人员观念的触动尚且有限，侦查人员主观臆断、有罪推定的观念还未被肃清。

其二，高科技手段引入侦查有效提升了实物证据取证的水平，但口供作为“证据之王”的不当观念仍未能全面根除。口供具有直接性，相比于其他证据，

它又有不可比拟的优势，因而侦查人员认为一旦在侦查中获取到口供，案件的侦查工作将会找到突破口，特别是对于一些实物证据或线索较少，甚至没有的案件中这种优势性表现得更甚，正是因为口供独一无二的“魅力”吸引着侦查人员不惜代价地获取口供，非法讯问才得到了培植的土壤。

二、程序法治对非法讯问的制度控制

非法证据排除制度首次出现于 1998 年最高人民法院《关于适用〈中华人民共和国刑事诉讼法〉的解释》，该解释第 61 条（现第 125 条）规定了凡经查证确实属于采用刑讯逼供或者威胁、引诱、欺骗等非法的方法取得的证人证言、被害人陈述、被告人供述，不能作为定案的根据；2010 年最高人民法院、最高人民检察院、公安部、国家安全部、司法部又联合颁布了《关于办理刑事案件排除非法证据若干问题的规定》，对非法证据排除规则进行了更为具体的规定；2012 年修改刑事诉讼法正式将非法证据排除规则写入刑事诉讼法，此次修改极大地推动了我国刑事司法领域贯彻正当程序理念和保障犯罪嫌疑人、被告人基本诉讼权利的进步。

（一）不得强迫自证其罪原则

审判人员、检察人员、侦查人员必须依照法定程序，收集能够证实犯罪嫌疑人、被告人有罪或者无罪、犯罪情节轻重的各种证据。严禁刑讯逼供和以威胁、引诱、欺骗以及其他非法方法收集证据，不得强迫任何人证实自己有罪。

不得强迫自证其罪一般包含 3 个方面的含义：一是被告人没有义务为追诉方向法庭提出任何可能使自己陷入不利境地的陈述，追诉方不得采取任何非人道或有损被告人人格尊严的方法强迫其就某一案件事实作出供述或提供证据。二是被告人有权拒绝回答追诉官员或法官的讯问，有权在讯问中保持沉默。司法警察、检察官或法官应及时告知犯罪嫌疑人、被告人享有此权利，法官不得因被告人的沉默而使其处于不利的境地或作出对其不利的裁判。三是犯罪嫌疑人、被告人有权就案件事实作出有利或不利于自己的陈述，但必须出于真实自愿，并在意识到行为后果的情况下作出，法院不得把非出于自愿而是迫于外部强制或压力而作出的陈述作为定案根据。[①]

作为现代法治国家的一项刑事法律基本原则和诉讼当事人的一种基本权利，不得强迫任何人自证其罪原则的价值偏向能够遏制诉讼过程中公权力为了获取证据对犯罪嫌疑人人格的侵犯。面对强大的公权力，犯罪嫌疑人本身的诉讼地位是弱小不利的，如果再不禁止自证其罪，那么诉讼将对犯罪嫌疑人极为不利，也就难以确保诉讼的公平与正义。因而赋予犯罪嫌疑人“不得强迫证实自己有罪”的特权能极大地改善犯罪嫌疑人在诉讼中的地位，增加其与公权力地位对等的砝码，避免双方力量悬殊，确保诉讼平衡。

（二）非法证据排除制度

我国从法律层面规定了非法证据排除制度。第一，明确了非法证据排除的两种情况：一是采集口供时采取了非法的手段，二是收集物证、书证可能影响公正但又无法补正或做出合理解释；并说明了非法证据的适用期间贯穿整个诉讼过程，同时也是对侦查、检察、审判机关均有对非法证据进行排除义务的明确。

第二，明确了人民检察院对非法收集证据的监督职责，是其法律监督职能的具体化。

第三，明确了审判阶段非法证据排除制度的两种启动方式：一是由法院依据自身职权启动，二是当事人一方及其辩护人、诉讼代理人进行申请启动。另外，规定了当事人一方可只提供相关线索而非证据，如此规定的合理性在于当事人在诉讼中本来地位弱小，又处于强制措施的不利境况，要求其自己收集证据不符合现实。

第四，对证明不存在非法取证的情况设置了“举证责任倒置”的举证责任。著者认为这样做起到了对诉讼公权限制和监督的作用，同时也明显具有平衡诉讼地位、保护犯罪嫌疑人的功能。检察机关为了不承担败诉的风险，必定会对侦查机关移送起诉的证据进行更加严格的审查，从而确保了公诉机关能落实非法证据的排查机能。同时，要求侦查人员出庭说明情况也能更好地还原讯问当时的情景，方便法官了解讯问的情况。

① 参见宋英辉、吴宏耀：《任何人不受强迫自证其罪原则及其程序保障》，载《中国法学》1999年第2期。

第五，明确了非法证据排除制度的证明标准，需要说明“不能排除”指的是对于物证和书证进行审查时不能排除非法取证的情况，实质上必须同时满足第 54 条规定的 3 个条件，刑事诉讼法在此做了严格的限定：一是收集的方法不符合法定程序，二是可能严重影响司法公正，应当予以补正或者作出合理解释，三是不能补正或者作出合理解释。

三、非法证据排除规则的反思

非法证据排除制度实施至今在实践过程中有一系列问题需要反思，其最主要的问题是非法证据排除的范围不明确。《刑事诉讼法》第 56 条列举非法方法时并未穷尽，而是用了“等”字兜底，实践中存在各种各样的情况，认定什么样的方法是非法方法是适用非法证据排除制度的前提。最高人民法院《关于适用〈中华人民共和国刑事诉讼法〉的解释》中认为“采用殴打、违法使用戒具等暴力方法或者变相肉刑的恶劣手段，使被告人遭受难以忍受的痛苦而违背意愿”应当认定为“刑讯逼供等非法方法”；对“可能严重影响司法公正”的认定应当综合考虑收集物证、书证违反法定程序以及所造成后果的严重程度等情况。

其他非法方法必须满足肉体上或精神上遭遇剧烈的痛苦。有学者认为该条解释实际上将“刑讯逼供等方法”解释为“难以忍受的痛苦”而不得不违背真实意愿做出供述，而不仅仅是一般意义上的非法讯问，这就大大限制了排除非法证据的范围。[①] 还有学者调研后提出“实务人员则普遍认为，司法解释虽然将排除范围扩大了，但其解释比较抽象，在实践中很难把握”。[②] 著者认为不难看出即使最高院对此做出了解释，但对该解释的理解存在广泛的争议，还不能解决实践中对非法方法的认定问题，关于非法证据排除的范围规定需要再继续完善。

① 参见孙长永、王彪：《审判阶段非法证据排除问题实证考察》，载《现代法学》2014 年第 1 期。

② 参见陈光中、郭志媛：《非法证据排除规则实施若干问题研究——以实证调查为视角》，载《法学杂志》2014 年第 9 期。

案例[①]

2015 年 12 月 4 日上午，赵某至派出所报案称自己丢失一辆电动助力摩托车，之后，时任琼湖派出所副所长的贾某根据“线人”提供的线索怀疑赵某的摩托车被盗是张某所为。

2015 年 12 月 7 日，贾某组织辅警孟某和许某、李某将张某带至琼湖派出所值班室接受调查，并从张某的摩托车后备厢和座位箱内搜出面罩、小撬棍、扳子等盗窃作案工具。贾某回到琼湖派出所值班室对张某 1 进行询问，张某承认了盗窃助力车的事实。因怀疑张某还参与了其他盗窃，贾某和黄某把张某带到值班室，将张某的双手反铐在木椅子椅背上，采用毛巾捂脸并往张某脸上倒水的方式试图让张某承认。由于张某挣扎，贾某便找了两根皮带将张某的腿绑在椅子上，张某仍挣扎，导致张某和椅子一起摔倒。后来几人发现张某脸色不对，就把束缚张某的皮带、胶带、手铐解开，将情况报告琼湖派出所教导员汪某，并拨打了 120 急救电话。约十分钟后，急救中心的医生到达现场，医生检查后告知张某已经死亡。

案　解

刑讯逼供在侦查中心主义之下积弊已久，是我国刑事诉讼改革所关注的重点问题，此问题产生的原因主要就是侦查人员对口供的迷信。本案中派出所副所长贾某因怀疑张某还有其他违法犯罪行为，为了获得其口供，与辅警对张某所实施的一系列行为明显违背了法律规定。刑讯逼供行为产生的原因主要是与口供能够为案件的快速侦破提供线索与证据有关，这一作用既是犯罪嫌疑人供述与辩解的优点，也是其潜在的缺点。我国现阶段虽然规定了非法证据排除制度，但其作为事后制度有其弊端，就是无法防止像本案一样的情况，因此完善、推行证人沉默权制度是十分有必要的。

① 案例来源：湖南省益阳市中级人民法院（2017）湘 09 刑初 7 号刑事判决书，著者稍作改动。

拓展阅读

1. 郑曦：《侦查讯问程序研究》，北京大学出版社 2015 年版。
2. 尚旭哲:《侦查学视角下非法口供排除研究》,载《河北公安警察职业学院学报》2022 年第 1 期。
3. 董坤:《规范语境下口供补强规则的解释图景》,载《法学家》2022 年第 1 期。
4. 李芳旗、王晓玲：《特殊“口供”的司法判断》，载《人民检察》2021 年第 23 期。

复习试题

1. 简述我国对非法证据排除的规定。
2. 我国为抑制刑讯逼供都做了哪些制度设计?
3. 谈谈你对非法证据排除的看法。

复习与作业要求

1. 课后复习，并完成复习试题。
2. 考核要点：非法证据排除的法律规定与问题。
3. 辅助教学活动：案例简析。

第三节　虚假供述及其治理

虚假供述即与事实不符的供述，既包括犯罪嫌疑人对自己未实施的犯罪行为进行承认，也包括虽实施了罪行但其供述与实施行为不同的内容。它的产生有着极其复杂的形成机理，其治理也需要多管齐下：

一、讯问时律师在场权

1. 犯罪嫌疑人享有被告知的权利

即在侦查讯问中，犯罪嫌疑人享有被侦查人员告知其有权获取律师帮助的权利。犯罪嫌疑人的年纪、社会阅历和知识构成各不一样，其自身的复杂性决定犯罪嫌疑人可能并不了解自己在侦查阶段所享有的权利，为了避免犯罪嫌疑人因为不知晓自己所享有权利而不能行使被讯问时律师在场权利的情况发生，侦查人员必须按照法律规定告知犯罪嫌疑人其所享有的权利。

最高人民法院《关于适用〈中华人民共和国刑事诉讼法〉的解释》第95条规定，讯问笔录有下列瑕疵，经补正或者作出合理解释的，可以采用；不能补正或者作出合理解释的，不得作为定案的根据：（一）讯问笔录填写的讯问时间、讯问地点、讯问人、记录人、法定代理人等有误或者存在矛盾的；（二）讯问人没有签名的；（三）首次讯问笔录没有记录告知被讯问人相关权利和法律规定的。可以看出公安机关首次讯问犯罪嫌疑人应当告知被讯问人相关权利和法律规定即相关诉讼权利，如果没有告知相关诉讼权利，应当作出补正或者作出合理解释，如果不能补正或者作出合理解释的，犯罪嫌疑人的供述将被排除，但从我国刑事诉讼法在规定告知权时，用的是"第一次讯问时"，并未规定"第一次讯问前"，那么可以推论在第一次讯问即将结束时或者当犯罪嫌疑人在讯问笔录上签完字再告诉犯罪嫌疑人权利也是可以的。因而，在规定告知犯罪嫌疑人权利时，必须更明确规定告知程序具体该如何进行以及违反的程序性后果。

2. 讯问时律师在场权

讯问时面对警方强大公权和讯问技巧带来的紧张感、焦虑感，律师的出场无疑将增加犯罪嫌疑人与公权对抗的力量，缓解犯罪嫌疑人的心理压力，并且可以对整个讯问过程进行监督，防止刑讯逼供。从理论上讲，拥有这项权利意味着：律师能够在侦查现场为犯罪嫌疑人提供法律帮助；律师有权阅读侦查机关所制作的讯问笔录并签字，并有权对侦查机关讯问过程中出现的违法情形提出异议。同时，辩护律师未在场所取得的言词证据，或者辩护律师未签字的言词证据为非法证据，不得作为定案根据。

侦查讯问时律师在场的意义在于：律师在场可以及时为当事人提供法律帮助；及时对讯问时发生的逼供、诱供、骗供行为提出异议，保障犯罪嫌疑人人身权利，遏制非法取证；增加办案过程的透明度，增强执法公信力；解决目前刑事侦查过分依赖口供的问题，促使办案机关转变办案理念，提高办案水平。

以防范冤假错案为出发点,应该建议在我国部分地区试行侦查讯问时律师在场,进一步防止刑讯逼供、诱供、骗供。

二、对讯问进行录音录像

美国的司法实践表明运用讯问录像解决虚伪供述的问题并不像初看时那么理想。涉及虚假供述的调查也表明拍摄的角度也会对陪审团产生影响，如果相机对准犯罪嫌疑人,相比于对准讯问人员,那么陪审团更可能认为供述是自愿的。录像程序并不固然地引起偏见，但正是它实施的方式蕴含着导致不公的可能。原则上，被录像的讯问更能确保发现事实的精确率。其意义在于：

第一,能有效遏制翻供现象。对讯问进行录音录像比起书面记录更能以清晰、明确的方式固定证据，即使犯罪嫌疑人或被告人出现翻供的情况，检察院或者法院也可以随时查看录音录像再现讯问的情景。

第二，能提高口供的有效性。由于录音录像可以记录下讯问的全部过程和全部内容，那么检察院和法院在审查口供时，所看到的将会是一个完整的证据载体，从犯罪嫌疑人的语气和神态等都可以做出对其供述最真实的理解，而非是只能审查讯问笔录这一项单独的证据；由于对讯问过程进行了全程录像，那么警方也不可能肆意运用讯问笔录，即使犯罪嫌疑人在笔录上签字，也可以通过讯问的录音录像进行审查。

第三，能提高讯问的效率。一方面，录音录像相比于传统的人工记录具有极强的同步性，能克服因为人工记录带来的不方便；另一方面，对翻供的遏制也是讯问效率提高的体现。

我国刑事诉讼法规定侦查人员在讯问犯罪嫌疑人的时候，可以对讯问过程进行录音或者录像;对于可能判处无期徒刑、死刑的案件或者其他重大犯罪案件,应当对讯问过程进行录音或者录像。录音或者录像应当全程进行,保持完整性。公安部2014年开始实施《公安机关讯问犯罪嫌疑人录音录像工作规定》，但只涉及部分案件：重大要案以及犯罪本身或犯罪嫌疑人具有特定特征的案件，[①] 未实现刑事案件全部录像，著者认为对讯问录音的成本较高，而且需要耗费大量人力，因而对全部类型的刑事案件讯问录音录像是不现实的。

我国实践中对讯问录音录像主要存在不够规范的问题，结合英美国家的录音录像制度和我国当前存在的具体问题，建议在对讯问内容录音录像时应该做到以下几点：

1. 录音录像程序公开化。录音录像作为口供的载体，本身只有达到公开透明的标准时，才能让犯罪嫌疑人或其律师对此明晰，从而确保其真实性。

2. 录音录像必须完整。有的录音录像会被侦查人员别有用心地剪辑，常常删掉了供述的重要细节，对于讯问之前的权利告知，讯问的开始、结束、中途休息的细节必须全部记录，不能漏记或者停顿。

3. 统一录音录像的技术规格。在调研中发现，各地对录音录像的技术规格要求不一，有的地方要求讯问的录音录像必须同时反映讯问人员和被讯问的犯罪嫌疑人的情况，即带“画中画”的；有的地方则没有这么严格的要求，只要

---

① 《公安机关讯问犯罪嫌疑人录音录像工作规定》第 4 条第 1 款：对下列重大犯罪案件，应当对讯问过程进行录音录像：

（一）可能判处无期徒刑、死刑的案件；

（二）致人重伤、死亡的严重危害公共安全犯罪、严重侵犯公民人身权利犯罪案件；

（三）黑社会性质组织犯罪案件，包括组织、领导黑社会性质组织，入境发展黑社会组织，包庇、纵容黑社会性质组织等犯罪案件；

（四）严重毒品犯罪案件，包括走私、贩卖、运输、制造毒品，非法持有毒品数量大的，包庇走私、贩卖、运输、制造毒品的犯罪分子情节严重的，走私、非法买卖制毒物品数量大的犯罪案件；

（五）其他故意犯罪案件，可能判处十年以上有期徒刑的。

第 6 条：对具有下列情形之一的案件，应当对讯问过程进行录音录像：

（一）犯罪嫌疑人是盲、聋、哑人，未成年人或者尚未完全丧失辨认或者控制自己行为能力的精神病人，以及不通晓当地通用的语言文字的；

（二）犯罪嫌疑人反侦查能力较强或者供述不稳定，翻供可能性较大的；

（三）犯罪嫌疑人作无罪辩解和辩护人可能作无罪辩护的；

（四）犯罪嫌疑人、被害人、证人对案件事实、证据存在较大分歧的；

（五）共同犯罪中难以区分犯罪嫌疑人相关责任的；

（六）引发信访、舆论炒作风险较大的；

（七）社会影响重大、舆论关注度高的；

（八）其他重大、疑难、复杂情形。

有被讯问的犯罪嫌疑人的画面即可；有的地方要求必须显示被讯问的犯罪嫌疑人的正面图像；有的则无此要求；有的地方录像设备架设得比较高，只能从上面拍到被讯问人的前额。为了使讯问录音录像能够发挥应有的作用，应当借鉴英国《1984 年警察与刑事证据法（PACE）守则 F：讯问犯罪嫌疑人录音录像守则》2.2 的规定，“摄像机应当设置在讯问室，以确保录像尽可能全面地反映讯问室内的讯问情况。”制定相应的细则，比如规定“讯问时录制的图像应当反映犯罪嫌疑人、侦查人员、翻译人员及其他在场人员和询问场景等情况。犯罪嫌疑人应当在图像中全程反映，并显示与讯问同步的时间数码”。[①]

三、控制讯问的时间长度

长时间的讯问会导致犯罪嫌疑人产生压力、疲劳和无助感，即使具有一般行为能力的犯罪嫌疑人都会感觉长时间的压抑讯问是一种精神折磨。在这种环境下，犯罪嫌疑人只想讯问早点结束，为此他们选择供述，但他们并未认识以后撤回供述的难度。讯问者应该考虑犯罪嫌疑人精神和身体的条件，并且错误证据的展示以及降低犯罪的严重性等强制策略也会导致虚假供述。

四、改进对脆弱性人群的认定

犯罪嫌疑人在案件中具有各种各样的个体性，很多公平正义得不到履行的案件，往往没有对心理较为脆弱的人群进行认定，例如较严重的智力障碍，心理健康问题或心理疾病以及易受暗示和易服从的人格特征，这些因素都是理解犯罪嫌疑人供述的基本问题。这就要求我们改进精神脆弱性的认定，加强犯罪嫌疑人被拘留讯问时的保护，比如。扩大讯问精神病专家、律师以及其他适当成年人的在场权利。

① 李玉华：《我国侦查讯问录音录像实施中的十大问题》，载《中国人民公安大学学报（社会科学版）》2014 年第 3 期。

案例[①]

1998年2月15日，赵作亮到公安机关报案，称其叔父赵振晌于1997年10月30日离家后已失踪4个多月，怀疑被同村的赵作海杀害，公安机关立即开启相关调查。村民告诉警方，赵作海4个月前与失踪者赵振晌发生过争执，两个打了一架，动了刀子，事后赵作海还扬言要进行报复。

1999年5月8日，赵楼村在挖井时发现一具高度腐烂的无头、膝关节以下缺失的无名尸体，公安机关遂把赵作海作为重大嫌疑人，并将其于5月9日刑拘。1999年5月10日至6月18日，赵作海做了9次有罪供述。

赵作海入狱将近10年后，赵振晌回到村里，原来赵作海是被冤枉的，那具无头尸体也不是赵振晌的。后来赵作海称，自己在警局受到刑讯逼供，派出所的人每天对赵作海进行一顿毒打，逼他交代“作案真相”。同时，看守所将赵作海的妻子也关押起来。赵作海的妻子每天都会遭到和丈夫一样的毒打。所以才有了自己的“犯罪供述”。

案解

本案为赵作海案，是比较知名的冤假错案之一，此案之所以成为冤假错案主要就在于侦办此案件的公安机关在没有确定证据之下对赵作海动用暴力手段，甚至用他的家人进行威胁，进而迫使赵作海作出了虚假供述，这类供述便是上述所讲到的“压力内化型”。同样，为了减少虚假供述的出现，我们提出了几点建议，在当下最需要去推进和实现的莫过于律师在场权。由于犯罪嫌疑人学历、法律水平、心理抗压程度等的不同，其在面对侦查人员时会有一定程度的心理压力，同时由于大多数人并不了解侦查程序，此时如果没有律师在场

① 案例来源：百度百科，https：//baike.baidu.com/item/ 赵作海 /1431649？ fr=aladdin，最后访问日期：2022年2月11日，著者稍作改动。

就容易给侦查人员利用其他手段获得供述留有机会，对于侦查阶段来讲犯罪嫌疑人仅是存有嫌疑，因此利用合法手段查明事实、获得供述很有必要，所以律师便是讯问阶段最好的监督者，律师在场也是减少虚假供述的有效手段。

拓展阅读

1. 赵雪莲：《脆弱性视角下未成年人虚假供述的生成机制与阻断路径》，载《中国人民公安大学学报（社会科学版）》2021 年第 2 期。
2. 赵家卫、井晓龙：《论犯罪嫌疑人的虚假供述及识别》，载《警学研究》2019 年第 3 期。
3. 孟婕：《论虚假供述的诱发及遏制——以美国 Reid 讯问法为研究视角》，载《证据科学》2018 年第 6 期。

复习试题

1. 对虚假供述进行概念界定。
2. 选取一个感兴趣的国家介绍其防止虚假供述的制度设计。
3. 谈谈你认为除上述措施外还有何种方法防止虚假供述问题。

复习与作业要求

1. 课后复习，并完成复习试题。
2. 考核要点：证据特点，证据分类。
3. 辅助教学活动：案例简析。

第九章　鉴定意见的证据调查

教学目的和要求｜通过本章学习，使学生了解鉴定意见、鉴定人及鉴定程序。

教学重点和难点｜鉴定意见、鉴定意见的法律规范、鉴定意见的调查研究。

教学方法与手段｜讲授和案例分析。

第一节　鉴定意见调查概述

一、鉴定意见调查的概念界定

（一）司法鉴定的法律界定

1. 司法鉴定概念的学理界定

司法鉴定，是指在争议解决过程中，鉴定人运用科学技术或者专门知识对争议解决中涉及的专门性问题进行鉴别和判断并提供鉴定意见的活动。[①] 这是广义上的司法鉴定界定，其外延包括诉讼、仲裁、调解、和解等多种争议解决过程中对专门性问题进行的鉴别与判断。而狭义论持论者主张，司法鉴定的范围应限制在诉讼活动，只有在诉讼过程中进行的鉴定活动才可以称作司法鉴定。

2. 司法鉴定概念的法律界定

相关立法采取了狭义上的司法鉴定概念界定，全国人大常委会《关于司法鉴定管理问题的决定》第1条规定："司法鉴定是指在诉讼活动中鉴定人运用科学技术或者专门知识对诉讼涉及的专门性问题进行鉴别和判断并提供鉴定意见的活动。"可见该决定持学理上狭义论的观点，即司法鉴定是在诉讼过程中进行的鉴定，不包括其他准司法程序。

---

① 参见汪建成：《司法鉴定基础理论研究》，载《法学家》2009年第4期。

（二）司法鉴定意见的证据属性解析

鉴定意见，是指鉴定人利用科学技术、专门知识、职业经验和职业技能对诉讼中的专门问题进行鉴别和判断后提出的结论性意见，是鉴定人个人的意见表达，[①]是法定证据种类的一种。其本质是鉴定人对案件中专门问题进行证据调查后得出的结论性意见，它是对客观事实的直接反映，也是建立于鉴定人对鉴定资料的观察、检验基础上进行科学解释和判断的活动。[②]根据我国三大诉讼法的法律规定，鉴定意见为法定证据之一，但鉴定意见并非当然享有证据效力，其证据能力和证明力都需经过严格的审查判断才能确定。

作为一种重要的证据表现形式，鉴定意见要成为诉讼活动中的证据，必须符合一般证据的内在属性，即证据的客观性、关联性和合法性标准，但是鉴定意见自身独特的性质决定了它区别于其他证据形式的特点，具体表现为以下几点：

第一，鉴定意见是科学内容与法律形式的统一。司法鉴定解决的是诉讼过程中的专门性问题，可以说鉴定本身就是科学性的活动，具体体现在进行司法鉴定时依据的科学理论和认识理论，采用的科学方法、技术，以及使用的科学仪器、设备等，质言之鉴定人最终出具的对某种事实的意见都是以科学原理、自然规律为根据的。同时，鉴定意见还需要符合法律性的要件。鉴定的提请、委托、受理、实施等程序，鉴定主体的选任，鉴定资料的收集以及鉴定意见的形式和实质上的审查判断都必须符合相应的法律规范。[③]可以说，科学性和法律性是鉴定意见最为本质的特征。

第二，鉴定意见是主观判断和客观条件的统一。鉴定意见是鉴定人对专门性问题的判断性意见，它是主观对客观能动地甚至是对原证据事实某种突破性反映。[④]鉴定人进行鉴定活动时，所依据的科学理论和专业知识有所不同，个人经验和认识更是差异明显，这就必然会造成结论上的主观性。鉴定意见在诉讼

① 参见霍宪丹主编：《司法鉴定学》，中国政法大学出版社 2010 年版，第 4 页。

② 参见阮建华：《刑事鉴定意见问题研究》，中国青年政治学院 2014 年硕士毕业论文。

③ 参见李杰：《司法鉴定意见质证制度研究——以刑事诉讼为视角》，内蒙古大学 2015 年硕士毕业论文。

④ 参见朱兰：《诉讼与鉴定》，成都科技大学出版社 1998 年版，第 49 页。

活动中的适用同样受到诉讼参与人员主观判断的影响。鉴定意见虽为主观性判断，但是它所根据的鉴定资料的情况是客观的，鉴定所利用的仪器设备和运用的科学技术原理与方法也都是客观的，所以说鉴定意见兼有主观性和客观性的特征，司法工作人员想要达到对鉴定意见证据科学合理的认证就必须坚持主观性和客观性的统一。

第三，鉴定意见是结论的确定性与或然性并存。鉴定意见的证据作用就是鉴定人对案件中的专门性问题独立地提出一份判断性意见，以补充事实裁判者在特定争议事项上认识能力的不足。在实践中，确定性的结论多是指“肯定”或“否定”、“是”或“不是”等必然性的结论。但不确定性鉴定意见是客观存在的，一方面是受到各种主客观的限制，如鉴定人的主观性和中立性，鉴定资料的变异性、虚假性、局部性，采用的技术方法、仪器设备的不同等因素的影响；另一方面则是从科学研究的实际情况分析，很难要求鉴定人对复杂的科学问题给出绝对确定性的结论，这是不现实的，这种时候鉴定人只能根据相关依据出具倾向性的结论，而这也是法律允许的鉴定结论。

二、鉴定意见适用的历史探源

现代诉讼活动中，司法鉴定在实现司法公正方面的作用越来越重要，鉴定意见已经成为不可或缺的法定证据形式。纵观人类历史发展进程，真正意义上的司法鉴定出现是近二三百年的事情，但鉴定介入诉讼活动当中用于查明事实真相并证明案件事实的历史却可以追溯到很久之前。在人类司法实践的历史进程中，证明方法出现了两次转变，即以“神证”为主到以“人证”为主转变和以“人证”为主到以“物证”为主的转变。① 司法证明制度也发生了由神示证据制度到法定证据制度继而到自由心证制度的改变。②

（一）大陆法系鉴定意见适用的历史考察

据古希腊的文献记载，早在古希腊时期就已经存在为了解决争议案件事实而运用医学或其他科学知识进行尸体检验的实践活动，但司法鉴定真正发挥功

---

① 参见刘红、纪宗宜、姚澜：《司法鉴定证据研究》，法律出版社 2012 年版，“前言”第 2 页。

② 参见张弘：《论证据裁判原则》，中国政法大学 2006 年博士学位论文。

能还是在古罗马时代。[①] 公元前 44 年古罗马时期著名医师安提斯底对遇刺身亡的凯撒大帝进行的尸体检验被视为诉讼上最早使用法医师的例证。公元 6 世纪东罗马帝国的《查士丁尼法典》中就可以发现许多类似鉴定的规定。1532 年，德国颁布的《加洛林法典》则是首次在法典中使用“鉴定”一词，全部条文中涉及“鉴定”的就多达 40 多条。[②] 从 16 世纪至 19 世纪，司法鉴定中的法医鉴定领域研究有突出的发展，并先后出现了一批法医系研究的先驱者。20 世纪以来，鉴定意见已经成为案件调查中重要的证据，许多国家建立起专门的鉴定机构和实验室，鉴定意见在证据调查领域内的潜力不断被挖掘，作用也日益增强。

（二）英美法系鉴定意见的适用：专家证言

英美法系国家的鉴定人属于证人的一种，其鉴定意见可以称为专家证言。专家证人制度最早起源于 14 世纪的英国，当时作为“鉴定人”的专家是以法官助手的身份出现于诉讼审理当中的，涉及的领域也主要是医学方面的问题。[③]16 世纪，随着英国审判制度由职权纠问式主义逐渐转变为当事人主义以及意见证据规则的确立，专家证言成为意见证据的例外。[④]18 世纪，意见证据才和普通证人的事实证据区别开来，专家证人开始发挥证据方法的作用。大约在 19 世纪末，英国形成了专家证人制度。[⑤]

殖民时期的美国已经具备了专家证人制度的雏形，它主要是继承了英国的专家证人传统。美国的笔迹鉴定在司法实践中有着较早的应用，18 世纪的美国法庭就认定证明笔记真伪的鉴定具有证据容许性，当时并不要求提供者有专门的知识，但实质上却起到了专家证言的作用。到了 19 世纪中期，法官在判断笔记真伪的案件中，才转而求之于有能力比对笔迹真伪的专家。

---

① 参见何家弘：《司法证明方式和证据规则的历史沿革——对西方证据法的再认识》，载《外国法译评》1999 年第 4 期。

② 参见高一飞、王金建：《专家证据运用的程序公正标准——欧洲人权法院的立场及与各国的比较》，载《河北法学》2017 年第 12 期。

③ 参见叶靖：《我国司法鉴定体制的完善路径——以域外比较为分析视域》，载《郑州航空工业管理学院学报（社会科学版）》2019 年第 2 期。

④ 参见郭金霞：《鉴定结论适用中的问题与对策研究》，中国政法大学出版社 2009 年版，第 35 页。

⑤ 参见赵明辉：《论鉴定结论在刑事诉讼中的证据功能》，黑龙江大学 2007 年硕士学位论文。

英美法系专家证人制度是英美法系当事人主义对抗制诉讼模式的缩影。[①]英美法系国家将鉴定意见列入证人证言的范畴，表面上与证人并无区别，实质上却适用不同的证据规则，存在许多不同。

（三）我国鉴定意见适用的历史探源

在我国，诉讼实践中存在鉴定活动的历史可以追溯到周朝，当时便有了勘伤验创的实践。到了秦朝，据《秦简·封诊式》中记载案例来看，有关勘验鉴定的制度已经初具规模。[②]唐朝时，法律中开始出现关于勘验鉴定责任的规定，据《唐律疏议》记载，实践中开始不断重视勘验鉴定结论的作用。宋朝则是我国历史上勘验鉴定法律，尤其是法医鉴定快速发展的时期，世界上现存最早的一部系统的法医著作——《洗冤集录》即成书于宋代。清朝，勘验鉴定范围有所扩展，领域向枪痕、笔迹等延伸。晚清时代，清政府颁布的《各级审判庭试办章程》将鉴定作为法律术语也被国人认同。中华人民共和国成立后，最早出现“鉴定”的规范性文件是最高人民法院办公厅《关于证物技术鉴定使用问题的函》，立法影响很大，而鉴定作为完整意义的法律概念源于1979年《刑法》和《刑事诉讼法》的规定，[③]并于2015年全国人大常委会《关于司法鉴定管理问题的决定》中明确司法鉴定内涵。

案 例[④]

2019年9月2日0时43分许，被害人徐某因醉酒倒卧于人行横道内，适逢被告人杨某棋驾驶凯迪拉克SUV由北向南驶来。因杨越棋未及时发现醉卧于人行横道的徐某，致车辆底部与被害人徐某接触并将徐某拖带数米，致徐某开放性颅脑损伤、硬膜破损。经北京市公安局公安交通管理局朝阳交通支队认定，杨某棋未按操作规范安全驾驶机动车的违法行为是事故发生的原因，杨某棋对事故

① 参见郑昱：《论英美法系专家证人制度对我国的借鉴》，载《海峡法学》2011年第2期。
② 参见何家弘：《证据调查方法探源（续）》，载《中央检察官管理学院学报》1997年第2期。
③ 参见刘红、纪宗宜、姚澜：《司法鉴定证据研究》，法律出版社2012年版，第4页。
④ 案例来源：北京朝阳区人民法院（2020）京0105刑初639号刑事判决书，著者稍作改动。

负主要责任。最终，被告人杨某棋犯交通肇事罪，判处有期徒刑 9 个月。

在本案的证据材料中，鉴定意见发挥了重要作用：

1. 北京中正司法鉴定所司法鉴定意见书证明：鉴定支持 ××× 号“凯迪拉克”牌小型普通客车车辆底盘上附着的人体组织为徐某所留。

2. 人体损伤程度鉴定意见书证明：被鉴定人徐某“外伤致开放性颅脑损伤，病历记载存在昏迷、头痛、恶心、呕吐、双侧瞳孔不等大、右侧瞳孔对光反射消失等脑受压症状和体征，手术发现硬膜破损”，参照《人体损伤程度鉴定标准》之规定，其所受损伤构成重伤二级。

3. 北京龙晟交通事故司法鉴定所鉴定意见书证明：××× 号小型普通客车的制动系、转向系、照明、信号装置和其他电气设备工作状况正常。

4. 法大法庭科学技术鉴定研究所司法鉴定意见书证明：对鉴定材料《交通事故现场图》、《现场图补充说明》、现场照片进行检验，该车在现场路面未留下制动印迹；对现场监控录像进行检验，小型普通客车进入画面即与行人发生接触。鉴定意见为：

（1）小型普通客车（×××）前边缘至后边缘通过参照线时的行驶速度高于 46.1 千米 / 小时，低于 66.9 千米 / 小时。

（2）小型普通客车（×××）与行人接触前的行驶速度无法确定。

案 解

鉴定意见的本质不仅仅是对客观事实的直接反映，更是建立于鉴定人对鉴定资料的观察、检验基础上进行的科学解释和判断的活动。在本案中，北京中正司法鉴定所司法鉴定意见书证明了被告人所驾车辆确实与被害人存在接触；人体损伤程度鉴定意见书证实了被害人的伤情，进而影响到案情判断以及民事赔偿数额；北京龙晟交通事故司法鉴定所鉴定意见书证明了事故发生并非由于车辆故障等意外情况造成，被告人未按操作规范安全驾驶机动车的违法行为是事故发生的原因；法大法庭科学技术鉴定研究所司法鉴定意见书进一步还原了事故发生时的现场情况，进而帮助法官作出了合理的判决。此案例足以体现鉴定意见对最终的认定案件事实以及定罪量刑起到举足轻重的作用，进一步提高了鉴定意见在刑事诉讼中的地位。

拓展阅读

1. 刘红、纪宗宜、姚澜：《司法鉴定证据研究》，法律出版社 2012 年版。
2. 郭金霞：《鉴定结论适用中的问题与对策研究》，中国政法大学出版社 2009 年版。
3. 霍宪丹主编：《司法鉴定学》，中国政法大学出版社 2010 年版。

复习试题

1. 试阐述鉴定意见的特征。
2. 试阐述我国法律就鉴定意见的设置有何特点。
3. 试辨析英美法系与大陆法系就鉴定意见适用的异同。

复习与作业要求

1. 课后复习，并完成复习试题。
2. 考核要点：鉴定意见概念，鉴定意见特点，鉴定意见历史探源。
3. 辅助教学活动：案例简析。

第二节 有关鉴定意见调查的法律规范

一、基本法有关鉴定意见调查的法律规范

（一）《刑事诉讼法》对鉴定意见调查的规定

2018 年 10 月 26 日，第十三届全国人民代表大会常务委员会第六次会议通过了《关于修改〈中华人民共和国刑事诉讼法〉的决定》第三次修正，该法于公布之日起施行。该刑事诉讼法强调了程序公正兼顾实体公正的诉讼观念下鉴定意见同样需要经过质证才能被采纳作为定案的证据，有利于打破以往鉴定结论绝对权威、决定性结论的状态，体现出了诉讼价值理念层面的变化，从而为鉴定质证程序的完善提供了逻辑前提。①

2018 年《刑事诉讼法》第 64 条第 2 款规定："证人、鉴定人、被害人认为因在诉讼中作证，本人或者其近亲属的人身安全面临危险的，可以向人民法院、人民检察院、公安机关请求予以保护。"鉴定人人身安全保护制度的完善为其履行出庭作证义务提供了制度性保障。第 108 条明确将鉴定人归入诉讼参与人行列，为鉴定人员参与刑事诉讼铺平道路。第 147 条至第 149 条规定了鉴定人作故意虚假鉴定应当承担相应的法律责任，控辩双方可以就鉴定意见提出补充鉴定或者重新鉴定的申请以及对犯罪嫌疑人作精神病鉴定的期间不计入办案期限等内容。第 192 条规定了证人应当出庭的情形，同时辅之以必要情形下"鉴定人拒不出庭作证的，鉴定意见不得作为定案的根据"的程序性制裁规定，在法律上不再准许鉴定人可以不出庭而只是宣读鉴定意见的做法，更加符合传闻证据原则和直接审理的原则。第 194 条规定审判长认为发问的内容与案件无关时，应制止对鉴定人发问，一定程度上保护了鉴定人权利。第 197 条规定了控辩双方可以申请法庭通知有专门知识的人出庭，就鉴定人作出的鉴定意见提出意见的规定。当事人可以聘请诉讼所涉专业事项领域内具有专门知识的人对鉴

① 王志刚、徐静村：《再论司法鉴定统一立法——兼评新刑诉法中鉴定制度的变化》，载《中国司法鉴定》2014 年第 6 期。

定意见进行审查判断，从而更好地完成对鉴定意见的质证工作。[①]

（二）《民事诉讼法》对鉴定意见调查的规定

《民事诉讼法》根据2021年12月24日第十三届全国人大常委会第三十二次会议《关于修改〈中华人民共和国民事诉讼法〉的决定》进行了第四次修正，2022年1月1日实施生效。为解决实务中的问题，从全局角度出发，《民事诉讼法》中的鉴定规定作了积极的改革。第79条规定了鉴定人的申请，此规定的积极意义就在于以允许当事人申请鉴定的方式淡化了法院在鉴定启动权方面的绝对控制权。第81条规定了鉴定人在有异议、有必要的情形下必须出庭，要求证据只有经过质证后才能作为裁判的依据，使《刑事诉讼法》与《民事诉讼法》共同强调的鉴定人出庭作证制度得到了统一的规范。第82条规定："当事人可以申请人民法院通知有专门知识的人出庭，就鉴定人作出的鉴定意见或者专业问题提出意见"，再次肯定了专家辅助人制度，通过实现出庭鉴定人的受质权，来保证案件得以公正裁决。[②]

（三）《行政诉讼法》对鉴定意见调查的规定

全国人大1989年4月发布的《行政诉讼法》于1990年10月1日起施行，根据2014年11月1日《全国人民代表大会常务委员会关于修改〈中华人民共和国行政诉讼法〉的决定》进行修正，并于2017年进行了第二次修正。该法第5章证据部分对行政诉讼当中的证据调查进行了规定。第34条、第35条规定了在诉讼过程中，被告对作出的行政行为负有举证责任以及在诉讼过程中，被告及其诉讼代理人不得自行向原告、第三人和证人收集证据。第39条、第40条规定，人民法院有权要求当事人提供或补充证据，但调取的证据不得为被告作出行政行为时未收集的证据。

① 张凌燕、刘妍君：《专家辅助人的执业定位与诉讼规则》，载《中国人民公安大学学报（社会科学版）》2020年第4期。

② 李学军、朱梦妮：《新诉讼法规制下的鉴定制度评析》，载《中国司法鉴定》2012年第6期。

二、法规规章有关鉴定意见调查的法律规范

（一）《司法鉴定程序通则》对鉴定意见调查的规定

《司法鉴定程序通则》根据2015年12月24日司法部部务会议修订通过，自2016年5月1日起施行。作为针对司法鉴定程序的专项法律，该法着重规制以下四方面：司法鉴定的委托与受理、司法鉴定的实施、司法鉴定意见书的出具以及司法鉴定人出庭作证的程序。

针对司法鉴定的委托与受理，第12条对鉴定材料需要满足的要求进行规定，第14~17条分别就司法鉴定受理的范围、不得受理的事项以及不予受理的后续程序操作予以规定。

针对司法鉴定的实施，第18条、第19条规定了司法鉴定实施主体的相关要求，第20条、第21条就司法鉴定人回避程序予以规定。第23~27条分别就鉴定过程中应遵循的标准以及在鉴定过程中可以采取的鉴定措施予以规定，保证了司法鉴定的公正性以及对被鉴定人的隐私安全。第29~31条就终止鉴定、补充鉴定、重新鉴定予以规定。第34条、第35条则对多次鉴定以及鉴定复核的条件作出规定。

（二）全国人民代表大会常务委员会《关于司法鉴定管理问题的决定》对鉴定意见调查的规定

全国人民代表大会常务委员会《关于司法鉴定管理问题的决定》已于2005年2月28日第十届全国人民代表大会常务委员会第十四次会议通过，2015年4月24日决定第二次修订，自公布之日起施行。该规定第1条明确了司法鉴定的概念，将三大诉讼法中的鉴定一词改为司法鉴定，突出表明其专指诉讼活动中对案件的某些专门性问题进行鉴别和判断的活动。鉴定的基本定性就是诉讼活动中的证据调查活动，而鉴定意见就是证据调查结果。①

本决定详细规定了个人、法人或者其他组织从事司法鉴定业务的资格、条件和业务范围等。该规定第7条明确规定了能够设立鉴定机构的主体限定于侦查机关，这有利于充分利用鉴定机构掌握的人员和资源，保障诉讼活动的进行。

---

① 参见房保国、陈宏钧主编：《鉴定意见研究》，中国政法大学出版社2012年版，第2页。

同时又规定人民法院及司法行政部门不得设立鉴定机构，从而保证了鉴定机构与鉴定人员从事鉴定业务的独立性。第10条规定："司法鉴定实行鉴定人负责制度。鉴定人应当独立进行鉴定，对鉴定意见负责并在鉴定书上签名或者盖章。多人参加的鉴定，对鉴定意见有不同意见的，应当注明。"鉴定意见作为法定证据种类之一，实质上是一种个人意见，实行鉴定人负责制度和鉴定人独立进行鉴定两项原则，才能切实保障鉴定意见的客观性和公正性。第11条规定："在诉讼中，当事人对鉴定意见有异议的，经人民法院依法通知，鉴定人应当出庭作证。"这表明鉴定人出庭作证是非常重要的一项诉讼程序制度，鉴定人在法庭上对所作出的鉴定意见，从科学依据、鉴定步骤、鉴定方法等方面进行解释和说明，并在法庭上当面回答质询和提问，通过参与公开质证程序保障审判的公正和权威。

全国已有20多个省市相继制定了地方司法鉴定管理条例。这些条例普遍是在全国人民代表大会常务委员会《关于司法鉴定管理问题的决定》和部门规章的基础上，结合地方司法行政管理的特点，对健全管理体制、加强政府保障、严格执业责任、强化监督管理等方面进行了探索创新，有力推动了当地司法鉴定工作改革发展，为司法鉴定管理立法的完善提供了有益经验，不断提升了司法鉴定质量和公信力，保障了诉讼活动顺利进行，促进司法公正。[①]

（三）《司法鉴定人登记管理办法》与《司法鉴定机构登记管理办法》对鉴定意见调查的规定

为配合《关于司法鉴定管理问题的决定》的正式实施，司法部作为司法鉴定的主管部门，经国务院批准，于2005年9月29日颁布了《司法鉴定人登记管理办法》与《司法鉴定机构登记管理办法》。鉴于鉴定意见在诉讼证据体系中具有的重要作用以及司法鉴定工作的性质特点，《司法鉴定人登记管理办法》将鉴定人权利与义务单设一章，明确了除公民基本的权利义务外，司法鉴定人还应当依据职业的特点，积极履行参与诉讼的义务。《司法鉴定机构登记管理办法》则主要就鉴定机构设立的门槛、进行司法鉴定活动依循的原则、登记相

① 参见陈邦达、包建明：《完善司法鉴定程序，推进鉴定体制改革——〈司法鉴定程序通则〉评析》，载《中国司法鉴定》2016年第6期。

关程序、监督管理及法律责任等作出规定，以维护良好的司法鉴定秩序，进而保障诉讼活动的顺利进行，保证司法公正的实现。[①]

（四）《人民检察院刑事诉讼规则》对鉴定意见调查的规定

《人民检察院刑事诉讼规则》于 2019 年 12 月 2 日由最高人民检察院第十三届检察委员会第二十八次会议通过，自 2019 年 12 月 30 日起施行。该规则第五章证据部分囊括了公诉案件中被告人有罪的举证责任、证据的审查认定标准、鉴定意见可作为证据使用的情形以及非法证据排除情形等规定。鉴定一节明确了人民检察院享有司法鉴定启动权、资格以及虚假鉴定、补充鉴定、重新鉴定等具体规定。第 334 条明确了检察院对鉴定意见有疑问时应遵循的步骤，第 404 条明确了当事人或辩护人对鉴定意见持异议时的后续操作。

（五）最高人民法院《关于民事诉讼证据的若干规定》对鉴定意见调查的规定

最高人民法院《关于民事诉讼证据的若干规定》于 2019 年 10 月 14 日由最高人民法院审判委员会第 1777 次会议通过，自 2020 年 5 月 1 日起施行。该规定第 30 条规定了人民法院以职权委托鉴定的情形，第 31 条规定了公民申请鉴定的程序以及违反鉴定程序应承担的后果。第 32 条规定了鉴定人、鉴定事项、鉴定范围、鉴定目的和鉴定期限的确定。第 33~37 条分别明确了鉴定书中虚假鉴定的责任归属、鉴定材料的质证、鉴定书提交期限、鉴定书内容以及鉴定书内容的解释、说明和补充。第 39~42 条分别明确了鉴定费用、重新鉴定的情形、反驳一方意见而提出的鉴定申请的情形以及鉴定意见撤销后费用退还问题。第 81 条就鉴定人拒不出庭的相关程序、费用退还问题予以明确。第 84 条对有专门知识的人参与法庭活动范围予以限制，不得参与对鉴定意见质证或者就专业问题发表意见之外的法庭审理活动。第 98 条明确了对于鉴定人的人身权益保护。

（六）《公安机关办理刑事案件程序规定》对鉴定意见调查的规定

修订后的《公安机关办理刑事案件程序规定》于 2020 年 7 月 4 日第 3 次部务会议审议通过，自 2020 年 9 月 1 日起施行。第 5 章主要规定公安机关必须依

① 杜心全：《基于司法鉴定中连环鉴定相关问题的思考》，载《中国司法鉴定》2013 年第 2 期。

照法定程序收集各种证据，非法收集的证据应当予以排除，第 75 条、第 76 条分别规定了对鉴定人员的人身保护制度和信息保护制度，以及强调公安机关在将案件移送审查起诉时，应当将采取保护措施的相关情况一并移交给人民检察院。第 8 章第 8 节规定了有关鉴定的相关内容。公安机关为了查明案情，解决案件中某些专门性问题，应当指派、聘请有专门知识的人进行鉴定，禁止暗示或者强迫鉴定人作出某种鉴定意见，侦查人员应当对鉴定意见进行审查。对经审查作为证据使用的鉴定意见，公安机关应当及时告知犯罪嫌疑人、被害人或者其法定代理人。第 254 条、第 255 条分别规定了补充鉴定和重新鉴定的具体情况。第 256 条明确了鉴定人出庭条件和做虚假鉴定的责任承担。

（七）《关于办理死刑案件审查判断证据若干问题的规定》（以下简称《办理死刑案件证据规定》）对鉴定意见调查的规定

《办理死刑案件证据规定》分为 3 个部分，共 41 条。第一部分主要规定了证据裁判原则、程序法定原则、证据质证原则及死刑案件的证明对象、证明标准等内容。第二部分规定了证据的分类审查与认定。第三部分主要规定了对证据的综合认证，包括如何运用间接证据定案，如何补正和调查核实存疑证据以及如何严格把握死刑案件的量刑证据等。该规定第 23 条明确对鉴定意见进行质证可以主要围绕回避、资质、程序、检材、形式等方面着重进行审查，第 24 条则列举了鉴定意见不能作为定案依据的数种情形，并强调了对鉴定意见有疑问的，人民法院应当依法通知鉴定人出庭作证或者由其出具相关说明，并可以依法补充鉴定或者重新鉴定。

三、立法司法解释有关鉴定意见调查的法律规范

（一）最高人民法院《关于适用〈中华人民共和国刑事诉讼法〉的解释》对鉴定意见调查的规定

最新最高人民法院《关于适用〈中华人民共和国刑事诉讼法〉的解释》于 2020 年 12 月 7 日由最高人民法院审判委员会第 1820 次会议通过，自 2021 年 3 月 1 日起施行。鉴定意见的形成过程中可能会受到诸多因素的影响，为保证作为法庭证据的鉴定意见的客观性和准确性，该解释第 97 条从 10 个方面对鉴定

意见应当着重审查的内容作了规定，第 98 条则列举了 9 种鉴定意见不得作为定案根据的情形，第 99 条及第 100 条则对鉴定人出庭制度作了相应的具体补充。第 249 条明确了鉴定人出庭条件为有异议、有影响、有必要；第 250 条就鉴定意见有异议情形时申请有专门知识的人出庭的条件。第 273 条就重新鉴定的事由与程序进行规定。

（二）最高人民法院《关于适用〈中华人民共和国民事诉讼法〉的解释》对鉴定意见调查的规定

最高人民法院《关于适用〈中华人民共和国民事诉讼法〉的解释》已于 2022 年 3 月 22 日由最高人民法院审判委员会第 1866 次会议通过，自 2022 年 4 月 10 日起施行。该解释对《民事诉讼法》中有关鉴定意见的部分作了相关补充。如第 121 条第 2 款、第 3 款对鉴定人资格作了补充：“人民法院准许当事人鉴定申请的，应当组织双方当事人协商确定具备相应资格的鉴定人。当事人协商不成的，由人民法院指定。符合依职权调查收集证据条件的，人民法院应当依职权委托鉴定，在询问当事人的意见后，指定具备相应资格的鉴定人。”第 123 条第 1 款对具有专门知识的人出庭对鉴定意见进行质证作出规定：“人民法院可以对出庭的具有专门知识的人进行询问。经法庭准许，当事人可以对出庭的具有专门知识的人进行询问，当事人各自申请的具有专门知识的人可以就案件中的有关问题进行对质。”第 124 条第 2 款对鉴定人员参与勘验作出规定：“人民法院可以要求鉴定人参与勘验。必要时，可以要求鉴定人在勘验中进行鉴定。”

（三）最高人民法院《关于适用〈中华人民共和国行政诉讼法〉的解释》对鉴定意见调查的规定

最高人民法院《关于适用〈中华人民共和国行政诉讼法〉的解释》于 2017 年 11 月 13 日由最高人民法院审判委员会第 1726 次会议通过，自 2018 年 2 月 8 日起施行。该解释涉及证据调查的部分主要是强调了行政机关对于举证责任的承担以及法庭调查过程中证据的采用问题。第 47 条规定了申请鉴定的主体以及拒绝申请鉴定时负有举证责任的当事人应当承担的相应法律后果。第 72 条规定了对于重新鉴定的情形可以延期开庭审理。第115条规定，在审查再审申请期间，再审申请人不得申请人民法院委托鉴定。

案例[①]

2019年4月27日，洛阳市公安局金谷分局民警通过布控将正在交易文物的被告人郭某等4人抓获，当场查获唐三彩10件。经国家文物出境鉴定河南站鉴定：2件为二级文物，8件为三级文物。同日，洛阳市公安局金谷分局民警在周某家中将其抓获，当场查获唐三彩3件。经国家文物出境鉴定河南站鉴定：2件为三级文物，1件为一般文物。

在质证中，周某的辩护人提出“鉴定意见缺少鉴定人签名，未附鉴定人身份以及鉴定人是否具有鉴定人资格的相关资料”。法院认为，国家文物出境鉴定河南站系国家文物局指定的文物鉴定评估机构，而非司法鉴定机构，对于司法鉴定形式要件的相关规定并不适用，且该机构出具的情况说明中也载明“实行机构负责制，鉴定人签字文书仅单位内部存档备查”，故该辩护意见不能成立，不予采纳。最终，周某犯倒卖文物罪，判处有期徒刑一年零三个月，并处罚金人民币2万元。

案解

鉴定意见只有符合了证据三性特征，才能作为查明案情以及定罪量刑的依据，其中就有对于鉴定人员资格、资质、鉴定程序、后续鉴定意见真实性等方面的考察。只有进一步完善鉴定制度，才能为审判人员提供更为客观的案件事实，方便其根据自由心证进行断案。

在本案中，国家文物出境鉴定河南站对涉案文物进行了鉴定，并为案件

① 案例来源：河南省洛阳市西工区人民法院（2020）豫0303刑初37号刑事判决书，著者稍作改动。

判决提供了依据。在质证中，辩护人提出“鉴定意见缺少鉴定人签名，未附鉴定人身份以及鉴定人是否具有鉴定人资格的相关资料”，认为国家文物出境鉴定河南站出具的鉴定意见不符合鉴定意见的规范，程序上存在瑕疵。对此法院认为，国家文物出境鉴定河南站系国家文物局指定的文物鉴定评估机构，而非司法鉴定机构，对于司法鉴定形式要件的相关规定并不适用，且该机构出具的情况说明中也载明“实行机构负责制，鉴定人签字文书仅单位内部存档备查”，并非鉴定人负责制。综合考虑，法院判处被告人犯倒卖文物罪是妥当的。

拓展阅读

1. 房保国、陈宏钧主编：《鉴定意见研究》，中国政法大学出版社 2012 年版。
2. 杜心全：《基于司法鉴定中连环鉴定相关问题的思考》，载《中国司法鉴定》2013 年第 2 期。
3. 王志刚、徐静村：《再论司法鉴定统一立法——兼评新刑诉法中鉴定制度的变化》，载《中国司法鉴定》2014 年第 6 期。

复习试题

1. 试阐述鉴定人出庭质证的条件。
2. 试阐述若鉴定人拒不出庭作证，该承担怎样的法律后果。
3. 试辨析鉴定人与具有专门知识的人的异同。

复习与作业要求

1. 课后复习，并完成复习试题。
2. 考核要点：立法机关制定的鉴定事项法律规范，其他机关制定的法律规范。
3. 辅助教学活动：案例简析。

第三节 鉴定意见适用中的调查研究

一、鉴定意见适用之取证研究

（一）鉴定意见取证研究概述

鉴定意见要成为法庭上的证据，必须具有诉讼证据的内在属性，[①]即证据的客观性、关联性、合法性。欲将鉴定意见纳入诉讼程序作为证据使用，也必须依照法定的标准进行分析判断。鉴定意见不仅是对案件客观事实的直观反映，更是经过了鉴定人复杂加工后的主观意见证据。鉴定意见取证过程中最终影响鉴定意见的科学性、真实性、可靠性的因素主要包括鉴定机构、鉴定人、鉴定资料、鉴定的科学基础、鉴定程序等。

鉴定意见区别于其他法定证据的关键之处在于其科学性，而鉴定人作为鉴定意见的制作主体，其主客观因素都会直接影响鉴定意见的科学可靠性，于是鉴定人的资质审查与认定就显得尤为重要。为保证鉴定意见的真实客观性，对鉴定意见的审查认定还应包括鉴定人专门知识和办案经验情况、推理判断过程所依据的理论和事实基础、获取鉴定资料检材的方式、保存和鉴定程序等。

而我国关于鉴定人资格及认证的规定散见于部门规章和司法解释中，三大诉讼法均未对其作出比较明确的规定，如我国刑事诉讼法中将鉴定人定位为具有专门知识的人，但没有鉴定人资格的明确提法。[②]鉴定资料对于鉴定意见的客观真实性有实质性影响，真实可靠的原始资料是得出正确鉴定意见的物质基础，若鉴定资料虚假或不全面，则难以得出正确的鉴定意见，而我国立法上并没有专门针对鉴定资料来源的真实性有明确的规定，同时司法实践中对于鉴定意见生成的实施过程缺乏有效的监督制约，关于鉴定实施的诉讼程序规范也没有细致的规定，制度上难以取得突破。[③]

---

① 参见郭金霞:《鉴定结论适用中的问题与对策研究》，中国政法大学出版社2009年版，第40页。

② 参见张玉镶、张黎：《鉴定人资格管理制度：梳理、评析与设想——兼解读〈关于司法鉴定管理问题的决定〉》，载《中国司法鉴定》2005年第6期。

③ 参见关紫维：《司法鉴定实施中存在的主要问题与对策》，载《法制与社会》2016年第1期。

举例来说，我国《刑事诉讼法》第 40 条规定："辩护律师自人民检察院对案件审查起诉之日起，可以查阅、摘抄、复制本案的案卷材料。其他辩护人经人民法院、人民检察院许可，也可以查阅、摘抄、复制上述材料。"其他诉讼法或司法机关相关规则也规定了律师可查阅案件资料，但涉及鉴定意见的情况下，"查阅"或"告知"的内容多仅限于最终的结论，并不包括以上提及的诸多因素的细节。我国《刑事诉讼法》第 182 条第 2 款明确了庭前会议制度，并初步构建了庭前会议制度的框架，然而实证分析表明，庭前会议立法目的并未完全实现，尚存在形式化与庭审化两种偏离倾向。[①] 针对鉴定意见的审查判断，将以上要素纳入视野之中，尤其是庭前会议证据开示中使控辩审各方就鉴定意见的内容进行必要性的深入沟通，能够确保控辩双方对抗充分，实现程序公正之价值的同时也有利于诉讼效率的有效提升。

（二）鉴定意见的形成原则

1. 鉴定主体客观中立原则

鉴定意见本质上属于意见证据，鉴定主体的独立、客观、公正是它得以存在的前提。客观是指鉴定活动应当尊重科学规律，实事求是地反映被鉴定对象的情况；中立是指鉴定主体在进行鉴定活动时不偏袒任何一方，不受案情、人情、利益等外界因素的影响，从而作出公正客观的鉴定意见。

主体能力或有高低，但相对于这种职业上的适格条件而言，鉴定主体的法律品格（客观性与中立性）是为保证鉴定意见客观公正而对鉴定人提出的法律上的要求。司法鉴定是一项科学性的专门活动，鉴定主体必须遵循实事求是的原则，不得具有任何的倾向性，凡与案件或当事人有利害关系的鉴定人，均应当回避，必须不受干涉地独立完成鉴定任务，不得因个人的情感因素、利益关系影响到最终鉴定意见的真实性。我国司法实践中，目前对鉴定人的审查偏重庭前控制，法庭审查的规定则比较薄弱，关于鉴定人的审查模式应当采取"庭前控制"和"法庭审查"并重，[②] 适用鉴定意见时必须审查鉴定人的资格条件，只有适格的鉴定人出具的鉴定意见才具有证据能力，否则将不予采用。

① 参见董辰：《刑事庭审实质化视角下庭前会议制度研究》，载《齐鲁学刊》2022 年第 4 期。
② 郭金霞：《鉴定结论适用中的问题与对策研究》，中国政法大学出版社 2009 年版，第 254 页。

2. 鉴定资料合法真实原则

鉴定所依据的原始材料不真实是直接导致鉴定意见失真的关键因素。司法实践中，若鉴定意见源头的鉴定资料是虚假不全面的，那必然就会导致鉴定意见的失实。[①]其次，鉴定资料的来源还必须是合法的，鉴定资料来源的合法性是考证鉴定意见证据能力的决定性因素。我国《刑事诉讼法》第52条规定："审判人员、检察人员、侦查人员必须依照法定程序，收集能够证实犯罪嫌疑人、被告人有罪或者无罪、犯罪情节轻重的各种证据。严禁刑讯逼供和以威胁、引诱、欺骗以及其他非法方法收集证据，不得强迫任何人证实自己有罪。"《民事诉讼法》第70条规定："人民法院有权向有关单位和个人调查取证，有关单位和个人不得拒绝。人民法院对有关单位和个人提出的证明文书，应当辨别真伪，审查确定其效力。"2016年3月2日司法部发布了修订后的《司法鉴定程序通则》，其中第15条规定，"发现鉴定材料不真实、不完整、不充分或者取得方式不合法的"的情形下，司法鉴定机构不得受理鉴定委托。以上法律条文为合法主体收集、调取鉴定资料提供了法律依据，同时也对鉴定资料的合法性提出了要求。

鉴定资料包括用于鉴定的检材和样本。检材是与犯罪有关的人或物的反映形象，对检材的提取、运送和保管都要严格按照法律程序进行，否则鉴定意见的合法性和可信性会受到质疑。样本是被怀疑与案件有关的人或物的反映形象，收集或提取也要谨慎地依法操作。[②]根据上述总结，可根据鉴定资料承载的证据形式和鉴定对象的不同，把鉴定资料分为实物类鉴定资料和言辞类鉴定资料。《司法鉴定程序通则》第24条第2款对鉴定资料的提取有明确性的程序规定："经委托人同意，司法鉴定机构可以派员到现场提取鉴定材料。现场提取鉴定材料应当由不少于二名司法鉴定机构的工作人员进行，其中至少一名应为该鉴定事项的司法鉴定人。现场提取鉴定材料时，应当有委托人指派或者委托的人员在场见证并在提取记录上签名。"

从规范收集程序上讲，可以归纳为以下几种规则。[③]

---

① 张艳云、王丽玲：《试论司法语音鉴定结论的适用性问题》，载《广东公安科技》2013年第1期。
② 朱妮娜：《论或然性司法鉴定意见的证据地位》，山东大学2011年硕士学位论文。
③ 参见郭金霞：《鉴定资料收集之法律控制研究》，载《证据科学》2008年第3期。

第一，笔记、录音、录像、拍照互证规则。《司法鉴定程序通则》第 27 条规定："司法鉴定人应当对鉴定过程进行实时记录并签名。记录可以采取笔记、录音、录像、拍照等方式……"对于收集的鉴定资料，应当将收集的过程通过以上方式予以固定，记录应当将鉴定资料与案件现场的位置关系以及与案件当事人的关系着重体现。之所以采取几种方式互证的固定模式，是因为每种记录方式各有特点，如此能够互相弥补缺陷，相得益彰。

第二，人体物质类鉴定资料收集的特殊规范。基于侦查和诉讼活动的需要，侦查机关被赋予权力能够收集人体血液、尿液、精液以及分泌物、毛发、骨质等物质，但此类鉴定资料的收集必须得到严格的法律规制，应以有犯罪嫌疑和必要性为前提，采样前也应当履行告知程序；取样采取的技术方法也应当以不伤害被采样人为限，取样过程同样应当制作采样笔录，进行照相、录像；只有当被采样人不配合侦查机关，必要情况下侦查机关向其说明利害关系，并取得有权机关的批准才可以采取强制手段取样。[①]

第三，鉴定资料收集者出庭作证规则。此规则是证实鉴定资料来源真实性的有效方法。如果鉴定资料的收集者不能够提供证据证实其来源真实可靠，那么就要承担举证不能的风险，以此鉴定资料为依据作出的鉴定意见不应被采纳。

第四，当事人、见证人辨认规则。《司法鉴定程序通则》第 25 条规定了鉴定过程中，对无民事行为能力或者限制行为能力的人进行身体检查、对被鉴定人进行法医精神病鉴定或者需要进行尸体解剖的，应当由近亲属或监护人到场见证，且到场见证人员应当在鉴定记录上签名。法庭审判中，通过当事人或者见证人公开辨认的方式可以有效帮助审查鉴定资料来源的真实合法性与否。

3. 鉴定技术科学可靠原则

科学可靠原则囊括两方面内容，一方面是鉴定所运用的专门知识和科技手段本身是可靠性的，另一方面则是鉴定人本身需要具备相应的资质能力。后者前文已有提及，此处只议前者。鉴定是需要鉴定人发挥主观能动性的创造性活动，难以保障每次鉴定运用的科学知识的过程抑或结果具有可靠性。目前，我国三

① 参见郭金霞：《鉴定结论适用中的问题与对策研究》，中国政法大学 2008 年博士学位论文。

大诉讼法对于鉴定意见科学性评判标准均没有相关规定，仅仅规定了庭审程序中可以通过专家辅助人的帮助对鉴定意见的科学可靠性进行质证，但我国仍缺乏评价鉴定过程中运用的理论、技术方法的科学可靠性的具体衡量标准，并没有明确鉴定中可以运用的科学技术标准和范围。[①] 司法实践中，司法工作人员通过审查运用的专门知识是否符合现代科学观念和科技水平、专门知识本身的来源是否科学、鉴定人的专业性经验和科学知识是否经得起实践的检验等几方面来评断鉴定过程中运用的科技手段和专门知识是否科学可靠。

4. 鉴定意见公开透明原则

鉴定意见公开透明原则是指鉴定意见应当及时向双方当事人公开。在英美法系国家中，鉴定意见的证据开示是具有强制性的，在诉讼程序中规定证据开示制度有利于平衡控辩双方的证据资源，也有利于分析证据、谋划庭审策略、提高诉讼效率。[②] 尽管我国2012年《刑事诉讼法》已提出庭前会议作为缓冲程序，但对庭前会议程序中刑事鉴定意见开示方面的规定过于原则，可操作性不强。[③] 为此，我们可以从明确鉴定意见开示的启动权、扩大鉴定意见开示的内容、规范开示形式、设立制裁措施等方面进行改革完善。

此外，强化对鉴定活动的监督也十分重要，我国刑事鉴定意见多是由侦查机关内部鉴定机构或是侦控机关委托机构作出的，其中立性往往受到质疑，鉴于我国宪法已经赋予了人民检察院法律监督的职能，因此应当强化人民检察院对勘验检查、搜查、扣押等侦查行为的监督力度，尤其在收集鉴定资料的活动中可以强化检察官的参与，以有效监督鉴定意见生成过程中取证活动的进行。

二、鉴定意见适用之举证研究

（一）举证责任概述

举证责任，是指当事人对自己提出的主张负有收集或提供证据的义务，以及诉讼结束之时，如果案件事实仍处于真伪不明的状态，应当由谁承担不利的

① 参见陈立杭：《我国鉴定意见可采性标准研究》，载《中国司法鉴定》2014 年第 5 期。

② 参见郭建坡、赵春秀：《刑事证据开示制度的价值基础及法律重构》，载《河北法学》2010 年第 4 期。

③ 参见吴高庆、张进：《论刑事鉴定意见的庭前开示程序》，载《中国司法鉴定》2013 年第 2 期。

事实认定甚至是败诉的诉讼后果的责任。

在我国，举证责任是由三大诉讼法加以规定的重要法律制度。从法律上看，举证责任总是与一定的法律职责和义务相联系。比如，民事诉讼的原告向法院起诉时其必须承担提出证据证明诉讼事项的义务。此外，举证责任与一定的法律风险相联系，既包括行为责任即提供证据证明主张成立的义务，也包括结果责任即举证不能时需承担相应法律后果。[①]近年来，有关举证责任制度研究中具有代表性的观点主要有3种：

1. 行为责任说持论者认为根据我国诉讼法的法律规定和司法实践，可将举证责任界定为，司法机关或者当事人为了证明具有争议之案件事实或者有利于己方之主张，负有收集或提供证据的责任，否则将承担法律上的不利后果。

2. 双重含义说持论者认为证明责任包含行为意义上和结果意义上的证明责任，[②]前者指对于诉讼活动中的待证事实，应当由谁承担提供证据的责任，后者指在事实处于真伪难辨的情形下，应当由谁承担法律上不利的诉讼后果的责任。

3. 结果责任说持论者认为举证责任由法律预先规定，在案件事实真伪不明时，当事人一方所承担的败诉风险。该观点偏重举证后果，没有考虑到举证行为与诉讼后果之间的内在联系。

（二）举证责任的承担

无论是刑事诉讼、民事诉讼还是行政诉讼，都存在举证责任的承担问题。举证责任是三大诉讼法所规定的具有共同性的诉讼制度，反映了现代诉讼制度的基本特性。[③]基于诉讼法调整对象即法律关系的不同、诉讼活动中当事人所处位置不同、控辩双方力量对比差异等因素，作为诉讼证据制度核心的举证责任机制在三大诉讼中的具体规定又有所区别。[④]

1. 刑事诉讼法中的举证责任承担

我国《刑事诉讼法》第51条规定："公诉案件中被告人有罪的举证责任由

① 唐明：《浅析举证责任的分配规则》，载《法制与社会》2006年第23期。
② 王满生：《刑事诉讼中程序法事实的证明研究》，西南政法大学2011年博士学位论文。
③ 刘红、纪宗宜、姚澜：《司法鉴定证据研究》，法律出版社2012年版，第108页。
④ 赵海峰：《刑事诉讼中举证责任探析》，华中师范大学2015年硕士学位论文。

人民检察院承担，自诉案件中被告人有罪的举证责任由自诉人承担。”第52条规定：“审判人员、检察人员、侦查人员必须依照法定程序，收集能够证实犯罪嫌疑人、被告人有罪或者无罪、犯罪情节轻重的各种证据……”由此得知，我国刑事诉讼中的举证责任是指作为刑事诉讼程序中诉讼活动的公诉方、被告人、刑事诉讼自诉人等就案件事实存在争议时，依法向法庭提交证据印证其诉讼主张的证明责任。刑事诉讼法规定，用于证明案件事实的材料只有经过查证属实才能作为定案的依据，这是与无罪推定原则紧密联系的。具体举例来说，当刑事诉讼中公诉方企图通过利用鉴定意见来证明被告人有罪时，必须就鉴定意见的合法性与科学性履行举证责任，倘若鉴定人拒绝出庭完成举证或是被获悉鉴定意见属于以非法手段获得，那么此鉴定意见应当予以排除，不得依据鉴定意见定罪于被告人。

2. 民事诉讼法中的举证责任承担

举证责任是民事诉讼法的脊梁，在整个民事诉讼制度中具有牵一发而动全身的功能。[①] 我国民事诉讼法中关于举证责任的法律规定主要有三方面内容：

一是“谁主张，谁举证”的主流原则。《民事诉讼法》第67条第1款规定：“当事人对自己提出的主张，有责任提供证据。”第68条第1款规定：“当事人对自己提出的主张应当及时提供证据。”一般情况下，当事人只要主张有利于自己的案件事实，就应当提出相应的证据来进行举证。当事人提出相反的案件事实进行抗辩时，也负有举证责任。

二是例外情形下举证责任倒置。“谁主张，谁举证”是民事案件举证责任分配的主要原则，但对于特殊的民事侵权纠纷或环境污染纠纷案件，作为原告的被害方通常面临举证困难的处境，举证责任倒置或转换就作为一种调整方法而存在。[②] 即原告提出的事实主张不必提供证据加以证明，而由被告方承担举证责任。

三是人民法院必要时的查证责任。《民事诉讼法》第67条第2款、第3款规定：“当事人及其诉讼代理人因客观原因不能自行收集的证据，或者人民法

① 参见赵信会：《民事诉讼中的证据调查制度》，载《现代法学》2004年第6期。
② 参见王亚新：《民事诉讼中的举证责任》，载《证据科学》2014年第1期。

院认为审理案件需要的证据，人民法院应当调查收集。人民法院应当按照法定程序，全面地、客观地审查核实证据。”法律规定人民法院在必要情况下履行查证的责任，是为了尽可能客观真实地反映案件真相，最终得以公正裁判。

3. 行政诉讼法中的举证责任承担

行政诉讼中的举证责任承担主体区别于其他诉讼法，《行政诉讼法》第 34 条第 1 款规定：“被告对作出的行政行为负有举证责任，应当提供作出该行政行为的证据和所依据的规范性文件。”由此得知，原告主张，被告举证，是行政诉讼举证责任的基本分配原则。[①] 这是因为，行政行为必须遵循法定程序，行政机关应当对其行政行为或不作为的合法性负举证责任，反过来，这也会促进行政机关严格依法行政，并且作为被告的行政机关比原告更具备现实的举证条件。

（三）举证责任的程序性保障

当事人履行举证责任的行为实质上就是证据调查的过程，这包含了证据的调查、收集、出示和证明。为了当事人能够有效、及时地履行举证责任，平等地参与到诉讼活动进行对抗，诉讼程序中的举证责任制度的程序性保障应就当事人对证据的调查、收集、出示和证明活动提供充分的程序手段。

1. 调查、收集证据的程序性保障

通常举证责任的履行是以向法庭提交证据的方式履行，而提交证据活动的展开依赖于调查、收集证据的行为。我国《刑事诉讼法》第 43 条第 1 款“辩护律师经证人或者其他有关单位和个人同意，可以向他们收集与本案有关的材料，也可以申请人民检察院、人民法院收集、调取证据，或者申请人民法院通知证人出庭作证”和《民事诉讼法》第 67 条第 1 款、第 2 款“当事人对自己提出的主张，有责任提供证据。当事人及其诉讼代理人因客观原因不能自行收集的证据，或者人民法院认为审理案件需要的证据，人民法院应当调查收集”规定之内容都是调查、收集证据的行为。

另外，我国法律就诉讼调查收集证据的权利、程序和方法都有明确的规定。

① 参见刘善春：《行政诉讼举证责任分配规则论纲》，载《中国法学》2003 年第 3 期。

我国法律明确规定辩护律师调查、收集证据主要有自行调查和申请调查两种模式，但律师的自行调查具有民间调查的性质，缺乏明显的制度性保障，相比之下申请调查便具有司法救济的性质，但在刑事司法实践中，法院拒绝辩护律师申请的情形也时常发生，而对被告方却无相应的救济规定。鉴于两种调查模式的制度性障碍，法院的委托调查模式成为辩护律师证据调查制度的发展方向。[①]从性质上来说，委托调查属于法院授权给律师的证据调查活动，但辩护律师调查、收集的证据并不当然作为定案的依据，仍然需要法庭审查是否具有证据能力和证明力大小。我国刑事诉讼法对鉴定人出庭作证和相应的法律后果都做了明确规定，当辩护律师提出要求鉴定人出庭的申请时，此举既增强法院传唤鉴定人出庭的权威和强制性，对于确保律师的证据调查权也有相应的法律保障。

2. 证据声明出示的程序性保障

我国《民事诉讼法》第 68 条明确了当事人应当对自己提出的主张及时提供证据以及逾期提供证据应承担的法律后果的规定，《行政诉讼法》第 34 条规定“被告对作出的行政行为负有举证责任，应当提供作出该行政行为的证据和所依据的规范性文件”，这些都是对证据出示行为的规定。民事诉讼中的举证时限规定和证据交换制度以及刑事诉讼中的庭前证据开示等程序都影响当事人的诉讼权利，具有重要的程序价值和实体价值。凡是与案件事实有关、具有证据意义的材料都应当进行证据声明，以便于调查和判断。必要情况下，人民法院可依当事人的申请重新调查、鉴定或勘验，或者法院依职权重新调查收集证据，这些与当庭举证和证据交换等制度也都是紧密相关的。[②]

3. 运用证据证明的程序性保障

当事人履行举证责任的过程也是运用证据进行证明的活动。证明是双方当事人在法庭上从事证据的论证，从而使法官形成内心确信并据此进行案件事实判断的活动。证据是诉讼的核心，诉讼活动所涉及的证据的收集、举证、质证、采信、排除等问题，都是围绕证据的运用展开的。为了使双方当事人有效和公

① 参见陈瑞华：《辩护律师调查取证的三种模式》，载《法商研究》2014 年第 1 期。

② 参见朱晋峰：《鉴定意见基本属性的程序性保障——以刑事诉讼为视角》，华东政法大学 2012 年硕士学位论文。

正地进行证据的论证活动，诉讼法应当从法庭辩论制度、控辩双方权利对等、直接审理和言词审理制度以及法官心证制度等层面加强程序性的保障。

三、鉴定意见适用之质证研究

（一）鉴定意见质证概述

鉴定意见质证是控辩双方维护自身正当权益的有力保障。对于质证的概念，学界有广义和狭义之分，广义说持论者认为质证是指在诉讼过程中，由法律允许的质证主体借助各种证据方法，旨在对各种证据采取询问、辨认、质疑、解释、质询、辩驳的形式，从而对法官的内心确信形成特定证明力的一种诉讼活动。而我国的立法和司法实践采取狭义说的质证，即主要指在庭审过程中，由诉讼当事人就法庭上所出示的证据进行对质、核实等活动。①

鉴定意见的质证就是对法定证据种类之一的鉴定意见进行的质证活动。鉴定意见是鉴定人运用综合知识和技术对鉴定事项做出的独立性的判断意见，具有较强的主观性，为了降低鉴定人的主观判断对于案件事实真相的认识造成的偏差，有必要对鉴定意见进行有效的质证；司法实践中，当各方对鉴定意见存在较大意见分歧时，也多会出现重复鉴定、多次鉴定的现象，这反映了对鉴定意见的质证有助于澄清案件事实或者维护合法权益；诉讼中对鉴定意见进行质证也是对鉴定人事后监督的重要保障。②综上，鉴定意见质证不仅能确保被告人及其辩护人有效行使辩护权，还对限制法官认定证据的自由裁量权、促进司法鉴定行业不断规范化有重要的程序性意义。

（二）质证方式比较研究

1. 英美法系国家

英美法系中与鉴定意见相对的概念是专家证言。专家作为证人的一种，与证人证言适用同样的质证规则。专家证据的具体质证规则主要有庭前专家证据开示、交叉询问程序和专家出庭作证。庭前专家证据开示程序中的专家书面报

① 参见刘红、纪宗宜、姚澜：《司法鉴定证据研究》，法律出版社 2012 年版，第 115 页。
② 参见宫雪：《新刑事诉讼法专家辅助人制度的立法缺陷及其完善》，载《中南大学学报（社会科学版）》2014 年第 2 期。

告的提供、另一方当事人的书面异议、专家出庭的条件以及对专家补充意见的限制都对陪审团认定案件事实有着重要的影响；[①] 英美法系中的专家是由当事人聘请并支付费用，其提供的专家证据难免具有偏向当事人的倾向，交叉询问程序则是对专家证据真实性有效的质证手段，通常包括主询问和反询问或者直接询问、交叉询问、再次询问和再次交叉询问程序；在英美法系对抗制诉讼模式之下，专家证人出庭作证制度贯彻比较彻底，作为重要证据规则的传闻证据规则要求专家证言必须经过法庭上的检验才具有可采性。

2. 大陆法系国家

与英美法系国家相比，大陆法系国家的质证制度具有较强的职权主义色彩。鉴定人保持中立的地位，他们多由法官聘请或委托，出庭作证也是法律规定的鉴定人应尽的义务。在鉴定意见的质证程序上，法官认为鉴定人不需要出庭作证时，鉴定人只需提交书面意见，但是当对鉴定意见存在争议，法院认为有必要让鉴定人就其结论作解释，并就鉴定的实施程序和运用的科学技术手段予以说明时，也会要求或同意当事人的申请让鉴定人出庭作证，并规制了拒绝出庭作证的程序性制裁后果。两大法系国家的质证模式互有长短，但共同之处便在于允许当事人和律师对鉴定意见质疑，这是对鉴定意见或专家证言构成事实认定基础的必要正当程序。

3. 我国现行质证方式

我国将鉴定意见作为独立的法定证据种类，并规定鉴定意见必须经过控辩双方或当事人的质询并查证属实后才能作为定案的依据。[②] 依据三大诉讼法及相关司法解释的规定，审前程序阶段对鉴定意见的质证主要体现在侦控机关履行鉴定意见的告知义务，犯罪嫌疑人、被害人提出申请，也可以补充鉴定或者重新鉴定。[③] 审判程序阶段，鉴定意见的质证主要有询问和有条件的交叉询问方式。我国《刑事诉讼法》第 194 条确立了交叉询问规则，进一步完善了质证制度，使得公诉方在诉讼地位上与当事人趋于平等，刑事诉讼法还逐渐弱化职权主义

① 参见樊崇义、郭华：《鉴定结论质证问题研究（下）》，载《中国司法鉴定》2005 年第 3 期。

② 参见李佳玲：《论刑事鉴定意见的有效质证》，西南政法大学 2011 年硕士硕士学位论文。

③ 参见沈臻懿：《〈死刑案件证据规定〉第 23 条的诠释与解读——以鉴定意见审查判断为视角》，载《犯罪研究》2011 年第 2 期。

的法官主动调查模式，改为法官居中裁判认定，控辩双方共同举证平等对抗完成庭审中的质证程序。

《民事诉讼法》第 71 条“证据应当在法庭上出示，并由当事人互相质证”和第 142 条“当事人经法庭许可，可以向证人、鉴定人、勘验人发问”的规定将交叉询问的权利交由法官据情裁量，体现了质证活动中双方当事人诉讼地位上的平等，保障了当事人质证权的实现。鉴定意见质证程序中应当坚持贯彻直接言辞原则，一是法庭上必须亲自听取陈述与辩论，亲自检验审查鉴定意见，[①]从而形成对案件事实真实性的内心判断。二是审判过程原则上必须以言词陈述方式进行，当对鉴定意见存在争议之时，鉴定人应当出庭予以作证。

（三）质证制度的程序性保障

1. 鉴定意见庭前开示程序

我国法律没有明确的鉴定意见开示程序规定，刑事诉讼法仅阐述了辩护律师和其他辩护人查阅案卷材料和侦控机关履行告知义务的原则性规定，但这与严格意义上的证据开示制度是不同的。实践中，鉴定意见在开庭时才予以出示，往往会造成多次鉴定、重复鉴定和诉讼效率低下的问题，建立起鉴定意见庭前开示程序，有利于防止伏击审判的发生。[②]鉴定意见庭前开示的具体构想可以包含如下几方面：

一是细化对鉴定意见的说明。在侦查和起诉阶段，侦控机关履行告知责任的时候需要将作为证据使用的鉴定意见进行说明，而不仅仅是局限于最终结论，具体包括鉴定人资质、鉴定所依据的理论和事实基础、逻辑分析过程、鉴定资料来源、保存情况和鉴定具体程序等。

二是明确鉴定意见庭前开示的方式。开庭之前，法院组织控辩双方对提交法庭作为证据使用的鉴定意见予以出示。若无异议，鉴定人则可以不出庭作证；若持有异议，可以根据具体情形，予以补充鉴定或重新鉴定方式解决。[③]对于经过庭前开示的鉴定意见仍有争议的，鉴定人应当在正式庭审时出庭作证参与

---

① 参见李丹：《鉴定人出庭质证问题研究》，内蒙古大学 2013 年硕士学位论文。

② 参见樊崇义、郭华：《鉴定结论质证问题研究（下）》，载《中国司法鉴定》2005 年第 3 期。

③ 参见应秋：《司法鉴定意见质证的若干问题研究》，华东政法大学 2008 年硕士学位论文。

辩论。

三是庭前开示的时间问题。刑事诉讼应当在起诉之后，正式庭审之前；民事和行政诉讼应当在答辩期满后，开庭审判之前。

四是设立相应制裁措施。刑事诉讼法规定鉴定人拒绝出庭作证的，鉴定意见不得作为定案依据。未经庭前开示程序审查的鉴定意见，不得作为证据进入正式庭审之中，更不能作为定案的根据。①

2. 鉴定人出庭制度

鉴定人出庭作证是当事人行使鉴定意见质证权的前提条件，也是使该证据具有证据能力的基础。鉴定人在法庭上就鉴定意见接受当庭质证、交叉询问的过程是对抗式审判制不可缺少的环节，体现了直接言词原则。刑事诉讼法完善了鉴定意见审查规则，保障被告方的对质权是改革的重点，但实证研究却显示，法官和鉴定人对鉴定人出庭都缺乏积极性，②鉴定人出庭率没有显著变化。鉴定人出庭制度的完善可以从以下几方面着手。

一是明确鉴定人出庭作证的具体规则。鉴定人出庭作证的裁量权属于法官。必要情形下，法官要求鉴定人出庭作证，鉴定人则必须出庭接受控辩双方质证，拒绝出庭作证的，鉴定意见不能作为定案的根据。③当双方当事人就该鉴定意见作为证据无异议或是其他正当理由，法官可允许鉴定人不出庭。

二是科学规定鉴定人不出庭的法律责任。为解决鉴定人不出庭作证的问题，我国明确了对鉴定意见进行排除的规则。如最高人民法院《关于适用〈中华人民共和国刑事诉讼法〉的解释》第99条规定："经人民法院通知，鉴定人拒不出庭作证的，鉴定意见不得作为定案的根据。鉴定人由于不能抗拒的原因或者有其他正当理由无法出庭的，人民法院可以根据情况决定延期审理或者重新鉴定。鉴定人无正当理由拒不出庭作证的，人民法院应当通报司法行政机关或者有关部门。"这种新型的程序性制裁措施对鉴定人出庭有着强制性，但也有学

① 参见王俊民：《论鉴定人拒绝出庭作证法律后果的立法定位》，载《中国司法鉴定》2012年第2期。
② 参见胡铭：《鉴定人出庭与专家辅助人角色定位之实证研究》，载《法学研究》2014年第4期。
③ 参见王旭、刘诗麟：《司法鉴定行政与司法视角的边界——民诉证据司法解释鉴定内容的思考》，载《证据科学》2020年第1期。

者提出了排除鉴定意见之后，不可避免地启动重新鉴定之后，鉴定意见仍然面临着因直接言词原则而被排除的可能性，从而形成程序性制裁效果的程序性回溯，建议应当依靠强制鉴定人出庭作证以便促使鉴定意见被采纳而不是被排除。

三是合理安排鉴定人出庭的经济补偿。鉴定人出庭必然会影响到正常执业和生活情况。从激励角度讲，出庭的经济补偿能够有效调动鉴定人出庭的积极性。本书认为由法院统一支付更符合鉴定人出庭作证制度的设计初衷。这既有利于鉴定人保持中立的地位，也有利于维护司法的公正和权威。[①]

四是充分保障鉴定人及其亲属的安全。我国《刑事诉讼法》规定了对于危害国家安全犯罪、恐怖活动犯罪、黑社会性质的组织犯罪、毒品犯罪等案件中，必要时人民法院、人民检察院和公安机关应当采取保护措施予以鉴定人及其亲属人身安全保护，鉴定人也可以向人民法院、人民检察院、公安机关请求予以保护。[②]我国《民事诉讼法》第114条规定对鉴定人进行侮辱、诽谤、诬陷、殴打或者打击报复的，人民法院可以根据情节轻重予以罚款、拘留；构成犯罪的，依法追究刑事责任。《行政诉讼法》也有相类似规定。只有对鉴定人及其亲属人身财产安全进行有力的保障，规定严厉的对鉴定人报复的制裁措施，鉴定人出庭作证才具有现实可行性。

3. 专家辅助人制度

我国在刑事诉讼领域已经引入了专家辅助人制度，以弥补辩护人专业知识的缺乏，改善对鉴定意见的质证。专家辅助人与鉴定人存在许多共性，但在诉讼程序中的作用也有重要区别。专家辅助人制度充分发挥作用有赖于制度本身的不断完善。

一是专家辅助人资格条件规定。我国在专家辅助人资格的审查上应当与英美国家保持一致，采用较为宽松的条件，不能专注于学历、经历或职务的限制，只要具备普通人不具有的知识、经验或技能对鉴定意见的审查判断有实质性的帮助作用即可。

---

① 参见黄蕴：《我国刑事鉴定意见证据能力研究》，兰州大学2016年硕士学位论文。
② 参见郭华：《侦查机关所属鉴定机构和鉴定人备案登记问题的探讨》，载《中国司法鉴定》2009年第1期。

二是专家辅助人意见的证据能力。就参与审判的方式来说，鉴定人出庭时是接受质证的，而专家辅助人的责任仅是协助质证。专家辅助人与英美法系专家证人制度本质区别就在于其发表的意见是否具有证据能力。[①]赋予专家辅助人意见以证据能力，促进其更好地参与诉讼程序能够促进当事人双方质证权的实现。

三是专家辅助人的权利义务。明确专家辅助人的权利义务能为维护其合法权益及为委托人提供可靠服务提供保障。[②]专家辅助人要参与到诉讼活动的质证程序，法律要明确其发表意见、了解案情、收集相关资料和证据、询问当事人、证人或辅助人等权利；其次，也要规定出庭作证、保守秘密、如实回答及发表意见等义务。

四、鉴定意见适用之认证研究

（一）鉴定意见认证概述

认证是诉讼过程的重要阶段，也是审判活动的中心内容和关键环节。司法证明活动中取证、举证、质证、认证 4 个基本环节中，前三者无疑都是为认证活动服务的，而认证则是取证、举证和质证的目的和归宿。[③]公开合理的认证制度和规则对指导审判者更好地分析判断证据具有重要意义。

鉴定意见认证是指审判人员在诉讼过程中对证明主体所提出的和法院自行收集的证据材料，经过双方当事人质证、辩论后，依据法律规定和知识经验对鉴定意见是否具有证据能力、有无证明力及其大小进行审核和确定的分析判断活动。[④]其实质上就是审查鉴定意见的三性，即客观性、关联性、合法性。鉴定意见客观性的认证过程，就是证实鉴定意见的真实准确性和科学可靠性的过程；诉讼中使用的任何证据都需要具备关联性，否则法官需以该证据与案件待证事实无客观联系为由拒绝采纳，对鉴定意见关联性有无或强弱的判断，需要司法

---

① 参见胡铭：《鉴定人出庭与专家辅助人角色定位之实证研究》，载《法学研究》2014 年第 4 期。

② 参见卢建军：《司法鉴定结论使用中存在问题及解决途径——兼论我国诉讼专家辅助人制度的建构和完善》，载《证据科学》2010 年第 6 期。

③ 参见刘红、纪宗宜、姚澜：《司法鉴定证据研究》，法律出版社 2012 年版，第 124 页。

④ 参见孟宋春：《我国民事司法鉴定制度的反思与重构》，吉林大学 2011 年硕士学位论文。

人员运用逻辑规律、生活常识、职业经验和直观判断自主裁量；合法性要求鉴定活动必须遵循科学技术规范，鉴定程序要符合法律的具体规定，鉴定程序的合法性是程序正义的必然要求，也是鉴定意见合法性的重要参数。审判中对证据进行认证主要有逐一甄别法、对比判断法和综合印证法等。①

（二）认证规定比较研究

1. 英美法系国家

英美法系国家中专家证言与大陆法系国家鉴定意见都属于专家意见类证据，与鉴定意见的认证规则相对应的是英美法系国家的专家证言可采性规则。这一原则要求专家领域必须与论证涉及的主题相关，专家证据必须与案件事实存在实质或者逻辑上的关联。②法官在判断专家资格方面有着较大的裁量权，其看重的是专家解决问题的实际能力，并不必然要求专家的职务和学历等，这使得专家证据制度在适用上具备了实用性和灵活性的特点。在英美法系，认定专家证据的证明力属于陪审团的职责，陪审团成员通过观察法庭上专家的各自陈述、法官关于审查证据的指示和律师对专家的交叉询问，依据自由心证原则对专家证言的真实性和可靠性进行综合的审查判断。

2. 大陆法系国家

大陆法系国家，法官既是事实裁判者，也是法律裁判者。法官对于鉴定的审查判断主要是依据相关法律规定并结合自己的学识经验，进行自由裁量形成心证，从而确定案件中鉴定意见证据的证据效力。遇到争议情形或案情疑难复杂时，可传唤鉴定人出庭接受质证或邀请专家辅助人协助质证，③以拓宽法官对鉴定意见的内心确信。

3. 我国认证规定

法官对鉴定意见证据的证据能力审查和证明力强弱的认定应当遵循一定的标准。我国关于鉴定意见的证据的规则在诉讼法和相关司法解释中都有所规定，但我国的证据能力规则并未形成完整的体系。2010 年 7 月颁布的《办理死刑案

① 参见何成：《论民事诉讼科学证据的审查判断》，华中师范大学 2015 年硕士学位论文。
② 参见刘振红：《司法鉴定：诉讼专门性问题的展开》，中国政法大学出版社 2015 年版，第 321 页。
③ 参见高涵：《鉴定意见的证据评价方法体系》，载《山东社会科学》2020 年第 2 期。

件证据规定》对鉴定意见的审查判断内容提出了更高的标准、更严的要求，并且首次在法律规定中明确了对非法鉴定意见的排除规则。该规定在第 23 条明确规定审查判断鉴定意见时应当着重考察的 10 项内容，旨在通过对鉴定意见的全面审查判断，明晰其证据能力和证明力。第 24 条明确了鉴定意见不能作为定案依据的排除情形，具有法律上的强制性。[①]关于非法证据排除的规范主要还有《刑事诉讼法》第 52 条规定："审判人员、检察人员、侦查人员必须依照法定程序，收集能够证实犯罪嫌疑人、被告人有罪或者无罪、犯罪情节轻重的各种证据。严禁刑讯逼供和以威胁、引诱、欺骗以及其他非法方法收集证据，不得强迫任何人证实自己有罪……"

法官对鉴定意见证据证明力大小的认定实质上就是对鉴定意见证据在审判活动中价值的判断和确认。我国刑事诉讼的证据认定标准为确实、充分，法官在行使自由裁量权的时候，需要运用自由心证原则对鉴定意见证据证明力的大小和强弱进行主观上的判断。相比之下，我国民事诉讼法和行政诉讼法对于证据的认定标准则不必达到确实、充分的绝对标准，仅要求优势盖然即满足最基本的认证标准。

（三）我国鉴定意见认证研究

证据能力和证明力是诉讼证据的基本要素，任何被采纳为定案依据的诉讼证据都应当蕴含两者。鉴定意见作为法定证据种类之一，理应具有证据能力和证明力两个特征。证据能力是指某种证据要依法成为法律上的证据所应当具备的资格和条件。证明力是指证据对案件事实的证明所具有作用的有无及其大小的程度，它是证据本身所具有的自然效力和证据的内在属性。鉴定意见的证据能力是指鉴定意见在法律上具有的法庭准入资格，鉴定意见要成为法庭认定事实的依据，就必须一具有证据能力为前提条件。[②]鉴定意见的证明力是指具备证据能力的鉴定意见对于案件事实的证明效果，也是通过借助于专门知识对案件事实真伪和相互之间的联系进行判断的作用力。鉴定意见的证据能力主要体现在合

① 参见沈臻懿：《〈死刑案件证据规定〉第 23 条的诠释与解读——以鉴定意见审查判断为视角》，载《犯罪研究》2011 年第 2 期。

② 参见陈瑞华：《刑事证据法》（第 4 版），北京大学出版社 2021 年版，第 142 页。

法性和关联性方面，而鉴定意见的证明力则包括真实性、关联性和科学性方面。[①]

1. 鉴定意见证据能力的认证

鉴定意见的证据能力的认证，可以从以下几方面进行分析判断：

一是鉴定主体的适格性。鉴定机构和鉴定人的法定资格条件是鉴定意见具有证据能力的首要前提。鉴定人的资格条件主要包括具备鉴定所需的专门知识技能和鉴定人所从事鉴定事项的范围两方面内容。[②]鉴定机构的资质主要具备用于鉴定的仪器设备等硬件设施。

二是鉴定意见的必要性。司法鉴定作为解决诉讼程序中专门问题的科学性活动，必须严格遵守其职责范围。只有借助于专门知识和技能才能认定某些案件事实问题时，才能启动司法鉴定程序。否则极有可能会侵犯了事实裁判者的权利，也侵犯了控辩双方举证说明的权利。

三是鉴定意见的关联性。鉴定意见必须对待证事实具有一定程序的证明作用，如果没有与案件事实的关联，即使鉴定再科学可靠，也不具备证据能力。

四是鉴定意见的科学可靠性。鉴定意见所依据的科学原理和技术方法直接影响最终鉴定意见的科学可靠性，鉴于鉴定过程中人为因素和运用不同科学原理的影响，[③]鉴定意见证据能力的认证必然要予以特别重视。

五是鉴定意见的正当性。对非法手段或是未按照法定程序获得的鉴定意见，法律禁止将其作为证据使用，当然不具有证据能力。这主要可以从鉴定资料的来源的合法性和鉴定方法的正当性考察对鉴定意见证据能力的影响。

2. 鉴定意见证明力的认证

随着自由心证制度逐步取代法定证据制度，法律不会对证据的证明力或证明价值问题做任何限制性的规定，而是由法官、陪审员依据经验、理性和良心进行自由评价和判断。[④]对于鉴定意见的证明力的认证，可以从以下规则进行

① 参见李苏林：《提升科学证据在刑事审判中的运用水平——以鉴定意见为例》，载《理论探索》2015 年第 2 期。

② 参见张勇、钱岩：《鉴定人、有专门知识的人出庭制度构建——以天津市法院系统实践探索为基础》，载《法律适用》2018 年第 19 期。

③ 参见谭趁尤、郭华：《科学≠确定：司法鉴定意见本质的再认识》，载《社会科学家》2020 年第 12 期。

④ 参见陈瑞华：《以限制证据证明力为核心的新法定证据主义》，载《法学研究》2012 年第 6 期。

规制：

一是优先证明力限制规则。鉴定意见作为证据形式的一种并没有必然的证明力，[①]其证明力的有无及大小仍需要裁判者经过控辩双方质证后，结合其他证据综合判断。对于科学证据的盲从和误解是各国普遍的现象，相比于一般证据，科学证据的发现、收集和保全都具有较高技术含量，但许多冤案的发生症结就在于案件中的科学证据对案件事实的认定起了推波助澜的作用。有研究显示我国对控方提交的DNA证据的采纳率为99.65%之高，当对科学证据不加细致审查即全盘接收的同时，法官的心证即无适用之地了。[②]

二是效力等级禁止规则。司法实践中，当针对同一争议事项有多份鉴定意见时，仍有法官依据鉴定机构的等级高低或者鉴定人的资质条件进行优先采用。[③]主张鉴定意见效力等级制的说法是违背科学、违背客观规律，也是违背法律的。鉴定人对科学的认识、运用是客观、平等的，对鉴定意见证明力的审查判断只能依靠裁判者依心证自主得出。

三是心证公开规则。裁判者依自由心证原则对鉴定意见的取舍和评断其证明力大小的判断是法律所赋予的权利，但鉴定意见的科学性特点要求裁判者并不能恣意依个人偏见来评判，心证公开原则即要求无论裁判者采纳或者拒绝将鉴定意见作为定案的依据，都必须进行强有力的说理，其推论结果和过程、判断的主要依据都应当公开，具体就是应当在判决书中对其运用、判断证据的逻辑做出令人信服的解释说明。

案　例[④]

2019年12月10日18时许，被告人安某用铲车将被害人杨某位于安国市处榨油厂房屋毁坏。经安国市发展和改革局价格认证中心认定，被破坏的榨油厂房价格为47,863元。面对公诉机关的指控，

① 参见朱晋峰、吴何坚：《司法鉴定公信力的反思及破解的制度机制选择》，载《中国司法鉴定》2021年第5期。

② 参见张中、石美森：《论科学证据的证明力》，载《证据科学》2012年第1期。

③ 参见马云雪：《鉴定意见认证存在的问题及其对策研究》，载《西部法学评论》2012年第4期。

④ 案例来源：安国市人民法院（2020）冀0683刑初199号刑事审判书，著者稍作改动。

被告人安某及其辩护人认可毁坏厂房的事实，但不认可认定的价格，因为价格鉴定需要附带鉴定机构和鉴定人资质，发展改革委员会没有权利进行鉴定。

法院认为，对于被告人及其辩护人不认可认定价格的意见，根据价格认定规定，价格认定当事人对价格结论有异议的，可以向提出机关提出复核申请，提出机关认可后，按规定提请复核。在案证据显示，被告人收到价格认定结论时并未在规定期限内向侦查机关提出异议，故对被告人及其辩护人的意见不予采纳。对辩护人辩称的价格认定不符合鉴定程序的辩护意见，价格认定系县级以上各级价格主管部门的价格认定机构承担的工作，而并非司法鉴定的范畴，故对辩护人提出的该价格认定不符合鉴定程序的辩护意见不予采纳。

案 解

在本案中，辩护人在辩护意见中辩称价格认定不符合鉴定程序，认为价格鉴定需要附带鉴定机构和鉴定人资质，发展改革委员会没有权利进行鉴定。法院认为，被告人虽对价格认定有异议，但并未在规定期限内提出异议价格认定，已经超出了提出复核申请的时间。且价格认定系县级以上各级价格主管部门的价格认定机构承担的工作，而并非司法鉴定的范畴，故对辩护人提出的该价格认定不符合鉴定程序的辩护意见不予采纳。

根据《刑事诉讼法》的规定，公诉人、当事人或者辩护人、诉讼代理人对鉴定意见有异议，人民法院认为鉴定人有必要出庭的，鉴定人应当出庭作证。经人民法院通知，鉴定人拒不出庭作证的，鉴定意见不得作为定案的根据。在本案中，价格认定并非司法鉴定，自然不适用此规定。

拓展阅读

1. 陈瑞华：《以限制证据证明力为核心的新法定证据主义》，载《法学研究》2012 年第 6 期。
2. 刘振红:《司法鉴定: 诉讼专门性问题的展开》,中国政法大学出版社2015年版。
3. 刘红、纪宗宜、姚澜：《司法鉴定证据研究》，法律出版社 2012 年版。

复习试题

1. 试阐述鉴定意见取证的注意事项。
2. 试辨析英美法系国家与大陆法系国家关于鉴定意见质证的异同。
3. 试阐述鉴定意见证据能力与证明力的关联。

复习与作业要求

1. 课后复习，并完成复习试题。
2. 考核要点：鉴定意见的取证、举证、质证、认证。
3. 辅助教学活动：案例简析。

第十章　现场勘验检查笔录的证据调查

教学目的和要求｜通过本章学习，使学生了解现场勘验检查笔录调查概述。

教学重点和难点｜现场勘验检查笔录、现场勘验检查笔录的格式、内容与制作方法。

教学方法与手段｜讲授和案例分析。

随着现场勘查技术和手段的提高，勘验检查笔录在司法实践中所起到的作用越来越大。现场勘验检查笔录作为证据类别中非常重要的组成部分，是现场勘查人员通过文字记载、图标记录、录音录像等多种方式将犯罪现场相关信息客观记载下来的一种证据调查手段。现场勘验检查笔录在诉讼活动中起着不可忽视的作用，一方面通过对现场的客观记载来帮助侦查人员分析案件性质内容，另一方面现场勘查笔录自身作为一种证据类型在刑事诉讼流程中发挥着证明案情以及印证其他证据的作用。详细地了解现场勘验检查笔录的概念、性质和主要内容，将在现场勘查阶段乃至整个侦查阶段中起到奠基的作用。

第一节　现场勘验检查笔录的概念

一、现场勘验检查笔录概念

从不同视角出发，勘验检查笔录的概念可以有不同的界定。但总体而言，勘验、检查笔录的概念界定需要从以下几方面考虑：

第一，应该先对勘验检查笔录的主体予以确认。勘验检查笔录作为八类证据中重要的一项，是以办案人员对于犯罪现场的客观记录以及对人身的客观检查报告来反映案件相关内容和性质的一项证据形式。

首先，其制作主体包括案件的侦查人员，其基本流程是侦查人员收集案件的现场勘查、检查笔录，转交于检察机关固定证据报告形式，最后由法院来对证据进行决断的过程。在收集过程中其他司法人员并没有第一时间对现场收集的勘验、检查笔录进行核实，只是事后对于证据的合法性、客观性和关联性进行补充说明或者删减，因此并不能成为勘验、检查笔录的制作主体。

其次，勘验、检查笔录的制作主体还包括具有专门知识的人员。根据我国《刑事诉讼法》第128条规定，“侦查人员对于与犯罪有关的场所、物品、人身、尸体应当进行勘验或者检查。在必要的时候，可以指派或者聘请具有专门知识的人，在侦查人员的主持下进行勘验、检查”。因此，侦查人员在现场勘验、检查的过程中为弥补其自身知识能力上的不足，可以指派和聘请一些具有专门知识的专家来协助侦查人员进行勘验、检查。[①]所以勘验、检查笔录的制作主体不仅仅包括案件的侦查人员，还包括接受公安机关委派或者聘请的专业人员。

第二，现场勘验、检查笔录的对象是场所、物品、人身、尸体，其中现场勘验的对象包括犯罪现场的场所、与犯罪有关的痕迹、现场的相关物品以及尸体等客观的物。检查的对象指活人的身体，包括对被害人身体的检验、犯罪嫌疑人或犯罪嫌疑人身体的检验等。

第三，现场勘验、检查笔录的方式是对于犯罪现场的状态、事物以及实施勘验检查情况的客观描述和真实记录。现场勘验检查不是根据侦查人员的主观臆想擅自推断，而是对客观情况进行详细正确的描述。在笔录的具体形式上，不仅仅包括对于现场的客观文字记载，还包括用绘图、照相、摄像等方法将现场状况和勘验、检查过程固定记载下来。

第四，现场勘验、检查笔录是为了帮助司法机关正确对待案件，保证侦查、起诉和审判等程序的公正合法。其一，现场勘验笔录可以提供了解现场情况的资料，使没有亲自参加现场勘验的人员通过查阅现场勘验笔录的内容，全面地了解现场情况。其二，现场勘验笔录可以为研究案件情况提供依据。现场勘验笔录所记载的现场状态以及由犯罪行为所引起的有关客体物的变化是反映案情的有力工具。[②]其三，现场勘验笔录可以提供证明犯罪情况的证据，笔录是保密

---

① 参见刘品新：《电子证据的审查技巧》，载《中国检察官》2021年第14期。

② 参见许爱东编著：《现场勘查学》，北京大学出版社2011年版，第102页。

的，只有犯罪嫌疑人以及现场勘验人员知道案发情况，因而现场勘验笔录具有不可替代客观证据的诉讼价值。

由此观之，现场勘验、检查笔录的概念应该是案件相关侦查人员和专门技术人员对于犯罪现场的场所、痕迹、物品以及尸体的勘验和对案件相关人身的检查并以文字、图片、视频等方式固定下来的客观描述和真实记录。[①]

二、现场勘验检查笔录特征

勘验、检查笔录作为八大证据种类其中之一，是一种独立的证据形式，同其他证据形式具有一定的共同之处，同时也具有自身的独特属性特征。

（一）现场勘查笔录证明形式的多样性

现场勘验检查笔录包括在现场勘验过程中利用笔录、绘图、照相、摄像等方法将现场的实际情况和勘验检查过程记载固定的法定形式证据。具体证明形式包括勘验检查文字笔录、现场绘图、现场照片、现场录像和现场录音等，[②]几种形式各有所长，相互结合在一起能更全面、客观地反映现场有关情况。

（二）现场勘查笔录证明内容的多样性

现场勘验、检查笔录作为证据在诉讼中使用，不仅可以证明程序法事实，也可以证明实体法事实。首先，现场勘查笔录可以反映出侦查人员和专业技术人员在进行现场勘验活动中是否按照法律规定的程序和方法进行，其有助于保证法治的基本秩序和获得社会群众对于法律的信任和尊重，反映出证据的程序法事实。其次，现场勘验笔录中的内容包含了对于现场有关物证以及这些客观物证对案件事实的证明价值，如有关物证的形状、大小、分布、相互之间的关系等，从而起到了实体法事实的证明作用。

（三）现场勘查笔录证明的间接性和重要性

现场勘验检查笔录同其他很多客观证据一样，必须和其他证据相互联系起来形成证据链才能证明清楚案件的客观事实，其本身并不足以完整证明案件事

① 参见王超、周菁：《论完善我国刑事质证制度的必由之路》，载《华东政法学院学报》2003年第5期。

② 参见肖晗：《略谈刑事案件现场勘验笔录的制作》，载《应用写作》2019年第8期。

实。现场勘验检查笔录只是对于可能同犯罪相关的场所、物品、痕迹、尸体和人身进行描述记录，并不直接表明什么人在哪里实施了什么犯罪。同时，现场勘验检查笔录作为客观的证据，同物证书证等客观证据一样，是以客观存在来证明案件事实的，因此在证明力上要大于证人证言和当事人陈述等主观的证据，在证据证明力上具有重要的价值地位。

三、现场勘验检查笔录的重要性

（一）现场勘验检查笔录可以直接反映出勘查人员的工作能力

现场勘验检查记录可以直接反映现场勘查质量的高低，主要体现在对重要的犯罪现场和相关人员是否进行了详细的勘查，是否按照法定科学的顺序步骤和方法去勘验，对痕迹的提取、物证的归类和犯罪场所的描述是否全面到位，是否系统地对勘验对象进行搜查整理分类。这要求勘验人员熟练地运用文字语言来客观准确地记录勘验过程和勘验结果，让那些没有亲临现场的司法工作人员可以精准了解案发现场的相关情况，为诉讼的顺利进行打下基础。

（二）现场勘验检查笔录是分析案情的重要依据

在前期侦查阶段中，一个重要的信息来源便是通过现场勘验检查笔录获得现场信息，并对勘查记录一切与犯罪有关的客观情况进行整理和分析。在犯罪现场重建和现场实验中，现场勘验检查笔录也起到了关键性作用，如果没有勘验检查笔录，就无法对犯罪现场进行客观完整地还原，因此勘验检查笔录在侦查活动的展开和破案线索信息的获取上都处于不可忽视的地位。

（三）现场勘验检查笔录是证明犯罪不可缺少的法律文书

现场勘验检查笔录是现场勘验检查工作的客观原始记录，是再现犯罪现象的重要依据。现场勘验检查笔录同犯罪行为人有直接联系，侦查人员可以将其与嫌疑人口供相互对比，从而找出其中的矛盾并进一步证明嫌疑人有无犯罪行为。在人民检察院和人民法院受理刑事案件时，都需要完整符合规定的法律文书。如果法律文书中不完备不合格则可以拒绝受理，因此现场勘验检查笔录不仅是证明犯罪的必要证据，同时也是刑事诉讼环节中不可缺少的法律文书。

案 例[1]

2003年2月25日11点53分，清华大学西北角的教工餐厅发生爆炸，共造成6人受伤。下午1点20分，与清华大学一街之隔的北京大学农园餐厅也发生了爆炸，造成餐厅部分顶棚受损，窗户玻璃被震碎，3人受伤。

根据现场勘查笔录，两处地面洒落着蓄电池、漆包线、黑火药、水暖管残件、小闹钟、闹钟齿轮、一根针、空的康师傅方便面碗等物以及一个蓝色单肩尼龙包。通过对爆炸装置的调查发现，两处所用炸药都是爆竹火药，都装在水暖管中，通过石英钟定时。两个小闹钟齿轮相同，方便面盒内都有双面胶粘贴痕迹，由此侦查人员判断这两个定时炸弹属同一手法所做。

通过现场访问，侦查员在清华西门附近的一家摩托车修理店得到了重要的线索，爆炸发生前两天，一名身高1米7左右的，二十五六岁，留平头，外地口音的男子在这家店购买了两组蓄电池，和现场发现的一致，由此确定犯罪嫌疑人。

在后续侦查中，技术部门追踪了犯罪嫌疑人的IP地址，对各旅馆房客进行清查，很快一名黄姓男子进入了警方的视野。根据后续侦查勘验笔录，侦查人员进入该房间搜查后发现了制作定时炸弹的剩余零件。综合各方线索和证据，侦查员锁定黄某男子便是两起爆炸案件的作案嫌疑人，最终成功地将其抓获。

案 解

现场勘验笔录在侦查学中的地位举足轻重，其不仅可以直接反映出勘查人员的工作能力，更是分析案情的重要依据，同时它也是八大证据形式之一，为后续定罪量刑起到很大的作用。

① 案例来源：邢军：《一生守候：京城神探刑侦档案》，法律出版社2006年版，第188~196页。

在本案中，现场勘查笔录记录着地面洒落物品，重要的蓝色尼龙背包以及对爆炸装置的现场调查，由此侦查人员才能判断这两个定时炸弹属同一手法所做。同时现场勘查笔录记录了与摩托车修理店负责人的谈话，并据此将修理店的蓄电池与案发现场的蓄电池配对，从而锁定犯罪嫌疑人，将其成功抓获。最终也是通过对犯罪嫌疑人所在旅馆进行现场勘查后所做的现场勘验笔录，成为后续为犯罪嫌疑人定罪量刑的重要依据。

拓展阅读

1. 许爱东：《现场勘查学》，北京大学出版社 2011 年版。
2. 王国民：《犯罪现场勘查》，四川大学出版社 2008 年版。
3. 蒋健：《犯罪现场勘查》，中国人民公安大学出版社 2014 年版。

复习试题

1. 试阐述现场勘验检查笔录的制作主体。
2. 试阐述现场勘验检查笔录能证明哪些案件事实。
3. 试论述现场勘查笔录如何反映勘查人员的工作能力。

复习与作业要求

1. 课后复习，并完成复习试题。
2. 考核要点：现场勘验检查笔录的概念、特征及其地位。
3. 辅助教学活动：案例简析。

第二节　现场勘验检查笔录的格式和内容

现场勘查人员通过文字记载、图标记录、录音录像等多种方式将犯罪现场相关信息客观记载下来，现场勘查笔录的最终呈现形式为由绘图、照相和录像等部分的有机构成。

一、现场绘图

（一）现场绘图的内容

现场绘图是侦查人员运用制图学的原理和方法，记录和反映现场客观情况的现场记录形式。它是现场勘验、检查笔录的重要组成部分。[①]

根据现场反映范围的不同，可分为现场方位图、现场全貌图、现场局部图、现场特写图。

现场方位图是展示现场位置与周围环境相互关系的现场图；现场全貌图是用来展示现场内外部总体结构，现场物品、痕迹、物证相互关系的现场图；现场局部图是用来展示现场重点部位以及痕迹、物证遗留位置与环境相互关系的现场图；现场特写图是用来表现痕迹、物证表面状况以及相关细节特征的现场图。

根据现场图的准确度的区别，可以将现场图分为现场比例图、现场示意图、现场比例示意结合图。

现场比例图是将绘制对象的位置和相互距离关系，按照一定比例缩小绘制在图纸上，以准确表示实际的大小、距离、位置关系；现场示意图是相对准确反映绘制对象的尺寸大小与相互关系的现场图，其不要求准确的比例，但也不能比例失调，其多用于面积比较大的现场；现场比例和示意结合图是综合运用比例和示意两种表现方法绘制的图形，在一张绘图中有的客体是按照比例绘制的，有的则是按照示意的方法绘制的。

（二）现场制图的基本要求

1. 完整反映现场的位置、范围。

2. 布局合理、重点突出、画面清洁、标识规范。

3. 准确反映与犯罪活动有关的主要物体，表明痕迹、物证、尸体、作案工具等具体位置，犯罪嫌疑人的行动路线等。

4. 与现场勘验检查笔录记述内容相符合。

5. 文字说明应当简明、准确。

① 参见吴刚、李瑾：《森林刑事案件现场勘查常见问题》，载《森林公安》2017 年第 2 期。

6. 注明现场图的测量方法、比例、方位、图例、绘图单位、绘图日期和绘图人。

（三）现场绘图的特点

1. 现场绘图具有高度专业性

刑事案件现场绘图是综合工程建筑、地理测绘、城市规划和绘画透视等多种制图原理方法而形成的一门综合制图技术。[①] 现场绘图不仅仅要求制图人员熟练掌握制图技巧，同时还要求对相关绘图程序有所了解，以便于快速准确识别分析现场绘图，使得绘图能在侦查活动中发挥应有的作用。

2. 现场绘图具有极强灵活性

现场绘图克服了现场照相与现场录像的视点与拍摄角度无法任意选择的局限性，绘图可以根据案件的需要灵活选择视点，将现场从不同的角度方位全面客观地呈现出来。

3. 现场绘图要求极高准确度

现场绘图不同于现场摄影中受到光线视角的影响，其能够排除其他物体和客观因素的干扰。绘图都可以通过设定比例，经过测量而计算出物体和物体之间的相互关系。现场绘图使得现场的每一个细节及整体构建通过现场绘图呈现出来，对现场分析、重建和实验起到至关重要的作用。

二、现场照相

刑事现场照相是应用摄影理论和技术来研究并解决有关犯罪现场相关问题的一项侦查勘验活动。它是运用拍照的方法将现场中可能同犯罪相关的客体的特征、性质、地理位置等属性予以记载并呈现，通过真实客观的照片来寻求破案线索的一种刑事技术活动。

（一）现场照相的内容

现场照相的主要任务是反映现场和现场所在的位置、环境，以及现场内的具体情况信息、犯罪行为所在空间、犯罪行为侵害的对象以及犯罪行为在现场

① 参见段黎宇、张钰莹：《人工智能在侦查中的运用构建与职能定位》，载《湖南警察学院学报》2020 年第 6 期。

中所遗留下来的痕迹和物证等。[①] 根据拍摄范围、拍摄地点角度的不同，根据现场的实际情况运用从远到近，从大到小，从上到下，从外到内等几种拍摄方法可以将现场照相分为现场方位照相、现场全貌照相、现场重点部位照相和现场细目照相 4 种类型。

1. 现场方位照相

现场方位照相是指以整个现场及其周围环境为拍照对象，是一种反映犯罪行为以及犯罪行为与周围客体相互关系的一种刑事摄影手法。在方位照相中不仅要把犯罪现场的周围环境以及相对位置清楚显现出来，还要将重要的现场痕迹、物证等有价值的线索大致方位收入照片中。现场方位照相在说明现场位置、环境同时，还能够反映出案发现场的季节、气候和气氛等。[②]

2. 现场全貌照相

现场全貌照相又可以称之为现场概貌照相，它是指以整个现场或者现场中心地段都作为拍照的对象，反映现场全貌和现场各部分的地理位置以及相互关系的一种刑事拍照类型。[③] 现场全貌照相需要将现场中心部位和现场勘验的主要客体对象突出表现出来，从而反映犯罪现场的范围，犯罪嫌疑人的犯罪路线，被侵害客体的情况以及现场突出痕迹、物证信息以及各种客体之间相互关系等情况信息。

3. 现场重点部位照相

现场重点部位照相是指记录现场中重要部位、客体、地理位置的特征、状态以及同犯罪行为产生的痕迹、物证之间的关系的针对性摄影方法。现场重点部位照相可以充分反映出案件特征性质，借此可以有助于侦查人员分析案件性质、作案时间、手法、路线等信息线索。重点部位照相需要反映出重点部位状况和特征，一定程度揭示犯罪过程手段，同时影像要客观、有参照物，能够多角度地反映重点部位，将重点部位与周围相关客体的关系反映在照片中。

---

① 参见廖翔：《刑事案件现场照相新特点及应对》，载《警察技术》2007 年第 4 期。

② 参见王蚁达、康卫：《现场方位无人机航拍技法实验探究——以一起立交桥路道上案发现场方位照相为例》，载《四川警察学院学报》2016 年第 4 期。

③ 参见乐照航、陈源锋：《扫描全景方法在现场照相中的应用与分析》，载《福建警察学院学报》2014 年第 6 期。

4. 现场细目照相

现场细目照相，是指记录在现场中那些同犯罪相关联的细微局部的状况以及专门为了表现那些犯罪痕迹、物证、侵害客体的形状、性质、大小等的专门拍照技术。[①] 因为细目照相的对象大小、颜色、形态和结构可能均有所不同，所以常常使用近拍装置或者特殊的照相方法，才能够完整清晰地将细微的痕迹物证表现出来。细目照相常常用于检验和鉴定工作，在拍摄时需要按照技术检验、鉴定的要求进行拍摄。在拍摄过程中按照比例摄影的原则，保证被拍摄的痕迹、物证清晰完整不变形，检材和样本的配光要一致，拍摄的时间准确及时，遵守先拍摄后提取的原则同时注意拍摄相关进程。

（二）现场照相的方法

现场照相在实践中常用的方法包括单向照相法、相向照相法、十字交叉照相法、连续照相法等。

1. 单向照相法

单向照相法是指从一个方向对着现场某一处客体对象进行针对突出拍摄的一种照相方法。通常用于范围不大、案件情况性质简单、画面比价容易获取的现场。单向拍摄照片时应将照相机镜头处于水平位置。在对现场细目进行拍摄时，应当将照相机镜头垂直于被拍客体平面以免照片受影响扭曲变形。[②] 单向照片一般采用小光圈、较低快门速度，以便获得较大的景深，应尽量避免使用顺光或者前侧光来配光。

2. 相向照相法

相向照相法是从两个相对的方向分别对现场某一处客体进行拍摄的照相方法。两个拍摄点与被拍客体的距离、角度和高度要求一致，使得被拍摄的客体大小相等，以便互相对照。相向照相法两次拍照的曝光量和冲洗工艺需要一致，两张照片的放大倍率、反差、影调、色调以及照片尺寸需要相同。

3. 十字交叉照相法

十字交叉照相法是从前后左右 4 个不同的方向，对现场中某一客体或者地

① 参见周艳玲：《现场细目照相之闪光配光法》，载《警察技术》2007 年第 4 期。
② 参见贾永生：《论犯罪现场摄影构图》，载《辽宁警察学院学报》2020 年第 2 期。

段交叉进行拍摄。十字交叉所拍摄出的 4 张照片，能够从 4 个不同的侧面反映出被拍摄客体同周围环境的关系，此种方法多用于拍摄现场方位或现场概貌。在十字交叉法中要处理好重点和全面的关系，既要有重点反映出主要目标的情况，又要反映一个侧面的具体信息。十字交叉照相法中每个被拍摄地点距离被拍摄客体的距离和高度角度应该一致，保证每张照片的比例大小一致，同时应该避免逆光拍摄，必要时可以采取补光。

4. 连续照相法

连续照相法，是指在拍摄对象范围面积较大或者狭长的情况下，用一张照片可能不能够反映出客体真实的面貌和全部内容，而采用一种分段拍照的方式。连续照相法将被拍摄对象分成数段，按照一定的顺序进行拍照，再将照片按照一定的顺序拼接起来，最后形成一幅完整的照片画面。[①] 其中连续照相法包括了回转连续拍摄法和直线连续拍摄法。回转连续照相法是指将照相的位置固定，水平或者垂直方向转动镜头，将被拍客体分段连续拍照形成若干画面的拍照方法。直线连续照相法是指将照相机的焦平面和被拍摄的客体的平面平行、等距，沿着被拍物体直线移动并将其分段连续拍照成若干个画面的一种拍摄方法。直线连续照相法中每一幅画面应当保持相同距离比例，在垂直情况下拍摄，并且不能用广角镜头拍摄以防止图像变形。[②]

（三）现场照相的要求

现场照相的基本要求通常包括及时迅速、准确表现、全面系统、重点突出和客观记载等。[③] 我国公共安全行业标准《现场照相、录像要求规则》中明确规定了相关原则要求：

1. 现场拍摄应当及时、全面、客观、准确。

2. 现场拍摄所需器材设备平时应当完备有效，能随时投入现场使用。

3. 现场拍摄要遵守勘查秩序，服从统一指挥，与其他技术勘验工作协调配合进行。

---

① 参见吴丹宁：《刑侦摄影技术的有效应用》，载《法制博览》2015 年第 26 期。
② 参见贾永生：《论犯罪现场摄影构图》，载《辽宁警察学院学报》2020 年第 2 期。
③ 参见卓善永：《谈刑事现场照相的基本要求》，载《内江科技》2004 年第 6 期。

4. 现场拍摄前拍摄人员应根据现场的具体情况，对各画面的构成和衔接组合进行筹划构思，拍摄时应当按照一定的步骤和顺序，系统连贯、有条不紊地进行。

5. 现场拍摄人员应对现场所有的场景、细目进行全面细致地拍摄。对一时难以判定是否与案件有关的物品、痕迹也应按要求拍摄。

6. 现场拍摄时，对不同的场景、内容的画面转换组接应拍摄过渡镜头。如无编辑条件，拍摄时应尽可能按照一定顺序，拍摄成直观明了的现场素材片。

7. 现场拍摄的画面应主题明确，主体突出。拍摄摇、移到重要部位时，应做短暂停留。对其他勘验人员要求拍摄的画面镜头，如不明白拍摄意图和所要表现的主题内容时，应主动问明。

8. 现场拍摄前应对被拍摄主体进行测光，重要场景、物证应系列曝光拍摄，以免曝光失误。

9. 拍摄重要物证时应先请见证人过目。受条件限制需提取后拍摄的物证、物品应先拍摄其所在位置和原始状况，提取时应办理手续。所提取的物品应妥善包装、保管，避免损坏、丢失。

10. 当现场的物证、物品所在环境不利于拍摄其轮廓、形态特征时，可先拍摄其原始状况，经痕迹物证显现处理后可放置在适当的背景、光线条件下拍摄。当环境背景与画面主体亮度差太大时，摄像机应使用手动光圈，以避免主体亮度失调。

11. 在现场勘验中，应在现场随时查看数码照片和现场拍摄效果，现场拍摄的胶卷应及时冲洗，如有失误应及时补拍。

三、现场录像

现场录像是利用现代化摄影录像设备，运用摄录像技术和方法，在犯罪相关现场由侦查人员按照法律规定和要求，将案件发生的地点、场景以及和案件有关的痕迹、物证、尸体等及时、准确、客观地记录下来的一种刑事勘查技术。

现场录像是一种用电子设备完整记录反映整个案件现场情况的技术手段。

现场录像同上述几种现场勘验检查笔录的方法相互印证、相互补充，有效反映出现场客观具体情况，自身也拥有着即时再现、连续完整、生动形象等现场录像所独有的特点。

（一）现场录像的作用

现场录像可以将现场勘查的每一个过程完整记录下来，进而为分析案件情况提供详细资料，为技术检验、鉴定提供条件，如果存在犯罪事实则为接下来的刑事诉讼流程提供证据支撑。

1. 现场录像对现场勘查的作用

现场录像不仅能客观、准确、完整地将案件的现场地理位置和与案件相关的痕迹、物证等情况信息进行记录和固定，同时也是一种提取现场痕迹、物证特征信息的一种刑事勘验技术方法。利用现场录像技术，可以将现场中一切同案件有关的痕迹、物证等客体提取下来，还可以将现场勘查的流程以及重点环节完整地记录，反映侦查勘验人员是如何进行现场勘查活动的，具有多方面综合的效应。

2. 现场录像对分析案情的作用

现场录像是犯罪行为与犯罪现场相互作用，产生影响并遗留痕迹的一种客观表达。侦查人员可以通过录像来分析犯罪手法和犯罪人心理，从而进一步锁定犯罪嫌疑人范围，提高侦查破案效率。现场录像也有助于现场重建和现场实验的进行，为收集分析破案线索提供有力的支撑，因此现场录像对于分析案情起到重要的作用。

3. 现场录像对刑事诉讼的作用

现场录像是固定和保全证据的一种有效手段。它可以为勘查人员提供有效的资料和参考依据，对于刑事诉讼的证据收集起到重要作用。同时现场录像自身也是证据的一种，现场录像是现场勘验检查人员对案件有关情况的客观记载，属于八大证据种类中的现场勘查检验笔录。现场录像可以单独作为证据在刑事诉讼阶段中使用，通过现场录像作为证据来说明相关案件情况，也可以和其他证据相互联系来验证案件真实事实和内容。

（二）现场录像的要求

现场录像和现场照相都是通过电子产品的运用将现场有关痕迹和物证用照片和视频录像的方式来固定和记载的一种刑事勘查技术手段。因此，现场录像的要求也基本上同现场照相的要求一致，不过，现场录像也有自身需要注意的一些原则事项：

1. 现场录像应当合理使用推、拉、摇、移等技巧，镜头转换场景时要有不少于5秒的起落时间。现场录像画面的运动速度要符合观看者一般的视觉习惯，不可太快或太慢。

2. 现场录像，尤其是现场概貌、现场重点部位录像，应尽量避免将勘验人员和勘验器材、车辆等摄入画面。现场录像应尽量避免录入现场的无关声音。

3. 现场录像时，要清晰、准确地反映被拍摄物体的主题内容，合理选择光源种类和光照角度。使用灯管照明时，要防止反光和不良阴影破坏画面主题内容。

4. 此外，现场录像的原则也不能脱离现场勘验检查的基本要求，包括：现场录像应当及时准确、迅速；现场录像时应当遵守秩序，与其他勘查技术人员相互配合协作；现场录像应当全面系统，录像时应当按照一定的步骤和顺序，系统连贯地进行；现场录像应当突出重点，录像画面应当主题明确突出；现场录像应当客观准确，清晰、完整地将被拍摄物的主旨特征反映出来。

（三）现场录像的种类

1. 现场方位录像

现场方位录像是以整个现场和现场周围环境为拍摄对象从而反映犯罪现场所处地理位置与周围物体之间的相互关系的一种刑事勘查技术。通过现场方位录像，我们可以分析推测出犯罪嫌疑人进出现场的路线及其所遗留下来的痕迹和物证，为分析、侦破犯罪案件提供信息情报。现场方位录像在拍摄时主要使用自然光来表现整个现场方位，一般可以多使用摇镜头以及推拉镜头。为了明确现场方位，在后期编辑中可以在画面中加上指示现场具体地点的闪烁标识。

2. 现场概貌录像

现场概貌录像是以整个案件现场或现场中心地段作为拍摄的主要内容，反映现场全景以及各个部位相互之间关系的一种摄影方式。在现场概貌录像中拍摄时应当慎重选择位置和角度，要求做到客观真实、系统全面和重点突出。在具体拍摄时，应针对性地从不同角度、不同方法来拍摄，尽量使用连续画面，室外现场概貌摄影主要使用自然光，在录像时可以灵活选择推、拉、摇、移镜头以及变焦拍摄。

3. 现场重点部位录像

现场重点部位录像是记录现场重点位置、部件、物品痕迹等特征、形态和地理方位的专门录像。现场重点部位可能只有一处，也可能有多处，应根据具体案件情况分别选择拍摄角度。重点部位录像要求将重点突出，并反映重点部位同周围环境的关系。在录像手法上可以采取全景、中景、近景、特写的方式，特写时应当防止影像变形模糊，要善于把握重点部位的录像时机，灵活选择拍照位置，对于复杂的重点部位应该选择多方向多角度的拍摄方法，录像停留的时间要稍长，画面运用速度应该更加平缓。

案 例[①]

2015 年 10 月 28 日 18 时许，被告人郑某与被害人郑某 1 因土地纠纷引发争执。之后，被告人郑某打电话叫来同案人郑某 2 帮忙处理，在此期间，双方引发互殴，被告人郑某用拳头将被害人郑某 1 的鼻部殴打致伤；同案人郑某 2 将被害人林某推倒致其左侧股骨受伤。经莆田市公安局物证鉴定所法医学鉴定，被害人郑某 1、林某的损伤程度分别为轻伤二级、轻伤一级。案发后，被告人郑某于 2016 年 1 月 27 日向仙游县公安局投案。

上述事实，被告人郑某在开庭审理过程中亦无异议，且有物证现场照片，书证被告人郑某户籍证明，违法犯罪经历查询情况表，仙游县公安局榜头派出所出具的到案经过，仙游县公安局出具的投案证明，仙游县公安局案发现场绘画图，谅解书，收条，仙游县司

① 案例来源：福建省仙游县人民法院（2016）闽 0322 刑初 688 号刑事判决书，著者稍作改动。

法局出具的审前社会调查评估意见书，询问笔录，证人证言，被害人郑某1、林某陈述，同案人郑某2的供述和辩解，被告人郑某的供述和辩解，莆田市公安局物证鉴定所法医学人体损伤程度鉴定书及所附照片等证据证实，足以认定。

最终，法院判决被告人郑某犯故意伤害罪，判处有期徒刑一年，缓刑一年六个月。

案 解

现场绘图是侦查人员运用制图学的原理和方法，记录和反映现场客观情况的现场记录形式。它是现场勘验、检查笔录的重要组成部分。一般来说，现场绘图克服了现场照相与现场录像的视点与拍摄角度无法任意选择的局限性，绘图可以根据案件的需要灵活选择视点，将现场从不同的角度方位全面客观地呈现出来。在本案中，仙游县公安局收集的证据比较充分，既有现场照片，也制作了案发现场绘画图，使得案情比较清晰。最终，法院判决被告人郑某犯故意伤害罪，判处有期徒刑一年，缓刑一年六个月。

拓展阅读

1. 熊英文、汤峰：《论现场勘查管理》，载《刑事技术》2003年第6期。
2. 童冬生、王圣江：《海上犯罪现场照相取证研究》，载《净月学刊》2014年第5期。
3. 童冬生等：《船舶犯罪现场常见痕迹物证提取方法》，载《公安海警学院学报》2014年第1期。

复习试题

1. 试自行制作一份现场绘图。

2. 试自行制作一份现场照相。

3. 试自行制作一份现场录像。

复习与作业要求

1. 课后复习，并完成复习试题。

2. 考核要点：现场绘图的内容及要求、现场照相的内容及要求、现场录像的内容及要求。

3. 辅助教学活动：案例简析。

第三节 其他几种现场勘验检查笔录的基本内容和制作方法

一、现场勘验检查笔录的结构和内容

现场勘验检查笔录通常由封面部分、前言部分、正文部分和结尾部分组成，其包括以下基本内容：

（一）封面部分

在封面部分，现场勘验检查笔录顶部编号：“（ ）公（ ）勘［ ］号”其中公前面填写当地公安机关的简称，勘前面一般填写“刑”，［ ］中应该填写工作年份以及具体案件编号。

（二）前言部分

前言内容包括接到报案的基本情况、现场及其保护情况、现场勘验的时间、天气情况以及现场勘验人员组成等方面的内容。前言部分基本是以填空方式进行叙事的，其主要部分包括以下几个部分：

1. 受理案件的情况。其中包括受理报案的时间，接受报案的单位，接受报案的途径，报案的当事人或被害人的姓名、职业、住址以及他们对报案案件所陈述的案件事实经过等。

2. 现场勘验的起止时间。写明现场勘验检查的起止年、月、日、时、分。

3. 具体的现场地址。写明现场地点的行政区划、街区巷组、楼所编号、勘验场所等详细地点，地址要详细准确。

4. 天气情况。具体包括记录当天的温度、风向、湿度以及天气状况。

5. 勘验检查前现场的性质。内容包括现场是否有变动情况，是原始现场还是变动现场。

6. 现场勘验检查利用的光线。是利用了自然光还是灯光。

7. 现场勘验检查的指挥人员。写明指挥者的姓名、单位、职务等。

（三）正文部分

正文部分主要是对现场勘查的整个过程进行详细地客观描述记载情况，主要可以分为 3 个部分：现场勘查前期相关情况、现场勘查过程中主要情况以及现场勘查结果和处理情况。

1. 现场勘查前期相关情况

（1）简要介绍赶往现场情况。人员配置，出发及到达时间等。

（2）案件基本信息。简要介绍案发的基本情况内容。

（3）现场保护情况。包括现场保护人员的姓名、职业、到达时间和采取了哪些保护措施以及保护过程中发现的情况线索，现场是否存在变动等情况。

（4）被邀请到场见证人的姓名、职业和住址。

2. 现场勘查过程中主要情况

（1）首先应该说明现场的具体方位。发生城市的市区、街道和门牌号码或发生在农村的县乡村组户等具体方位信息。

（2）记录该现场的全貌和周边环境情况。现场地理信息的描写，一般采用“东南西北”方法描述，同时说明现场周围的具体界限、现场的出入口、被侵害的客体的分布状态及相互关系。

（3）现场中心的相关情况。这是现场勘查笔录的重点。如果是室内现场则应该描述出入口周围的情况如走廊情况、门把情况、门锁情况、然后描写房屋的结构、室内摆设物品情况等，最后要描述现场物品变动情况，各种痕迹和物品的名称、部位、数量、性质和分布信息。如果是杀人案件，应该注明尸体的位置、姿势、性别、年龄、衣着及其附着物、伤痕、血迹和凶器等情况。

（4）记录痕迹、物证发现、提取、固定的方法。

（5）记录现场发现物证和犯罪痕迹的具体特征和数量。

（6）现场勘查所发现的异常情况，将现场勘查检验中所发现的一切反常的现象都记录下来。

3. 现场勘验结果和处理情况

在此部分中需要填写《现场勘验检查提取痕迹、物证登记表》，包括现场勘验中提取的现场痕迹、物证的名称、数量和特征，同时应该附上现场拍照、录音录像内容数量和现场绘图的种类数量。

（四）结尾部分

结尾部分需要说明以下内容：

1. 提取痕迹、物证和扣押物品的情况，包括痕迹、物证和扣押物品的名称、数量等。

2. 制图、照片的数量和录音录像的时间。

3. 参加现场勘验的指挥人员、侦查人员、技术人员、笔录制作人签名或盖章；现场见证人签名或盖章；现场绘图人员、照相人员、录音录像人签名或盖章；笔录制作日期和加盖制作单位公章。

二、制作现场勘验检查笔录的要求

（一）现场勘验检查笔录的格式要求

1. 勘验检查笔录必须由本案现场勘验检查人员制作。

2. 填写文字必须打印或用蓝、黑色墨水书写。

3. 勘验检查笔录内容必须客观、全面；“勘验检查状况”栏记录内容包括现场方位和环境情况；现场变动状况；痕迹和物品的名称、部位、数量、性状分布等；尸体的位置、衣着、姿势、血迹分布、形状和数量等。

4. 勘验检查笔录使用语言文字必须规范准确，计量单位必须符合国家有关标准，日期使用公历。

5. 勘验检查笔录可根据需要另加续页，并按顺序编排页码。

6. 勘验检查笔录固定格式中内容无法填写的，可在空格内划一条 1 厘米以上倾斜角度为 45° 左右的斜线。

7. 勘验检查笔录制成后应当在制作日期上加盖主勘单位公章。

（二）现场勘验检查笔录的内容制作要求

1. 顺序一致。现场勘验检查笔录记载的顺序应当与勘验顺序一致，以免因记载混乱而发生遗漏和重复的现象。① 勘验顺序一般为：从中心到四周；从外围到中心；沿着犯罪人活动顺序开展；从低到高；根据房屋结构顺时针或逆时针开展等。②

2. 位置固定。在描述现场每一个物品时，要描述清楚详细的位置。测量距离可以用固定的物品作为参照物，比如室内的墙壁。位置描述要准确，不能使用“较近、大致、大概、左右、估计、大约”等词语。

3. 记述客观、完整。现场勘验笔录必须以实际存在犯罪相关现场和物品痕迹为依据，不能将任何主观自我臆断的思想或者一些同案件无关的内容填写进勘查笔录中。制作人员应当客观记载现场信息，但是一些用触觉、嗅觉和听觉所确定的情况不能算主观臆断，应该反映在笔录中。

4. 叙事内容突出，详略得当。现场勘验检查笔录应该突出重点，对于现场那些犯罪行为人接触过、翻动过的物品部件，以及在这些物品部件上所残留的犯罪痕迹物证，都是勘验检查笔录中应该重点加以阐述的内容，应当清楚反映客观情况，而对一些与案件无关或关系不大的物品痕迹则不需要重点突出，予以简单的记录即可。

5. 现场勘验检查笔录必须有现场勘查指挥人、侦查人员、专业技术人员和见证人的签名和盖章。在现场勘查过程中如果进行了法医尸体检验、现场实验和人身检查活动的，应该按照规定单独制定笔录，并在现场勘查笔录中进行记载说明。一个案件存在多个现场的，应该对每一个现场都制作一份现场勘验检查笔录。

---

① 参见陈刚、孙亚伟等:《侦查专业刑事执法综合实训模式探讨》，载《公安教育》2012 年第 12 期。

② 参见魏红霞、李建军:《刑事侦查综合实训研究——以铁道警察学院为例》，载《广西警官高等专科学校学报》2016 年第 4 期。

三、制作现场勘验检查笔录的方法

（一）按现场勘验、检查的顺序进行制作

制作现场勘验、检查笔录，需要先将现场勘验检查的场所和大致地理方位记载于笔录中，其次是对于一些细小痕迹物证的记录。笔录应当反映出勘查人员的勘查顺序，可以系统全面地反映现场客观情况。若不按照一定的逻辑顺序而是胡乱添加新内容，会使得勘验检查笔录杂乱无章，容易忽略重要的信息。

（二）对现场物体所在的位置进行详细描述

在笔录中，应该清楚反映出每个记载客体详细的具体位置。对现场客体描述应该采用直角坐标法，同时可以加上相应的编号和图片来对所记载物品痕迹进行固定。比如在描述一个被盗现场中断线钳时应该这样加以描述："在店铺的西边货柜的北边距离北墙 60 厘米处，有编号为 1 号的断线钳，长为 20 厘米，断线钳上写有'台湾'字样。"

（三）对几种常见痕迹物证的描述

1. 对手印的描述

笔录中对手印的描述必须注意以下几点：

（1）在什么物体上发现的：记载该物的名称、用途、形状、颜色和特征等。

（2）手印在该物体上的分布位置：根据一些固定标识物来指出手印的具体坐标。

（3）手印的特征属性：包括手印的长宽、手印是立体还是平面、是加层还是减层的、有无颜色、乳突花纹的类型。

（4）发现提取的方法：用粉末显现或者其他方法。

2. 对足迹的描述

笔录中对足迹的记载应当注意如下几点：

（1）足迹遗留在何处地面或者是何种物体表面上。

（2）足迹种类：足迹是立体的还是平面的，是鞋印、袜印还是赤脚印，是什么鞋类。

（3）足迹的特征：包括足迹的大小，长短，留下的相关附带残留物等，以

及足迹花纹特点。

（4）足迹的发现过程和提取方法。

3. 对工具痕迹的记载

笔录中对工具痕迹的记载应当注意以下几点：

（1）该痕迹遗留在什么客体上。

（2）痕迹的遗留位置：可以通过相对固定不变的客体来对痕迹进行描述，如在案发公司的南面墙距离 0.7 米的货柜的抽屉上面有 3 处撬压痕迹，撬压痕迹前端宽为 1mm。

（3）痕迹形状：工具痕迹是圆形、正方形、长方形、椭圆形等。

（4）痕迹大小：记载痕迹的长、宽、高或深度等。

（5）痕迹的种类：包括撬压痕、砍痕、锯痕等。

（6）痕迹的特点以及在痕迹上的其他物质。

（7）痕迹的发现和提取方法。

（8）对带有痕迹的物体以及制作模型和对印痕进行包装的状况。

4. 对血迹的描述

笔录中对血迹的描述应当注意以下几点：

（1）血迹所遗留的客体：血迹可能遗留在门上、墙壁上、窗户玻璃上、床上、地板上等。

（2）血迹所遗留的具体位置。

（3）血迹的表现形态：血迹是擦拭血迹、喷射血迹、滴落血迹、点状血迹、柱状血迹、还是血斑和血泊等。

（4）血迹的颜色和新鲜程度。

（5）血迹发现过程和提取的方法。

5. 对毛发的描述记载

对毛发的描述记载应该注意以下几个方面：

（1）毛发遗留在哪些客体上。

（2）毛发的具体位置。

（3）毛发是单根的还是多根成束的。

（4）毛发的颜色和长度以及损毁情况等特征信息。

（5）毛发的发现过程和提取方法。

案 例[①]

2014 年 3 月 7 日，民警在邵阳市大祥区公园路被告人陈某家中搜出疑似毒品的液体物质 70 千克；紫色块状晶体重 5.46 克，灰色片状、块状、粉末物质重 67.27 克；白色粉末重 24.10 克；白色小药丸 5 粒重 0.5 克；圆锥体状固体 9 块重 13.2 克。根据邵公物鉴（理化）字〔2014〕605 号理化检验鉴定报告，送检的检材中分别检出甲基苯丙胺、磺甲烷、烟酰胺、茶碱、咖啡因等成分。

辩护人提出，邵公物鉴（理化）字［2014］605 号理化检验鉴定报告不具有真实性、合法性和关联性，因无现场方位图、现场勘验笔录、现场搜查笔录、物品提取笔录、称重笔录、扣押物品和收缴物品清单等客观证据佐证，理化检验鉴定报告中检验的毒品疑似物不能确定是从陈某家搜出的物品。

法院认为，公诉机关提供的理化检验鉴定报告虽然从部分检材检出甲基苯丙胺、磺甲烷、烟酰胺、茶碱及咖啡因成分，但缺失现场勘验笔录、现场搜查笔录、物品提取笔录、称重笔录、扣押物品和收缴物品清单等重要客观证据佐证，缺乏关联性，不能作为定案的依据。公诉机关提供的制毒窝点照片因没有当事人及其亲属的签名，同样缺乏关联性，亦不能作为定案的依据。公诉机关提供被告人陈某的有罪证据中，对使用何种制毒原料没有供述，其供述通过物理加工制造毒品的方法存疑，现有言词证据尚达不到认定被告人陈某制造毒品的证明标准。

最终，法院判决陈某无罪。

① 案例来源：湖南省邵阳市中级人民法院（2018）湘 05 刑初 89 号刑事判决书，著者稍作改动。

案 解

这是一起成功的无罪辩护案例。辩护人提出，公诉机关提供的理化检验鉴定报告虽然从部分检材检出甲基苯丙胺、磺甲烷、烟酰胺、茶碱及咖啡因成分，但该报告不具有真实性、合法性和关联性，因无现场方位图、现场勘验笔录、现场搜查笔录、物品提取笔录、称重笔录、扣押物品和收缴物品清单等客观证据佐证，理化检验鉴定报告中检验的毒品疑似物不能确定是从陈某家搜出的物品。

现场勘验检查笔录包括在现场勘验过程中利用笔录、绘图、照相、摄像等方法将现场的实际情况和勘验检查过程客观记载固定的法定形式证据。具体形式有勘验检查文字笔录、现场绘图、现场照片、现场录像和现场录音等。在本案中，由于缺少现场勘验检查笔录对案件现场的还原，使得现有言词证据达不到认定被告人陈某制造毒品的证明标准，进而被告人被判处无罪。

拓展阅读

1. 袁志主编：《勘验、检查笔录研究》，西南财经大学出版社 2007 年版。
2. 王国民主编：《犯罪现场勘查》，四川大学出版社 2008 年版。
3. 蒋健主编：《犯罪现场勘查》，中国人民公安大学出版社 2014 年版。

复习试题

1. 尝试自行制作一份现场勘查笔录。
2. 尝试自行提取一份手印或脚印。
3. 尝试对某一工具痕迹进行描述。

复习与作业要求

1. 课后复习，并完成复习试题。

2. 考核要点：现场勘验检查笔录的结构、内容、要求以及制作方法。

3. 辅助教学活动：案例简析。

第十一章　视听资料的证据调查

教学目的和要求｜通过本章学习，使学生了解视听资料证据概述。

教学重点和难点｜视听资料概念及特征、视听资料的非法证据排除规则、视听资料的审查。

教学方法与手段｜讲授和案例分析。

第一节　视听资料相关概念及特征

一、视听资料概念

视听资料，是指以录音、录像、电子计算机及其他电磁方式记录储存的音像信息证明案件事实的证据。[①]视听资料作为我国法定证据种类之一，与书证、物证等一同被包括在实物证据之中。作为法定证据种类的视听资料在我国立法中经历了一个特殊的演变过程。根据资料记载，我国第一例运用视听资料的刑事案件发生于1974年1月，是在北京发生的一起外交间谍活动，[②]北京市公安机关使用监控设备秘密地进行当场录像，其后以此为证据将犯罪嫌疑人全部抓获。1979年《刑事诉讼法》中视听资料并不具备独立地位，1982年《民事诉讼法》首开先河，赋予其独立地位，1989年《行政诉讼法》、1991年《民事诉讼法》、1996年《刑事诉讼法》均通过立法形式肯定其独立地位。[③]而在这一阶段中，视听资料始终涵盖电子数据作为一个完整的证据种类，直至2012年《刑事诉讼法》修订后赋予两者并列地位，故理论界对于视听资料的定义及其范围

---

① 参见何家弘、刘品新：《证据法学》，法律出版社2013年版，第157页。

② 参见龚颖欣、李尧：《偷拍偷录视听资料的证据资格合法性问题初探——以"卡兹诉合众国案"和"天津寇某某受贿案"为分析对象》，载《江西警察学院学报》2016年第4期。

③ 参见宋远升：《新刑事诉讼法背景下的视听资料证据适用之省思》，载《苏州大学学报（法学版）》2014年第1期。

始终存在争议。综合以往研究经验，可总结为以下结论：狭义说认为视听资料仅包括以录音、录像形式证明案件的材料；[①]中义说认为，视听资料应当是指反映案件事实的原始音响、图像和数据等，其载体包括录音、录像带、照片、胶片、激光磁盘、计算机软盘等；[②]广义说认为视听资料的范围除录音、录像形式外，还包括依托电子计算机生成、存储或传输的信息等；[③]超广义说认为视听资料的范围包括录音资料、录像资料、计算机生成资料和其他高科技设备生成资料。[④]

不同于我国将视听资料与书证、物证并列为证据种类的方法，其他国家或地区并不将视听资料作为一种独立的证据类型对待，仅将其归入某一传统证据形式之下。如在美国《联邦证据规则（2004）》第1001条中明确规定，文书和记录，是由文字、字母、数字或其他相同物所组成，而以手写、打印、印刷、影印、照相、磁脉冲、机械或电子记录或其他编撰资料形式构成。[⑤]与美国一样将视听资料归入书证的还有英国、意大利等。而日本则认为视听资料属于准书证的范畴，德国将其规定在物证的范围内。[⑥]

二、视听资料的特征

在一般证据均具备的“证据三性”之外，视听资料自身是科学技术与证据调查的结合，是法学与技术的融合，因而呈现出如下独特特点。

（一）视听资料具有科学技术性

首先，区别于电子数据以二进制代码组合为呈现形态，视听资料是以声、光、电、磁及其他粒子形态存在的，其本质上依赖于信息电子技术而产生。[⑦]信息电子技术包括模拟电子技术与数字电子技术。诸如录音带、录像带，依靠模拟电子技术而形成录音、录像证明案件事实；而光盘录像机运用数字电子技术，

① 参见裴苍龄：《证据法学新论》，法律出版社1989年版，第78页。

② 参见高秀运：《检察机关应用视听资料与电子证据研究》，载《中国刑事法杂志》2009年第3期。

③ 参见柯昌信：《刑事证据视听资料论》，载《中国法学》1996年第5期。

④ 参见樊崇义：《证据法学》，法律出版社2001年版，第124页。

⑤ 参见杜志淳、廖根为：《数字证据、电子证据、科学证据、电子记录概念比较分析》，载《中国司法鉴定》2011年第4期。

⑥ 参见王以真：《外国刑事诉讼法》，北京大学出版社2004年版，第276~277页。

⑦ 参见赵毅宇：《视听资料、电子数据与电子证据的使用乱象及破解——以信息电子技术为分析视角》，载《华南理工大学学报（社会科学版）》2020年第2期。

形成录音、录像证明案件事实。其次，视听资料的呈现需要依赖于录音机、录像机等科技设备，才能为人所感知。最后，视听资料的鉴真需要依赖于具备专业技术手段的鉴定人员才能识别，如对于录音带记载内容的鉴真，由鉴定人员利用声纹鉴定法，判断其内容是否被篡改或替代。

（二）视听资料具有动态直观性

不同于书证、物证的静态呈现，视听资料通常反映一个时间段内的动态信息，比如某人在短时间内说过的一句话或做的一个动作。这种证据的动态性，使得证据的呈现更加直观，未经删改的视听资料对于案件事实的复原具有更高的准确性，能更好地帮助还原事实真相。但视听资料的动态直观性需要依赖于录像机等特殊设备才能呈现，因而和电子数据一样对于载体具有一定的依附性。

（三）视听资料具有易被篡改性

视听资料对客观物质材料的依赖性较强，且容易被重新剪辑、编纂、修改，从而失去真实性。[①] 而电子数据在其生成与保全期间同样可能面临上述问题，此为该类证据的通病。因而，《办理死刑案件证据规定》第 27 条对于视听资料的审查内容以及鉴定予以规范。但视听资料相较于电子数据有一薄弱之处，即因其粒子态的存在形态，故无法通过电子签名、电子口令等方式保全，更无法通过哈希值校验比对。所以，对其内容的保全、审查相较于电子数据而言更为困难。

（四）视听资料具有便于保存性

视听资料与电子数据同属于电子证据，因此对其保存仅需依靠存储介质即可。视听资料的存储只需要注意保护好磁带、拷贝、数据等，若干年后仍然可以重现当时的真实情况。[②] 可见视听资料具有长期保存的稳定性。且视听资料本身以一段录音或是录像的方式呈现，能够存储在计算机、录音机、手机等设备之中，轻便且易于提取，能够为侦查人员反复研究，发现其中所隐含的其他案件线索。

---

① 参见杨雪：《论审查逮捕阶段音像类证据的检察监督》，载《中国检察官》2016 年第 3 期。

② 参见高憬宏：《视听资料作为刑事证据的特点与运用》，载《人民司法》1997 年第 2 期。

（五）视听资料具有相对客观性和稳定性

电子数据与视听资料均需通过特殊存储介质进行保全，因此一旦固定，在保持封存状态期间能够一直以某种稳定的形式存在，内容不会发生变更。但正如前所述，对于视听资料的保全相较于电子数据更为困难，对于其真实性的证明也更容易受到其他因素的影响，故具有一定的弱势。但诸如书证、物证等可能因为时间因素、气候因素等而失真，言词证据可能因为记忆因素、利益牵连而失去客观性。相较于上述证据而言，视听资料呈现出其独特的保真优势。

三、视听资料的种类划分

在司法实践中通常都是以视听资料的存在形式为标准进行划分，一般可分为录音证据、录像证据、计算机存储数据和其他运用专门技术得到的证据，平时用得较多的为录音证据和录像证据。[①]

（一）录像证据

录像证据，是指运用摄像机将事物发生、发展、运动、变化的客观真实情况原本地记录下来，然后经过播放、重新显示原始形象，用来证明案件事实的证据。录像证据因为其记录的连贯性与时间性，通常可以客观反映案件进程。但是由于录像制作者可以对其进行随意地编辑、剪辑、删除等操作，所以录像失真的可能性很大，从而对其一定要谨慎辨别、使用。

（二）录音证据

录音证据，是指运用录音设备把正在发生的声音如实地复制下来，在需要的时候，经过播放再现原始的声迹，并用来证明案件的真实情况的证据。因为每个人的生理构造和发音方式都是不同的，从而导致每个人的讲话声音都各具特色，可以用来鉴别本人与他人。即使当事人否认其为声音来源，鉴定人员也可以进行声纹鉴定得出声源方是否同一的结论，其证明力较为准确。

四、视听资料的类型划分

视听资料根据证据是否源自案件本身，可划分为直接的视听资料证据和间

① 参见吴高志、慕照荣:《试论刑事视听资料的收集规律》，载《中国刑事法杂志》1998 年第 1 期。

接的视听资料证据，直接证据能够单独直接地证明案情，而间接证据需要形成证据链才能证明案情。根据资料的来源可划分为原始的视听资料证据和传来的视听资料证据，原始证据是直接来源于案件，没有经过中间环节传播的证据。[①]传来证据则是从非第一手来源获取的证据，如复印件。若针对视听资料自身所具备的特征进行划分，则可从以下视角出发。

（一）以制作方式为划分依据

以此为依据，可将视听资料分为以公开方式制作的视听资料与以秘密方式制作的视听资料，[②]两者的本质区别即在于双方当事人是否均知情。前者是在被录音、录像者知晓，或应当知晓的情况下制作视听资料，如合同签字仪式上公开拍摄的录像；[③]后者是一方当事人在另一方当事人不知被录音、录像情形下所制作的视听资料，[④]如在一场毒品交易中，侦查人员采用特情侦查的方式打入贩毒集团内部，在毒品交易过程中偷偷录像，成为定案的根据。但就偷录所获取的视听资料是否能够作为证据使用，我国立法并无明文规定，但在实务中默认接受；而德国则明令禁止，认为这是一种对于人格权的侵犯，应当制止。[⑤]

（二）以记录存储的客体特征为划分依据

依据记录存储的客体特征划分，可将视听资料分为声音资料、图像资料、音像混合资料。声音资料，即仅记录对象声音特征的资料，如录音带、电话录音、录音笔等；图像资料，即仅记载客体形象特征的资料，如闭路电视监控资料；音像混合资料，即为前两者的结合，故对于案件事实的还原也更为真实与全面，其主要类型有录像带、电脑存储视频、DVD 等。

---

① 参见吴高志、慕照荣：《试论刑事视听资料的收集规律》，载《中国刑事法杂志》1998 年第 1 期。

② 参见王春兰：《视听资料在刑事侦查中的应用》，载《网络安全技术与应用》2017 年第 2 期。

③ 参见何家弘、刘品新：《证据法学》，法律出版社 2013 年版，第 159 页。

④ 参见梁明燕：《视听资料的特点及其审查判断》，载《重庆行政（公共论坛）》2008 年第 1 期。

⑤ 在德国，针对采取声调是否为德国刑事诉讼法第 81 条 b 款所允许，为照相、采取指纹、测量身体之“类似行为”，亦即不经被告同意，录下被告与他人谈话内容，提供对比声调之问题，德国联邦最高法院在 1986 年曾认定“除了依法装设电信器材监听外，对被告非公开谈话秘密录音，即使是重大犯罪，原则上仍不许将违反其意愿之谈话种类及方式当成证据”。转引自宋远升：《新刑事诉讼法背景下的视听资料证据适用之省思》，载《苏州大学学报（法学版）》2014 年第 1 期。

（三）以记录存储的客体特征的载体为划分依据

依据记录存储的客体特征的载体划分，则可将视听资料分为录音证据、录像证据、计算机证据及其他电磁音像证据。[①] 通常前两者较为常用，而第三种在内涵上与电子数据交叉重叠，第四种则包括雷达扫描图像、电子扫描图像等，在实务中不为多见。

五、视听资料与相近证据类型的划分

作为视听资料的录音、录像，一般产生于诉讼开始之前，犯罪实施过程之中，是记录案件发生与经过的方式之一。在刑事诉讼启动之后，司法机关为了收集、固定和保全证据而制作的录音、录像等不是视听资料、电子数据。例如，在询问证人、被害人，讯问犯罪嫌疑人、被告人的过程中进行的录音、录像，应当分别属于证人证言，被害人陈述，犯罪嫌疑人、被告人的供述；勘验、检查中进行的录像，应当是勘验、检查笔录的组成部分。但是当该资料用于证明讯问、询问或勘验、检查程序是否合法这一争议问题时，则属于视听资料、电子数据。同时，不是所有采取多媒体方式出示的证据都是视听资料或者电子数据，[②] 有些证据，例如物证、证人证言、书证等虽然在实践中有时也采用多媒体方式出示，但不能因此改变证据的种类。

（一）视听资料与电子数据辨析

如前所述，视听资料与电子数据在我国证据体系中经历了一个由涵盖到并列的演变过程。且由于两者具有相近性，故理论界对其从属始终存在争议。如樊崇义、田平安等学者认为电子数据应从属于视听资料；张卫平教授在其《新民事诉讼法专题讲座》中认为电子数据与视听资料应属并列关系；部分学者以科技发展新陈代谢为由，认为视听资料应为电子数据所涵盖；最后一部分学者认为应将电子数据与视听资料依据其应用方式归类到证人证言、书证等证据之中，取消其法定独立地位。[③] 但依据现有立法，两者属于并列关系，且具有如下异同：

---

① 参见何家弘、刘品新：《证据法学》，法律出版社 2013 年版，第 158 页。

② 参见杜鸣晓：《论电子数据与视听资料之混淆》，载《上海政法学院学报（法治论丛）》2015 年第 1 期。

③ 参见郝毓芳：《论视听资料和电子数据的关系》，燕山大学 2014 年硕士学位论文。

1. 视听资料与电子数据的相同点

其一，两者均为法定证据类型。凡是能够证明案件事实的录音、录像、电子邮件、文档图片等，在确认其真实性、关联性、合法性、完整性的情形之下，能够作为认定案件事实的证据，在案件调查中起到证明作用。

其二，两者均通过电子信息技术产生，并以数字化的形式存储于特殊介质之中。有学者指出电子数据具备载体双重性的特征，即它既有物质载体如计算机，同时在二进制世界中以数字信号的形式存在，故又有数字载体。[①]反观视听资料，它也呈现出载体双重性的特征，即以粒子形态作为其信息载体，同时具备物质载体对其保存。因此在司法实践中存在电子数据与视听资料的界定困境。

2. 视听资料与电子数据的不同点

其一，二者的表现形式不尽相同。视听资源更强调特定设备形成的数据，一般局限于视与听两种，限定以模拟录音录像设备如磁带录像机、磁带录音机、胶卷相机等设备形成的数据。而电子数据则更强调数据的记录方式，只要是以电子方式记录下的数据都可以称电子数据，即所有以二进制方式记录的信息都可能成为电子数据。

其二，二者在证据保全、审查上的难度不同。视听资料主要是通过对模拟信号进行机械处理而产生的，[②]其比较容易通过专家鉴定得出是否经过篡改或删减的结论，但就其内容保全而言，无法通过电子签名等便捷可靠方式进行，因此更为困难。而电子数据虽然在保全上具有便利性，但如果在储存或使用过程中被改动，则很难判断其真实性，需要进行数据还原。这对于鉴定人员个人技巧和客观技术层面都提出了更高要求。

3. 两者混同原因

其一，在外延上具有模糊性。在电子数据成为独立证据类型之前，我国立法对于视听资料的范围并未明确。因其具有与传统证据的明显区别，即需要借助于录音机、计算机等特殊设备进行呈现，故不具有这一特征的证据几近为视

① 参见邢永杰、张杨杨：《刑事诉讼中电子数据真实性审查“三步法则”》，载《中国人民公安大学学报（社会科学版）》2019 年第 4 期。

② 参见陈鹏飞：《我国刑事诉讼电子证据规则的问题与完善路径》，载《行政与法》2016 年第 10 期。

听资料所涵盖，呈现出“口袋证据”的特征。而在电子数据成为独立证据类型之后，现有立法仍然没有对其进行与视听资料的区别划分，造成个别视频、音频等存在认定上的困难，造成两者外延的混同。

其二，在证据规则上未做明确区分。由于立法中并未明确区分电子数据与视听资料，因此在证据规则运用上两者同样呈现出混同的特征。在刑事立法中，对于电子数据与视听资料的审查适用同一标准、取证适用同一要求。在证据规则运用上，非法证据排除规则、最佳证据规则对于两者的规定几近一致，因此在实务中司法人员运用证据时也不会明确区分运用。

（二）视听资料与同步录音录像辨析

1. 视听资料与同步录音录像的相同点

其一，视听资料与同步录音录像两者的存储方式相同，即两者均以多媒体存储介质来储存其所记载的信息，例如作为视听资料的录音，其可以由监控、手机、摄像机、执法记录仪等拍摄设备所记载，而同步录音录像也是利用摄像设备制作，并在其制作完成之后，存储于介质之中。

其二，两者都有助于证明案件事实。[①] 通常来说，视听资料不具备直接证明效果，但能够作为间接证据佐证其他证据；而同步录音录像往往在讯问、取证环节使用，能够对于上述流程起到监督作用保证程序公正，进而保证证明案件事实的证据的真实性及其合法性。

2. 视听资料与同步录音录像的不同点

其一，两者产生时间不同。视听资料往往生成于案发之时，如香港“魔警”系列案中的第二案恒生银行枪击案，案发后警员利用闭路电视系统所记载的视频资料成功获取犯罪人的身形特征等其他信息。因此，其记载内容也是案发过程。而同步录音录像形成于讯问、取证之时，如《电子数据规定》第13条规定，在电子数据取证时应当有见证人在场监督，在不具备条件的情况下可以采用同步录音录像；又如《刑事诉讼法》第123条规定，对于可能被判处无期徒刑、死刑的案件或者其他重大犯罪案件，讯问时，应当采用同步录音录像记录过程。

① 参见杨军：《证据视角下我国同步录音录像运行规范研究》，载《池州学院学报》2019年第5期。

因此，其记载内容为犯罪嫌疑人、被告人供述和辩解，讯问过程，取证过程等信息。[①]

其二，两者的主要功能不同。参考《刑事诉讼法》第123条的规定，即可发现同步录音录像的功能主要在于保障程序正义以及权利。同时能够起到证明案件事实，固定相关证据，防止随意翻供的作用。[②] 而视听资料作为法定证据类型，其主要作用即在于证明案件事实，同时能够成为发现其他证据的线索。

（三）视听资料与书证辨析

1. 视听资料与书证的相同点

视听资料与书证的共同点除却同为法定证据之外，更为重要的一点即两者的证明方式均为利用其所记载的内容证明案件事实。以犯罪人的笔记为例，其记载内容能够反映犯罪人的心理、犯罪计划、与被害人之间的关系等因素，此为书证的证明方式，与前述恒生银行抢劫案中闭路电视系统所记载的录像的证明方式如出一辙。

2. 视听资料与书证的不同点

首先，两者证明案件事实的方式虽然是其共同点，但具体内容上存在差异。书证是以其所记载内容及其所呈现出的思想内容来证明案件事实；而视听资料，则是以录音、录像等所表现内容来证明案件事实。

其次，两者内容再现的方式存在差异。书证的内容由于是直接记载于客观存在的实物之上，因此能够为人们直接感知，不需要借助其他设备等进行转换；而视听资料自身是依赖于电子信息技术所产生的数字信息，因此需要依靠录像机、录音机等专门设备播放，才能够为人们所感知。

最后，两者记载内容的形态存在差异。书证由于是记载文字、符号、图像的证据，因此，其所记载内容呈静态特征；而视听资料所记载的录音、录像等能够通过播放的形式向侦查人员展现犯罪过程及其他连续性的信息，故呈动态特征。

---

① 参见马浩友：《公安机关远程提讯的证据效力与应用发展》，载《网络安全技术与应用》2022年第2期。

② 参见杨雪：《论审查逮捕阶段音像类证据的检察监督》，载《中国检察官》2016年第3期。

案 例[①]

2017年6月6日晚，被告人蒙某酒后于当晚20时许，在未取得摩托车驾驶资格的情况下，驾驶皖P ××××× 号普通二轮摩托车途经某路段时，因操作不当发生单方交通事故，其本人受伤。事故发生后，蒙某由医务人员对其抽取血样。经湖州市公安司法鉴定中心检验，被告人蒙某血液中的乙醇浓度为172mg/100mL，其在道路上驾驶机动车时达到醉酒标准。

另查明，安吉县公安局交警大队经现场勘查、调查分析，认定被告人蒙某醉酒后驾驶机动车在道路上行驶，遇情况操作不当发生单方事故，负该次事故的全部责任。

上述事实，被告人蒙某在开庭审理过程中亦无异议，并有经庭审举证、质证的受案登记表，受理交通事故案件登记表，被告人蒙某在侦查阶段的供述，证人王某2、严某的证言，血样提取登记表，交通管理行政强制措施凭证，行政处罚决定书，道路交通事故现场勘查笔录、事故现场图，道路交通事故认定书，调取证据清单及病历资料，驾驶证、行驶证复印件，驾驶证信息及车辆信息查询，另有危险驾驶案件视听资料简要说明及光盘，危险驾驶案照片及说明，检验报告，全国违法犯罪人员信息查询，人口信息，查获经过等证据证实，足以认定。

最终，被告人蒙某犯危险驾驶罪，判处拘役1个月15天，缓刑3个月，并处罚金人民币2500元。

案 解

视听资料，是指以录音、录像、电子计算机以及其他高科技设备储存的信息证明案件情况的材料。作为视听资料的录音、录像，一般产生于诉讼开始

① 案例来源：浙江省安吉县人民法院（2017）浙0523刑初480号刑事判决书，著者稍作改动。

之前，犯罪实施过程之中，是记录案件发生与经过的有力方式之一。在本案中，有危险驾驶案件视听资料简要说明及光盘等证据，证据材料充分。当下，随着监控摄像设备的广泛应用，作为证据材料的视听资料的运用也越来越普遍。如本案这起危险驾驶罪案件，现场录像可以比较清晰、客观地反映出案发时的情况。

拓展阅读

1. 刘宇、任继鸿编著：《证据法》，中国政法大学出版社 2014 年版。
2. 裴苍龄：《论证据的种类》，载《法学研究》2003 年第 5 期。
3. 张斌：《视听资料研究》，中国人民公安大学出版社 2005 年版。

复习试题

1. 试阐述何种情形下获得的视听资料适用非法证据排除规则。
2. 试阐述私采视听资料的证据效力。
3. 试自行制作一份符合证据规则的视听资料。

复习与作业要求

1. 课后复习，并完成复习试题。
2. 考核要点：视听资料非法证据排除规则的适用、私采视听资料的证据效力。
3. 辅助教学活动：案例简析。

第二节 视听资料的证据运用

一、视听资料收集的调查运用

视听资料的证据收集主体准用证据收集主体的法律规定和一般原理，包括公安机关、检察机关、审判机关、辩护律师等。收集视听资料的方法主要包括检查、勘验、搜查、扣押、调取等常见的证据收集措施，且应当优先提取原件，遵循最佳证据规则。各种类型的案件证据调查各有一些不同之处：

（一）刑事诉讼、监察调查中的视听资料收集

在侦查取证中，视听资料的收集应当遵循证据收集的一般规定。首先，视听资料的获取应当以获取原件为原则，最高人民法院《关于适用〈中华人民共和国刑事诉讼法〉的解释》第108条第2款规定即为明证。其次，取证应当遵循程序的合法性，保证证据内容的确实、充分，即证据的收集应当全面，排斥刑讯逼供、引诱、欺骗及其他非法方法收集证据。最后，基于视听资料自身特性，在取证过程中应当保证证据的完整性与真实性，禁止删减、伪造视听资料的内容。

监察调查视听资料需要遵守《监察法》第33条第2款之规定："监察机关在收集、固定、审查、运用证据时，应当与刑事审判关于证据的要求和标准相一致。"[①] 监察机关依照《监察法》规定收集的视听资料，在刑事诉讼中能够作为证据使用。

（二）民事诉讼中的视听资料收集

视听资料是极为重要的法定证据，民事诉讼遵循"谁主张，谁举证"的举证规则，[②] 证据收集主体为当事人及其诉讼代理人。在证据获取涉及国家秘密等特殊情形时，由法院履行职权进行调查取证。《民事诉讼法》第74条规定："人民法院对视听资料，应当辨别真伪，并结合本案的其他证据，审查确定能否作为认定事实的根据。"视听资料的审查规则，故可以此为标准规范取证活动。此外，最高人民法院《关于适用〈中华人民共和国民事诉讼法〉的解释》第116条第3款规定："存储在电子介质中的录音资料和影像资料，适用电子数据的规定。"

（三）行政诉讼中的视听资料收集

在行政诉讼案件中，视听资料证据一般由当事人、行政机关提供，当证据收集确有困难或涉及国家机密等因素时，由法院行使职权取证。第一，以提供

① 参见高通：《监察程序中非法证据的法解释学分析》，载《证据科学》2018年第4期。
② 参见吴喆：《民事检察制度的三个新发展》，载《检察日报》2012年10月28日，第3版。

原始载体为原则，提供无争议的复制件为例外；第二，视听资料的相关制作信息如制作人、制作时间等应当注明；第三，声音资料应当附有该声音内容的文字记录。《行政诉讼法》对于视听资料与电子数据的取证规定较为相近，但在实务中两者的产生形式不同导致其取证活动也存在一定差异。如视听资料所记载的录像内容一般能够记录案发时间，因此需要对其进行检验，调准时间，而电子数据不具备这一特征。

二、视听资料的证据保全

最高人民法院《关于民事诉讼证据的若干规定》第23条规定："人民法院调查收集视听资料、电子数据，应当要求被调查人提供原始载体。提供原始载体确有困难的，可以提供复制件。提供复制件的，人民法院应当在调查笔录中说明其来源和制作经过。人民法院对视听资料、电子数据采取证据保全措施的，适用前款规定。"①

基于视听资料自身是以声、光、电、磁等粒子形态存在这一特征，办案人员无法对其像对电子数据保全那样，利用电子签名、电子口令为其内容加密，更无法利用哈希值校验技术对其进行鉴定，故对于视听资料的保全往往需要借助于笔录类证据的连续记载，而对其审查也依赖于此。但我国立法对其保全并未严格规定，仅能依靠实务部门的自治，故本书认为可以从如下角度进行制度构建。

第一，从保全主体层面。视听资料具备科学技术性的特征，因此其保全应当由具有专业技能的人员进行。而目前公证机构缺乏专业人才，委托第三方机构进行保全又涉及程序问题以及安全问题。因此，应当培养技术型人才参与视听资料保全工作之中。较为可行的方式，即在公证机构设置独立的技术部门进行保全工作。第一步即引入专业人才参与对应工作；第二步则利用部门资源培养技术人员为后续工作打下基础。

第二，从保全程序层面。我国现行立法对于视听资料的证据保全规定过于简单。本书认为，应当从如下角度构建保全程序：（1）证据保全应当在两名及

① 参见王旭、刘诗麟:《司法鉴定行政与司法视角的边界——民诉证据司法解释鉴定内容的思考》，载《证据科学》2020年第1期。

以上公证人员的监督下进行。（2）证据保全过程中应当进行全程同步录音录像。（3）在保全前应检测保全设备是否存在原始缺陷如被安装木马病毒等。（4）审核保全的证据应当保证其客观真实。（5）制作公证文书并盖章签字。

第三，对于保全人员应当履行如实记录义务的规则细化。（1）提取视听资料的笔录等记录文件应当载明过程、原始存储介质存放地、视听资料类别、储存格式等内容，并经持有人、提取人、见证人签名或盖章。（2）保全笔录应当载明视听资料内容情况、存放条件、流转情况等基础信息，并经保全人签名或盖章。①

三、视听资料的证据审查

（一）真实性审查

在我国证据审查体系中，真实性审查是其核心所在。在证据运用过程中，只有其真实性得以保障，才能还原案件事实，实现司法正义。依据法律规定，可以从以下角度审查其真实性：（1）是否为原件，有无复制及复制份数；是复制件的，是否附有无法调取原件的原因、复制件制作过程和原件存放地点的说明，制作人、原视听资料持有人是否签名；（2）是否写明制作人、持有人的身份，制作的时间、地点、条件和方法；（3）内容和制作过程是否真实，有无剪辑、增加、删改等情形。对视听资料有疑问的，应当进行鉴定。通过专业技术来验证其是否被删改，维护其真实性。

（二）关联性审查

证据的关联性审查，主要着重审查证据内容与待证事实之间的关联性，证据本身与案件当事人之间的关联性，以及上述联系是否存在客观性 3 个层面。②视听资料自身不仅具有证明作用，同时能够成为发现其他证据的线索。因此，对其关联性审查主要从以下几方面出发：（1）对于视听资料的关联性审查，应当审查其与案件当事人之间的联系。例如，在刑事案件中应当是能够证明犯罪

① 参见孔祥伟：《实物证据鉴真规则研究——以证据保管链机制的若干现存问题为切入》，华东政法大学 2018 年硕士学位论文。

② 参见叶青主编：《刑事诉讼法学》（第 3 版），上海人民出版社 2013 年版，第 144 页。

嫌疑人、被告人有罪或无罪，罪轻或罪重的全部证据。（2）应当审查视听资料与待证事实之间的联系。例如，在2020年7月杭州许某杀妻碎尸案中，警方通过对监控录像的调查分析，发现来某某自归家后并无再次外出的迹象，进而排除来某某离家出走失踪的可能性。（3）应当审查视听资料与其他证据之间的关联性。任何一起案件均是通过各个证据的相互印证、联结形成证据链而破解的，再加之，视听资料能够成为发现其他证据的线索，更需重视。

（三）合法性审查

合法性审查就是对取证环节是否遵循程序规定，是否对于公民权利造成侵害等因素进行审查，可将其分为合规性审查与正当性审查。[①] 按照我国传统的证据法理论，证据合法性审查一般包括对于证据主体、证据形式和证据收集、提取、保存程序的合法性审查。[②] 一方面，对于视听资料合法性的审查首先要审查证据是否附有提取过程的说明，来源是否合法。看收集行为本身是否合法，即适格主体是否按照法定程序收集相关视听资料。实务中较容易出现视听资料来源不清，无法确定是资料原件还是复印件等问题，如果无法补足证明，则这样的证据是要被排除的。[③]

另一方面，要审查视听资料制作过程中是否存在威胁、引诱当事人等违反法律、有关规定的情形，是否侵害他人隐私、合法权益，乃至国家利益。[④] 收集资料的目的一定要合法，证据才有可能合法。民事诉讼和行政诉讼中对于证据收集主体的要求并没有严格规定，主要聚焦于收集程序的合法性及收集目的正当性。而刑事诉讼中规定非法证据排除制度，但其对于电子证据的规制较弱，呈现出以真实性审查代替合法性审查，以合规范性审查代替正当性审查的特征。

（四）非法证据排除规则的内容规定

根据我国《刑事诉讼法》第56条所规定的非法证据排除规则，其主要适用

---

① 参见赵航：《电子数据合法性审查规则的反思与完善》，载《大连理工大学学报（社会科学版）》2022年第1期。

② 参见刘宇、任继鸿编著：《证据法》，中国政法大学出版社2014年版，第29页。

③ 参见刘文强：《视听资料证据收集状况的实证研究》，载《中国刑事警察》2019年第4期。

④ 参见何保娟：《私录视听资料采信规则研究》，四川大学2007年硕士学位论文。

于通过诸如刑讯逼供、骗供诱供、暴力手段等非法途径获取的言词证据以及在取证过程中存在程序不合法性的实物证据。最高人民法院《关于适用〈中华人民共和国刑事诉讼法〉的解释》第109条、第114条分别就视听资料与电子数据的排除情形进行规定，但仍然是基于真实性问题提出，而非非法证据排除的本质审查对象——合法性。由此可见，在我国对于不同种类证据的非法证据排除标准是不同的，并不仅仅只是根据违法程度来适用此条规定。即使视听资料不符合法定收集程序其实也不是必然被排除的，还需要达到其瑕疵无法被补正才会导致证据不被考虑使用，这说明对于视听资料的非法证据排除属于瑕疵补正排除，而非绝对排除。这体现了我国现有立法对于视听资料取证过程中权利保障因素的忽略，此为不足之一；同时又体现了在证据审查体系中，真实性审查的影响过大，甚至对于其他证据性质的审查产生不利影响，此为不足之二。

案 例[①]

2016年2月底，欧某平、小谢准备生产伪劣烟草专卖品请被告人余某某找生产场地。2016年3月初，同案人欧某平经被告人余某某的介绍向被告人吴某某租用其管理地址位于汕头市南澳县深澳镇走马埔村后湖片区的场地作为生产伪劣烟草专卖品的场地，然后由同案人欧某平出资购买生产设备，雇佣同案人刘某4、吴某3等多名越南籍非法入境人员生产伪劣烟草专卖品，后续案发被查获，经鉴定，被查获的散装双喜烟支为假冒注册商标且伪劣产品；散装烟支、烟丝、卷烟纸和滤嘴棒共价值162.552574万元。

案发后，被告人吴某某为逃避刑事追究，让同案人林某2顶替其作为该场地的管理人和出租人。后来同案人林某2在接受司法机关调查时，伪造了1份《租赁合同》并向侦查人员作了虚假供述，承认其是该场地的出租人和管理人，意图帮助被告人吴某某逃避刑事追究。在后续质证中，被告人吴某某的辩护人认为公诉机关指控

① 案例来源：广东省汕头市濠江区人民法院（2017）粤0512刑初54号刑事判决书，著者稍作改动。

被告人吴某某与同案人欧某平谈妥制假场地证据不足，并当庭出示了音频光盘1块（辩护人徐兆深询问证人刘某1、杨某的音频复制件光盘）以及音频光盘1块（被告人吴某某与李某2谈话时的音频复制件光盘）。

经查，被告人吴某某的辩护人当庭出示的音频光盘2块均为复制件，辩护人没有提交无法调取原件的原因、复制件制作过程、原件存放地点的说明，制作人未签名，也没有提交音频的提取过程，无法证明音频来源的合法性；辩护人没有提交音频制作的时间、地点、条件和方法，无法证明音频光盘内容和制作过程的真实性；证据1在音频光盘内容上，被告人吴某某在四五年前是否曾叫“刘某1”和“杨某”看管作案场地，不影响本案上述事实的认定；证据2在音频光盘内容上，无法证明被告人吴某某是受李某2的委托，到饶某处找被告人余某某投案的事实，且无证据证明被告人吴某某受到报复陷害。因此，对被告人吴某某的辩护人当庭出示的音频光盘2块，法院未予采纳。

案 解

根据《最高人民法院关于适用〈中华人民共和国刑事诉讼法〉的解释》第108条规定，对视听资料应当着重审查以下内容：（一）是否附有提取过程的说明，来源是否合法；（二）是否为原件，有无复制及复制份数；是复制件的，是否附有无法调取原件的原因、复制件制作过程和原件存放地点的说明，制作人、原视听资料持有人是否签名；（三）制作过程中是否存在威胁、引诱当事人等违反法律、有关规定的情形；（四）是否写明制作人、持有人的身份，制作的时间、地点、条件和方法；（五）内容和制作过程是否真实，有无剪辑、增加、删改等情形；（六）内容与案件事实有无关联。对视听资料有疑问的，应当进行鉴定。

根据《最高人民法院关于适用〈中华人民共和国刑事诉讼法〉的解释》第

109条规定，视听资料具有下列情形之一的，不得作为定案的根据：（一）系篡改、伪造或者无法确定真伪的；（二）制作、取得的时间、地点、方式等有疑问，不能作出合理解释的。在本案中，辩护人没有提交无法调取原件的原因、复制件制作过程、原件存放地点的说明，制作人未签名，也没有提交音频的提取过程，无法证明音频来源的合法性；辩护人没有提交音频制作的时间、地点、条件和方法，无法证明音频光盘内容和制作过程的真实性。综上，法院不采纳辩护人出示的音频光盘的做法是正确的。

拓展阅读

1. 刘万奇、杨蕾：《论证据种类的划分标准——以视听资料的概念界定为讨论范例》，载《中国人民公安大学学报（社会科学版）》2010年第2期。
2. 郑晓均：《论现场勘查的取证标准》，载《吉林公安高等专科学校学报》2008年第2期。
3. 刘文强：《视听资料证据收集状况的实证研究》，载《中国刑事警察》2019年第4期。

复习试题

1. 试阐述各诉讼法中关于视听资料收集的规定。
2. 试分析我国视听资料保全制度存在哪些可以完善之处。
3. 试以“杭州许某杀妻碎尸案”为例，分析其视听资料的取证运用。

复习与作业要求

1. 课后复习，并完成复习试题。
2. 考核要点：视听资料的收集取证、视听资料的审查。
3. 辅助教学活动：案例简析。

第三节 视听资料的调查指引

一、视听资料调查指引

视频监控系统的运用，是预防犯罪、维护社会治安、保护公民权利的一项重要措施。其安装于住宅、商场、停车场、交通路口等各处，形成的监控网络能够有效发现犯罪信息，预防犯罪。此外，视听资料能够在异常情况发生时及时发出警报，有效地协助安全人员处理危险，或者在事后提供有效信息，并最大限度地降低误报、谎报和漏报的风险。[①]立足于视频监控网络，调查人员能够通过技术手段，对视听资料进行分析和鉴定。从视听资料中提取案发前后犯罪现场及周围出现过的人员与物品位置等信息，并由此得出一些可疑人员的体貌特征。从而确定案件的侦查范围，制订侦查计划，进一步在侦查中锁定犯罪嫌疑人。

（一）固定现场及各种证据

随着科技的发展，在案件调查过程中运用摄像头、视频等手段来保护案件现场屡见不鲜，它不仅能够记录现场的物品、人员等一切特征，还可以确定首次现场数据。[②]同时，由于人为因素、气候因素等原因，案件现场可能因此遭受破坏。因此，视听资料的应用固定了案件现场的初始情况，调查人员能够针对视听资料进行反复研究，发现隐藏的重要线索。

（二）分析视听资料发现案件线索

视听资料具有其独特性，即它能够完整反映整个案件的经过，包括当事人和嫌疑人的使用工具、行动轨迹、犯罪人与被害人的言语交流等重要信息。因此，调查人员通过对于视听资料的使用，能够发现更多有利于重建真相的线索。例如，侦查人员调动公共场所的监控视频，能够发现犯罪人的逃逸轨迹，进而对其进行追踪。

---

① 参见樊崇义、李思远：《论我国刑事诉讼电子证据规则》，载《证据科学》2015 年第 5 期。

② 参见王春兰：《视听资料在刑事侦查中的应用》，载《网络安全技术与应用》2017 年第 2 期。

（三）监督证据调查的程序合法性

证据调查过程涉及调查权和侦查权的运行，势必会对公民的某些权利造成侵害。在调查程序运行与公民权利保障的冲突之间，应当寻求平衡，防止其过度侵害。而视听资料的运用，就能够记录调查的一些环节和程序，当有公民向相关机构申诉之时，即可运用视听资料对于证据调查合法性进行验证。因此，根据最高人民法院《关于适用〈中华人民共和国刑事诉讼法〉的解释》第 80 条的规定，在侦查过程中应当有见证人在场监督，因特殊原因没有见证人时，应当在笔录中注明情况，并对相关活动进行全程录音录像。

二、私采视听资料的证据效力问题

私采视听资料，就是指在未征得被录像人或被录音人同意的情况下，私下偷偷地进行录音、录像所取得的视听资料。随着信息化社会的到来，智能手机的普及使得录音、录像功能变得更加简单，普通人也可以比较容易地收集到信息。

在《刑事诉讼法》的调整框架下，刑事公诉案件的收集证据一般来说是国家机关的专门职权，不会出现私采视听资料。在刑事公诉案件中，被害人、目击证人在案发经过时录下了与案件发生相关的音频、视频的，应当及时交由公安机关，这一类不属于私采的视听资料。案发后，被害人自行去调取、收集相关的视听资料，如调取十字路口、住宅小区等场所的监控，① 这就属于违法收集证据的范畴，被害人不具有取证主体的资格，收集的证据亦不具有证据资格。

《行政诉讼法》中也没有涉及私采视听资料证据效力，因为行政诉讼主要还是民告官的一种诉讼形式，其更多规制的还是国家机关作为强权方不能滥用权力。最高人民法院《关于行政诉讼证据若干问题的规定》第 57 条规定："下列证据材料不能作为定案根据……（二）以偷拍、偷录、窃听等手段获取侵害他人合法权益的证据材料……"

民事诉讼中私采视听资料的证据效力规定有一个嬗变的过程。1995 年，最高人民法院就这一问题出台了《关于未经对方当事人同意，私自录制其谈话取得的资料不能作为证据使用的批复》（已失效），规定："未经对方当事人同

① 参见龚颖欣、李尧：《偷拍偷录视听资料的证据资格合法性问题初探——以"卡兹诉合众国案"和"天津寇某某受贿案"为分析对象》，载《江西警察学院学报》2016 年第 4 期。

意私自录制其谈话，系不合法行为，以这种手段取得的录音资料，不能作为证据使用。”这属于对于私采视听资料的绝对证据排除，这种排除方式对举证方的要求很高，其必须要征得有分歧对方的同意才能录音、录像作为证据呈现，在现实中可操作性比较低，可能会损害举证方的权益。

2001 年，最高人民法院《关于民事诉讼证据的若干规定》中修改了第 68 条的内容，将其改为“以侵害他人合法权益或者违反法律禁止性规定的方法取得的证据，不能作为认定案件事实的依据。”第 69 条规定“下列证据不能单独作为认定案件事实的依据……（三）存有疑点的视听资料”，[①] 第 70 条规定“一方当事人提出的下列证据，对方当事人提出异议但没有足以反驳的相反证据的，人民法院应当确认其证明力……（三）有其他证据佐证并以合法手段取得的、无疑点的视听资料或与视听资料核对无误的复制件……”民事领域的私采视听资料不再绝对排除，对证据举证方而言极为有利，结束了私采视听资料受制于严格的取证途径要求而夭折的命运。只要视听资料的收集手段不违反法律且收集时不以侵害他人合法的权益为目的就可以当作证据使用。

对私采视听资料是否可以当作证据使用主要取决于收集主体及收集手段是否合法、有无侵害到他人合法权益，收集内容是否侵害国家或他人的隐私等，法官在判断时有一定的自由裁量权，可以根据个案进行决断。

三、视听资料相关问题剖析

（一）取证专业人才缺乏

视听资料具备科技性与专业性，故其取证也需要专业技能的支持。由于取证主体为侦查人员，其并未接受过关于视听取证的专业性培训，因此在取证过程中缺乏相应的规范化要求，采集和利用效率不高。主要体现为在取证时缺乏对于视听资料的回放有无技术问题、视频清晰度、噪声影响等因素的重视，最终导致视听资料因其清晰度、音质等因素不符合标准而被排除采用。

（二）视听资料存在审查困境

视听资料的证据审查主要围绕“证据三性”展开，但在具体审查过程中呈

① 参见伍志锐：《论视听资料的审查与认定》，载《湖北警官学院学报》2014 年第 3 期。

现出真实性审查一家独大代替其他性质审查，以合规范性审查代替正当性审查，缺乏非法证据排除规则适用等因素。此外，部分办案人员缺乏对视听资料的正确理解，削弱证据价值。虽然其具备一定的法律素养，但不了解视听资料的取证方法、程序、处理、检验和鉴定，最终导致审查偏于表面形式化，很难发现问题。[①]

（三）视听资料法律规定需要完善

视听资料在 1974 年首次运用于司法实务中，于 1982 年被赋予独立法定证据地位。但立法始终未对其内涵、种类等概念基础进行详细阐述与划分，在 2012 年以前以一种“口袋证据”的形式呈现，而在 2012 年之后又与电子数据产生混同。此外，电子数据获取独立法定证据地位后，对于视听资料的研究相对滞后，因此，原先就较为缺乏的程序方面的规定更为有限、狭隘。如果按照现有立法，参照电子数据的取证、保全、审查规定去适用视听资料的程序规定，则会进一步混同两者，而视听资料的发展也会被限制。

四、视听资料证据调查制度完善

（一）增强取证人员的专业性

首先，取证人员的专业性需要体现在具备证据意识。即在取证过程中打开执法记录仪，记录取证实际情况作为将来争议产生的证明证据。同时，取证人员需要意识到视听资料的法定证据地位，对于其取证规定、保全固定、审查注意事项等内容了然于胸，体现其对于证据的重视与专业度。

其次，取证人员需要具备对应的专业技能。针对视听资料的证据特性，取证人员需要掌握录像机、录音机等设备的使用。针对视听资料的清晰度等质量要求，取证人员应当选取噪声影响较低、无明显遮挡物的地带进行证据固定，在取证时对于证据内容、清晰度等因素进行确认、记录。

最后，对于取证人员专业性的培养需要时间成本、人力成本、财力成本的投入。因此，短期内可以引入视听设备的专业人才加入侦查队伍，或者是委托与案件没有联系的第三方机构协助取证，在取证过程中接受侦查机关的监督。

① 参见伍志锐：《论视听资料的审查与认定》，载《湖北警官学院学报》2014 年第 3 期。

而从长期来看，侦查机关内部可以利用其技术资源、社会资源来实现专业人才的培养。

（二）视听资料审查制度完善

首先，在证据审查过程中，应当充分平衡证据性质之间的关系。真实性固然是证据内容的根本，但是不符合法定程序、通过非法手段获取的证据材料不能成为证据，与案件事实缺乏联系的证据材料亦不能成为证据。因此在证据审查实务中，审查人员应当转变审查观念，对“证据三性”一视同仁，赋予同样的重视度。

其次，在证据审查的具体运用上，基于传统的“证据三性”审查之外，审查人员应当针对视听资料所具备的科学技术性、易被篡改性、动态直观性等性质开展审查工作，利用现代科技对其内容进行鉴真，利用其他证据对其进行印证。

最后，现有的瑕疵证据补正规则仅能对非法证据实现相对排除而非绝对排除，这与非法证据排除规则本质内容相冲突。因此，最为有效的措施即基于视听资料的特点，构建专项非法证据排除规则。参考胡铭教授对于电子数据非法证据排除规则的构建，可以从以下视角构建视听资料的非法证据排除规则：（1）通过非法搜查、扣押等手段获取的视听资料；（2）非法侵入他人系统获取的视听资料；（3）私自拦截取得的运输中的视听资料；（4）通过植入木马、病毒等侵害他人合法利益手段获取的视听资料；（5）未持证明文书而私自带走他人原始存储介质。[①]

（三）视听资料法律规定完善

其一，现有立法对于视听资料的指向仍然存在含混性。因此，应当在其概念阐述中明确指出其所涵盖的类型、运用场景等内容规定，以此区别电子数据的概念与涵盖类型，防止司法实务中的错用滥用。

其二，对于视听资料的程序规定不应一味地为电子数据的程序内容所涵盖，应当针对其独特性对症下药，具体取证、保全、审查层面的规定，本书在前已述，

---

① 参见胡铭：《电子数据在刑事证据体系中的定位与审查判断规则——基于网络假货犯罪案件裁判文书的分析》，载《法学研究》2019 年第 2 期。

故在此不再赘述。

案例[①]

2015年2月27日21时许，被告人刘某甲因恋爱纠纷对刘某乙实施殴打，刘某乙逃离，刘某乙母亲史某为阻止被告人刘某甲追赶刘某乙，从身后抱住刘某甲阻止刘某甲继续前进。刘某甲在摆脱史某妨碍过程中致史某站立不稳摔倒，脑后部磕在石头上，致使被害人左侧额颞顶部硬膜下血肿、左侧额颞叶脑挫伤、右侧顶枕部皮下血肿、右侧膝关节盘状半月板撕裂。经鉴定，史某颅脑损伤程度为重伤二级；右膝半月板损伤程度属轻伤二级。被鉴定人史某人体损伤程度为重伤二级。

被告人刘某甲的辩护人认为，案发现场的监控视频等视听资料无法证明刘某甲致史某受伤，之后史某无任何受伤迹象，不排除史某因为其他原因摔倒致伤。

法院审理认为，监控虽显示被害人行走无异样，不排除被害人因生理差异，精神紧张、激动，身体快速运动状态下，有意识地忽略疼痛感的存在，故而不能以姿态正常与否否认伤情。除此之外，被害人从受伤直到公安机关时间顺序紧凑、无间断，在无相反证据证明被害人伤情系因其他原因造成的情况下，能够排除因其他原因受伤的可能性。通过全部证据的综合考量，补强了视听资料的证明力，最大限度地还原了史某在拉扯刘某甲的过程中被甩倒的事实，能够认定被告人刘某甲甩开行为与被害人重伤结果之间的因果关系成立。

最终，法院判决被告人刘某甲犯过失致人重伤罪，判处有期徒刑1年零2个月；附带赔偿民事诉讼原告人史某各项经济损失142,133.41元。

① 案例来源：安徽省阜阳市颍泉区人民法院（2015）泉刑初字第00255号刑事附带民事判决书，著者稍作改动。

案 解

判断视听资料是否能成为适当的“证据”，主要审查其证据三性：合法性、客观性、关联性。在本案中，法院着重考量了监控视频的关联性。所谓关联性指的就是证据与案件的关系，也属于证据证明力的审查范畴。如果视听资料不能单独、完整地反映案件，那么这个时候就需要将其置于证据链之中，通过这一证据与其他相关证据，如书证、物证的印证等，各个证据的一致性形成完整的证据链来证明案件发生的经过。本案中，监控虽显示被害人行走无异样，但被害人从受伤直到公安机关时间顺序紧凑、无间断，在无相反证据证明被害人伤情系因其他原因造成的情况下，能够排除因其他原因受伤的可能性。通过全部证据的综合考量，补强了视听资料的证明力，最大限度地还原了史某在拉扯刘某甲的过程中被甩倒的事实，能够认定被告人刘某甲甩开行为与被害人重伤结果之间的因果关系成立。

拓展阅读

1. 杨英仓：《视听取证相关问题探析》，载《湖北警官学院学报》2016 年第 1 期。
2. 赵毅宇：《视听资料、电子数据与电子证据的使用乱象及破解——以信息电子技术为分析视角》，载《华南理工大学学报（社会科学版）》2020 年第 2 期。
3. 韩旭：《刑事见证及其法律效力研究——诉讼证明中一个被忽略的问题》，载《证据科学》2010 年第 1 期。

复习试题

1. 试阐述视听资料的应用形式。
2. 试阐述私录视听资料的证据效力。
3. 试阐述视听资料证据收集现状。

复习与作业要求

1. 课后复习，并完成复习试题。

2. 考核要点：视听资料的应用形式、私录视听资料的证据效力。

3. 辅助教学活动：案例简析。

第十二章　电子数据的证据调查

教学目的和要求｜通过本章学习，使学生了解电子数据证据调查概况。

教学重点和难点｜电子数据的概念及特征、电子数据的收集、保全及审查、电子数据的调查路径。

教学方法与手段｜讲授和案例分析。

第一节　电子数据的概念及其特征

一、电子数据的概念

1996 年我国《刑事诉讼法》仅规定 7 种证据类型，无法涵盖司法实践中出现的证据形式。随着网络犯罪问题的出现，电子信息在司法实践中被广泛采用，至 2012 年我国《刑事诉讼法》将其规定为法定证据种类。[①]2016 年最高人民法院、最高人民检察院联合公安部颁布了《关于办理刑事案件收集提取和审查判断电子数据若干问题的规定》（以下简称《电子数据规定》）给出了电子数据的完整定义。[②]所谓电子数据，即在案件发生过程中形成，以电子形式存在，能够证明案件真实情况的材料。[③]如今电子数据具备以下实质特征：第一，电子数据自身是以二进制形式存在于虚拟世界之中，因此需要物质载体进行留存。第二，电子数据数量巨大、覆盖范围广泛，因此在实际调查之中存在取证困境。第三，电子数据具备系统性，即电子数据存在于系统之中，因此会留下痕迹及其他关键证明信息。

---

① 参见裴兆斌：《论刑事诉讼中电子数据取证模式》，载《东方法学》2014 年第 5 期。

② 参见赵菁:《类型化研究下的电子数据取证与认定规则》，载《山东警察学院学报》2019 年第 4 期。

③ 参见白梅：《电子证据司法适用的问题研究》，载《人民论坛》2022 年第 2 期。

（一）电子数据与电子数据载体之辨

在大数据时代我国电子数据侦查行为可以分为在物理空间里展开的、以物质为媒介的侦查行为与在数据空间里展开的以数据为媒介的侦查行为。[①]两种侦查行为指向性不同，第一种行为所指向的对象为电子数据存储介质即载体。而第二种侦查行为所指向对象为电子数据本身。[②]因此，从其取证手段及指向性的角度而言，电子数据是以其本身内容来证明案件事实，就电子数据载体是一种物理性质的实体存在，因此在证据种类上不属于电子数据的范畴。电子数据载体的证据类型应当根据其证明作用来划分，如犯罪行为人用电脑行凶，电脑上留有被害人的血迹，则该电脑属于物证。

（二）电子数据与电子证据之辨

我国刑事诉讼法上的电子数据概念在内涵上相对狭小，而电子证据这一概念所涉内涵则相对较广，两者既有区别又有联系。电子数据是我国《刑事诉讼法》规定的证据形态之一，数据是根源，是不以人的意识为转移的一种物质。电子证据属于一种电子数据载体形式，主要借助了互联网计算机和大数据技术，通过在显示终端上操作，能够向社会大众展示的电子数据，也就是说，电子证据是以电子数据为基础存在的一种真实材料。[③]因此，电子数据与电子证据的关系互为表里，电子数据是电子证据的内容，电子证据是电子数据的形式，两者关系既有区别又有联系。

二、电子数据类型

电子数据种类较多，在 20 世纪 60 年代至 80 年代包含于视听资料范围之内。[④]2012 年《刑事诉讼法》修订后赋予其独立地位，但仍然与视听资料并列且缺乏明确规定。2016 年《电子数据规定》赋予其明确定义及类型划分。依据法定分类，电子数据可以分为四类：第一类是利用网络向社会公开发布的信息，

① 参见何军：《数据侦查行为的法律性质及规制路径研究》，载《中国人民公安大学学报（社会科学版）》2021 年第 1 期。

② 参见吴桐：《电子数据搜查、扣押的行为相关性研究》，载《中国人民公安大学学报（社会科学版）》2021 年第 5 期。

③ 参见石波：《电子证据取证权与隐私权的冲突及协调》，载《现代经济信息》2019 年第 17 期。

④ 参见樊崇义、李思远：《论我国刑事诉讼电子证据规则》，载《证据科学》2015 年第 5 期。

如网页、博客；第二类是利用网络设备所产生的通信信息，如手机短信、电子邮件；第三类为非公开的私人性质的信息，如用户个人注册信息；第四类是电子文件，如办公文档、音频。如果从电子数据特征、作用、内容等角度进行研究，则可作如下细分。

（一）以计算机系统是否封闭划分

根据计算机系统是否封闭，电子数据可分为两类：一种是封闭式计算机系统中的电子数据，主要有单个电子文件、数据库、传统电子数据交换等，如计算机自动生成的电话费单。另一种是开放计算机系统中的电子数据，主要为因特网中的电子数据，如电子邮件、网络聊天室等。①

（二）以电子数据内容和作用划分

根据电子数据的内容和作用，电子数据可分成 3 种：一是数据电文证据，即记载法律关系发生、变更与灭失的数据，如 E-mail，用于证明待证事实；二是附属信息证据，②即对数据证据电文生成、存储、增删而引起的记录，如电子系统的日志记录、电子文件的属性信息；三是系统环境证据，其是指数据电文运行所处的硬件和软件环境，即某一电子数据在生成、存储、传输、修改、添加、删除和删除过程中生成电子数据的计算机环境。③

（三）以电子数据获取途径划分

从获取途径对其分类可分成 3 种：第一种是公开的数据，即指在网页、博客、微博客、朋友圈、贴吧、网盘等网络平台发布的信息。该类信息在平常性的上网浏览过程中即可便捷获取。第二种是交互性数据，④包括网络交互通信信息和第三方平台注册、登录、交易类数据。其中网络交互通信信息，是指通过即时通信工具或即时通信软件等交流过程中所产生的信息数据。第三种是单一来源数据，指仅存储于信息持有者私人电子设备中的电子数据，一般存储于离线设备、

---

① 参见徐燕平、吴菊萍、李小文：《电子证据在刑事诉讼中的法律地位》，载《法学》2007 年第 12 期。

② 参见赵菁：《电子数据取证与认定规则层次化研究——以电子数据类别划分为视阈》，载《云南警官学院学报》2019 年第 5 期。

③ 参见何家弘、刘品新：《证据法学》，法律出版社 2013 年版，第 163 页。

④ 参见赵菁：《类型化研究下的电子数据取证与认定规则》，载《山东警察学院学报》2019 年第 4 期。

局域网内设备或不具有公开性、交互性的服务器上，属于隐私性强、不公开的信息，仅有唯一的可获得途径。[1]

三、电子数据的特征

（一）电子数据依附载体存在

在我国法定证据种类中，电子数据与其他种类的证据存在明显区别。与其他证据类型相比，电子数据往往存储于计算机、移动设备等存储介质之中。随着科技的进步，互联网技术发生了日新月异的变化，特别是区块链技术应用后，电子数据的存储介质发生了重大变化，从有形的存储介质发展到了无形的存储介质，因此，电子数据也就具有了抽象性和无形性。同时，如若在司法实务中运用电子数据必须突破其无形性和抽象性，让人们能够感知，这就必须借助电子计算机等设备设施进行收集、提取和分析，因此，电子数据也反映出其具有依附性的特点。

（二）电子数据具有稳定性

相对传统证据而言，电子数据更稳定，真实性更容易得到保障。[2] 在常规认知之中，因电子数据易于被篡改、伪造和变更，故会导致电子数据相较于书证、物证等一些在物理属性上具有稳定性的证据更容易失真。但实际上，只要在电子设备中产生的数据都会有一定的痕迹存留，即一旦有数据产生，将会有新数据来证明之前数据的产生、变更和发展的痕迹。这就从另一个侧面表明传统的证据如书证很可能会因为保存不当以致灭失。所以电子数据相较于传统证据而言稳定性更强，真实性更容易得到保障。[3]

（三）电子数据具有系统性

电子数据从产生开始的一整个周期内的变化都不是孤立的，而是以系统形式存在的。它是一个由若干数据信息组成的整体，刘品新教授认为所有的电子证据都是“三位一体”的，即它是一个由三部分数据组成的系统：一是数据电

① 参见谢甜甜：《电子数据的分类鉴真与规则构建》，载《犯罪研究》2021 年第 5 期。
② 参见刘品新：《论电子证据的理性真实观》，载《法商研究》2018 年第 4 期。
③ 参见何家弘、刘品新：《证据法学》，法律出版社 2013 年版，第 165 页。

文证据，即记录了一个法律关系从发生到消灭整个发展过程的内容数据；二是附属信息数据，即一个数据电文在生成、变化过程中形成的新的时间、版本等信息；三是关联痕迹数据，即电子数据在使用、存储、传输时留下的显示电子数据使用情况、存储位置、传输情况等的信息。这三部分数据形成的有机整体构成了一个完整的电子数据证据，所以司法人员在保全时要考虑全面。[①]

（四）电子数据证据调查具有专业性

电子数据相较于其他证据存在很大的不同，其呈现需要依靠存储介质，而存储介质又要以互联网技术为支撑，各种数据亦会因为外界信息的影响而被篡改、伪造和变更。实际情况中，侦查人员往往不具备专业的信息操作能力，且在《电子数据规定》中并未对侦查人员的专业性提出要求。这就需要专业的技术人员协助取证，才能获取相应的电子数据，并对其固定保全。[②]

案 例[③]

2020年8月至2021年4月，被告人朱某在明知他人可能利用银行卡从事信息网络犯罪活动的情况下，单独或伙同他人至苏州工业园区等地办理中国邮政储蓄银行卡等各类银行卡11张及U盾、手机卡等，或出售或出借给他人，获利人民币8000余元，后他人实施网络诈骗，利用上述银行卡中的6张银行卡结算诈骗钱款金额达人民币330,064.25元。公诉机关起诉后，被告人朱某自愿认罪认罚。

上述事实，被告人朱某在庭审中不持异议，并有被害人卢某1、鲁某、张某1、张某2、卢某2、杨某、柯某、董某、孙某、游某、王某、程某、林某、邹某、罗某1等人的陈述笔录，证人潘某4、朱某4的证言笔录，立案登记表，微信交易记录，银行交易明细，

① 参见刘品新：《电子证据的基础理论》，载《国家检察官学院学报》2017年第1期。
② 参见张婷：《电子数据证据的收集取证在实践中的思考》，载《宁夏大学学报（人文社会科学版）》2019年第5期。
③ 参见苏州工业园区人民法院（2021）苏0591刑初247号刑事判决书，著者稍作修改。

微信截图照片，电子数据检查笔录，抓获经过、发破案经过，认罪认罚具结书，户籍资料等证据经庭审质证予以证实，足以认定。

最终，法院判决被告人朱某犯帮助信息网络犯罪活动罪，判处有期徒刑7个月，并处罚金人民币3000元；责令被告人朱某退出非法所得人民币8000元。

案 解

随着网络犯罪的不断滋生，电子数据在案件审理中发挥的作用也越来越明显。在本案中，被告人的微信交易、银行交易都会留下一系列的电子数据，并经过侦查人员的提取成为法院审理的关键证据。需要注意的是，电子数据相较于其他证据存在很大的不同，其呈现需要依靠存储介质，而存储介质又要以互联网技术为支撑，各种数据亦会因为外界信息的影响而被篡改、伪造和变更。实务中，司法人员往往不具备专业的信息操作能力，这就需要专业的技术人员进行操作，才能获取相应的电子数据。

拓展阅读

1. 石波：《电子证据取证权与隐私权的冲突及协调》，载《现代经济信息》2019年第17期。
2. 徐燕萍、吴菊萍、李小文：《电子证据在刑事诉讼中的法律地位》，载《法学》2007年第12期。
3. 刘品新：《论电子证据的理性真实观》，载《法商研究》2018年第4期。

复习试题

1. 试辨析电子数据与电子证据之间的异同。
2. 试具体阐述电子数据的特征。

3. 试阐述电子数据的具体分类。

复习与作业要求

1. 课后复习，并完成复习试题。

2. 考核要点：电子数据概念、电子数据特征。

3. 辅助教学活动：案例简析。

第二节　电子数据的收集、保全、审查之研究

一、电子数据收集的调查研究

在我国，电子数据的证据收集主体准用证据收集主体的法律规定和一般原理，包括公安机关、检察机关、审判机关、辩护律师等。在具体收集措施方面，收集电子数据的方法区别于一般证据的收集方法，除检查、勘验、搜查、扣押，调取等常见的证据收集措施外，收集电子数据还有恢复、破解、统计、关联、比对等方法。由于三大诉讼法调整的法律关系、准用的诉讼原则不尽相同，当事人之间的证明责任存有差异，各种诉讼参与人的功能角色亦有所区分，因此，在电子数据的收集方面也体现出一定的差别。

（一）刑事诉讼中的电子数据收集

其一，《电子数据规定》针对电子数据的收集措施和程序要件作了规定。其第 3 条明确规定了电子数据的取证主体，赋予相关主体正当地位；其第 14 条对于取证过程中的程序要求作出规定，同时，为保证取证过程中的公正度与透明度，该规则第 15 条明确规定见证人制度，即在取证过程中由一名符合要求的人员担任见证人监督取证过程，在没有见证人的情况下，可以采用同步录音录像方式监督记载。但这一见证人制度并未对见证人在专业性方面提出要求，是为其缺陷之一。此外，在《公安机关办理刑事案件电子数据取证规则》中，其第 6 条从人数、取证专业性层面进行规制。第 7~9 条则细化其取证手段及证明规定。

其二，受最佳证据规则的影响，我国法律传统中具有介质优先性原则的规定，即电子数据的收集应当采取“原始介质 + 电子数据”的取证模式。[①] 但在司法实务中，逐渐呈现出“去原始存储介质化”现象，且在理论界也受到认可。如2019年《公安机关办理刑事案件电子数据取证规则》中第8条规定了可以采用拍照、打印、录像等形式固定证据的情形。而在该规则第9条，则对采用第8条所规定方式进行证据固定的取证活动做出了严格限制，例如，需要见证人盖章、标明原始介质特征等。此外，在司法实务中，侦查机关往往会采用镜像复制的形式从原始介质中提取其所记载的电子数据，随后可以通过哈希值检验等方式来判断其在保全过程中是否被伪造、变更原介质中所载的电子数据。

（二）民事诉讼中的电子数据收集

在民事诉讼活动中，电子数据的收集同样具有非常重要的地位。一方面，随着互联网计算机技术在民商事活动中的愈发活跃，电子数据普遍运用。因此，电子数据的收集可以为当事人实现举证权利提供保障。另一方面，依据电子数据的稳定性特点，电子数据展现出极强的证明力。最高人民法院《关于适用〈中华人民共和国民事诉讼法〉的解释》（2022年修正）通过其第116条的规定，明确了民事诉讼中电子数据的概念、范围。如电子邮件、网页记录、电子签名等均为其涵摄范围。与刑事电子数据类型对比，两者总体上并无太大差异，但在具体事务之中如收集、审查等均存在差异。

相较于刑事诉讼领域，电子数据收集采用“去原始存储介质”的规定及趋向，民事诉讼领域仍然坚持电子证据提取的原始介质优先性原则，只有在例外情况下才能提供经法院认定通过的复制件。

（三）行政诉讼中的电子数据收集

根据《行政诉讼法》中证明责任的要求，行政机关作出的具体行政行为的事实根据所依据的证据，应由作出该具体行政行为的被告行政机关负责提供，因此，在行政诉讼中，电子数据通常情况下应由被告人提供。原告为了支持自己的诉讼主张，也有权向人民法院提供自己所掌握的电子数据。具体而言，根

① 参见谢登科：《电子数据真实性审查规则的反思与完善》，载《学术交流》2021年第3期。

据最高人民法院《关于行政诉讼证据若干问题的规定》第12条的规定，当事人向人民法院提供计算机数据的，应当符合下列要求：（1）提供有关资料的原始载体。提供原始载体确有困难的，可以提供复制件。（2）注明制作方法、制作时间、制作人和证明对象等。（3）声音资料应当附有该声音内容的文字记录。

（四）监察程序中的电子数据收集

根据我国《监察法》的要求，监察机关对职务犯罪案件具有调查权。① 在调查过程中就涉及电子数据取证问题遵循其第25条规定。首先，监察机关能够通过调取、查封、扣押的方式收集被调查人涉嫌违法犯罪的电子数据。② 其次，在调查的过程中，所收集的电子数据应当为原件，即《监察法》对于电子数据的收集遵循介质优先原则，与我国《民事诉讼法》《行政诉讼法》要求相一致。最后，在调查过程中应当要求见证人监督或通过录像进行监督并在相关文件上核对、签名。

二、电子数据保全的调查研究

（一）电子数据保全的概念

电子数据虽然与其他法定类型的证据存在较大的差异，但在保全问题上其目的是一致的，都是将证据进行固定和保存，保证诉讼程序的顺利进行，更好地证明案件事实。综上，可以将电子数据保全定义为：人民法院、人民检察院、公安机关等相关主体依申请或者依职权对以数字化形式存储、处理、传输的，能够证明案件事实的数据通过适当的方式加以保存、固定以保证诉讼程序的顺利进行。

（二）电子数据保全的特点

1. 保全方法丰富

电子数据由于其自身的虚无性、特殊性、多样性，因此其保全方法也与其他证据有所不同，主要的保全方法有打印、拍照、录像、冻结、锁定账号等，分别在《电子数据规定》第10条以及2019年《公安机关办理刑事案件电子数

① 参见李懿艺：《监察证据庭审使用问题研究》，载《法治论坛》2019年第2期。
② 参见王青斌：《论监察赔偿制度的构建》，载《政法论坛》2019年第3期。

据取证规则》第 40 条中进行规定。此外，在司法实务中，侦查人员还会通过扣押原始存储介质、搜查电脑、委托第三方机构进行数据保全。

2. 保全技术要求高

电子数据的专业性决定了电子数据保全需要具备专业技能，往往数据形成、储存于电子计算机或者电子设备中，特别是涉及一些专门性问题时，需要通知电子数据持有人、网络服务提供者或者有关部门进行协助保全。电子数据的保全在司法实务中存在物质载体保全与电子数据保全两种形式。就第一种情形而言，《公安机关办理刑事案件电子数据取证规则》第 11 条就对其适用情形、具体措施进行规定，且物质载体通常仅需固定即可，故并无过多技术要求。但在第二种情形之中，对于电子数据进行保全则分为数据载体保全与数据内容保全两种形式。[①] 所谓数据载体，即电子数据在虚拟世界中以二进制形式存在，而由 0 和 1 组成的数字信号，即为其数字载体。因此，这两种情形下的保全均需要技术支持。

3. 保全时效性强

电子数据的系统性特点决定了其保全的时间紧迫性，不同于一般的证据，电子数据的呈现往往是成系统的，大量的数据保存往往需要耗费大量的时间，并且在电子数据保全的同时，数据会持续地更新和变化，这都会导致原本需要的数据被新的数据所代替甚至最终无法复原。

（二）电子数据保全的作用

随着电子技术的发展，电子数据在案件证明过程中的作用越发凸显，对电子数据进行保全能够在很大程度上还原案件事实，保证实体公正。电子数据保全的作用体现在以下两方面：一是对证据进行分析、整合以还原案件真实情况，经过保全的电子数据具有更良好的真实性保障，证明力更强，更接近案件事实；二是防止证据灭失无法恢复，有些电子设备的存储是有一定限度的，将电子数据删除后如果不及时恢复，在新的数据覆盖后可能更难以恢复，这无疑会增加

① 参见邢永杰、张杨杨：《刑事诉讼中电子数据真实性审查“三步法则”》，载《中国人民公安大学学报（社会科学版）》2019 年第 4 期。

当事人的负担。[①]

（四）电子数据保全机制缺陷

1. 法律层面缺乏制度规定

我国现行《刑事诉讼法》仅在其第102条规定刑事附带民事诉讼中的财产保全制度，但对于证据保全并未涉及，显然缺乏统一和合理的立法逻辑。[②]虽然，在《电子数据规定》及其他相关文件中对电子证据的固定有相关规定，但是其仍然是以搜查、扣押原始存储介质的形式作为证据保全的方式，缺乏具体的体制规定。[③]而在域外刑事诉讼领域，如意大利、日本等均在其刑事诉讼法领域规定证据保全制度，以此增强被追诉人的取证手段与防御能力。[④]因此，我国《刑事诉讼法》应当规定适应我国国情的证据保全制度，顺应司法发展。

2. 主体设定缺乏专业性

电子证据的保全具有极高的技术要求，但在我国相关规定中，均未设定对于侦查人员技术要求的规定。2014年《办理网络犯罪若干意见》第13条，规定应当由两名以上具备专业知识技能的侦查人员进行取证，但在《电子数据规定》中则去除“专业性要求”，在《公安机关办理刑事案件电子数据取证规则》中也仅允许技术人员在侦查人员指导下进行取证。因此，缺乏电子证据取证专业人才。

3. 缺乏保全程序规范制度

依据我国现有法律规定，有权实施搜查、扣押的主体仍然为侦查人员。但是，对于其搜查、扣押则缺乏对应的规范制度，故会造成对于私权的侵犯以及保全程序不严格等问题的出现。国外就保全措施的实施实行令状制度，即由法院发布令状允许侦查人员对涉案电子证据及其载体保全，否则视为非法程序。

① 参见陈群儿：《民事纠纷中电子数据证据保全》，湘潭大学2017年博士学位论文。
② 参见何邦武：《论网络交易犯罪惩治中电子数据的保全》，载《东方法学》2017年第4期。
③ 参见吴高庆：《证据法学》，清华大学出版社2010年版，第300页。
④ 参见张泽涛：《我国刑诉法应增设证据保全制度》，载《法学研究》2012年第3期。

三、电子数据审查的研究

（一）电子数据审查方法

证据具有三性，即客观性、关联性和合法性。上述特性同样为电子证据所涵盖，因此，在电子数据审查过程中也应当注重“三性”问题。此外，《电子数据规定》对于电子数据在传统证据三性之外，提出了完整性的要求。因此，在具体审查过程中应当考虑“四性”问题。

1. 对客观性的审查方法

所谓客观性，又名真实性。在电子数据领域，涵盖物质载体真实性、数字载体真实性、电子数据内容真实性。[①]《电子数据规定》第 23 条对其作出完整规定。若依据前述三方面对其细分，首先，在物质载体真实性层面，需要对物质载体是否为原件、原始介质存放位置等因素进行考察；其次，在数字载体真实性层面，则可以通过电子数据签名、特殊标识等因素进行考察；再次，在内容真实性层面，则可以通过哈希值检验的方式对提取内容与原始内容的数字信号进行对比，查看内容是否被更改伪造；最后，在司法实务中存在通过证据相互印证、言辞证据与电子数据相互印证的形式来审查电子数据的真实性。此外，在学术界目前对于真实性的审查要求延续到程序真实性审查，即审查程序是否合规来印证内容是否真实，但从另一层而言，程序审查应当属于合法性审查的要求。故从这一角度，及对相应法条进行分析，即可发现我国电子数据合法性审查与真实性审查存在交叉重叠。

2. 对合法性的审查方法

对于电子数据合法性的审查，若从学理层面进行划分，则应当分为合规范性审查与正当性审查。[②]合规范性审查即程序审查，参照最高人民法院《关于适用〈中华人民共和国刑事诉讼法〉的解释》第 112 条规定，其从主体、人数、取证方法、见证人制度、介质保存、取证流程等方面进行程序审查，审查取证、

① 参见邢永杰、张杨杨：《刑事诉讼中电子数据真实性审查“三步法则”》，载《中国人民公安大学学报（社会科学版）》2019 年第 4 期。

② 参见赵航：《电子数据合法性审查规则的反思与完善》，载《大连理工大学学报（社会科学版）》2022 年第 1 期。

保全程序是否有违法行为。而正当性审查则是从权利保障层面进行审查。侦查行为极易对公民权利造成侵害，尤其电子数据含量巨大、且涉及个人隐私，因此更需注重这一层面的审查。但在司法实务中，对于正当性审查并无规定，即使是现有的非法证据排除制度也不能完全将电子证据审查涵盖其中，仅能由法官基于瑕疵证据补正规则进行判断排除。

3. 对关联性的审查方法

对于证据关联性的审查主要是从证据内容与案件事实之间的联系、联系是否客观全面等角度进行审查。根据《电子数据规定》第25条的规定，就电子数据关联性审查应当从网络身份与现实身份同一性、言词证据与犯罪活动之间的联系、犯罪行为人与存储介质之间的关联性进行综合判断。[①]

4. 对完整性的审查方法

对于完整性的审查，《电子数据规定》第23条首先规定，并为最新《刑事诉讼法》司法解释所吸收，载于第111条。对完整性的审查，应当从原始介质的封存状态；电子数据提取过程录像审查；比对数据完整性校验值；备份数据比对等方式进行操作。

（二）审查规则适用

1. 最佳证据规则的具体适用

最佳证据规则系英美法系诉讼科学发展的产物，近年来英美法系国家对于最佳证据规则的适用发生了改变，表现为证据形式应当以提供原件为原则，提供复制件为例外。伴随着例外规定的出现，这体现了司法实务中对证据复制件采纳的宽容态度。与英美法系国家不同，大陆法系国家一般对最佳证据规则没有直接规定。例如德国的证据禁止理论主要关注证据收集程序的合法性，而对于证据的形式方面关注较少。而法国则以“证据自由”为基本原则，对于证据形式和证据方法一般没有做出限制。[②]

相较以往，电子数据在大数据时代已经成为这一时代的“证据之王”。根

① 参见肖君拥、吕兆丰：《危害国家安全刑事案件中电子证据制度的建构与完善》，载《中国应用法学》2021年第5期。

② 参见徐茂军：《刑事诉讼法中的电子证据研究》，中国海洋大学2014年硕士学位论文。

据以往的最佳证据规则来对电子数据予以限制已无法满足当前的实际需要。电子数据的本质是二进制编码，即计算机语言，其最大的特点在于无法直接被人们所识别和判断，必须通过一定的电子设备作为工具才能展示出所需要的内容和信息。

与此同时，电子数据具备稳定的特征。只要两组数据保持同一，基本可以实现复印件与原件的完全一致。根据电子数据所依赖的存储介质呈现出多样化的特点，相关主体在制作电子数据时可能将同一数据存放在不同的存储介质中或者在同一存储介质中存放不同种类的电子数据，在实践中就很难认定哪一组或者哪一个是真正意义上的原件。因此，最佳证据规定在电子数据适用过程中需要变通。美国通过一些务实的方式，对最佳证据规则的适用进行了针对性的修改①，这就使得电子数据及其复制件在事实上已经突破了传统最佳证据规则对原件的要求。

2. 非法证据排除规则的具体适用

根据证据的表现形式划分，可将其分为言词证据与实物证据。实物证据最大的特征就在于其具备客观实在性，即能够以某种客观形式为人所直接感知。电子数据其本身虽然是二进制代码，但能够通过计算机语言转化为我们的日常用语为我们所认识和感知，②因此应当属于实物证据的范畴，受非法证据排除规则的限制。

首先，电子数据应当受到非法证据排除规则钳制，但我国相关法律没有直接规定其适用情形。依据《刑事诉讼法》第56条规定，通过暴力、威胁、刑讯逼供等非法手段收集的言辞证据以及不合法取证程序收集的物证、书证应当予以排除，③电子证据并未在其规制范围内。但参照最高人民法院《关于适用〈中华人民共和国刑事诉讼法〉的解释》第113条则提出对于瑕疵电子证据的补正、

① 《联邦证据规则》对传统“文书”证据进行了扩充，如第1001条规定了文书包括书写品、录像品及影像；对电子数据的“复制件”进行了包容性规定，如第1001条规定实际上把“准确反映原件信息”的“电子文书打印件”和“电子副本”视为了原件；对电子数据适用最佳证据规则的例外情况予以规定，如第1004条规定书写品、录制品或者影像可以不要求原件而具有可采性的例外情况，这一规定同样适用于电子数据。

② 参见赵菁：《类型化研究下的电子数据取证与认定规则》，载《山东警察学院学报》2019年第4期。

③ 参见宋建国、彭辉：《非法证据排除的司法困境及对策研究》，载《河北法学》2017年第11期。

排除规定，即电子数据如果存在瑕疵经过补正、合理解释则能够予以采用，但其在移送过程中未封存、笔录没有相关人员盖章、格式不清等则应当予以排除，并且第114条规定了其具体情形，如电子数据被伪造、删减，无法保证其真实性等。

其次，瑕疵证据补正规则与《刑事诉讼法》所规定的非法证据排除规则存在较大差异。[①]《刑事诉讼法》规定的非法证据排除规则是从权利保障、程序合规角度设计的，一经确定为非法证据则立即予以排除，不存在补正可能。而瑕疵证据补正规则仅从程序合规角度设计，忽视权利保障层面的因素。且经过补正可以确定为合法证据予以使用，其本质上是对于证据真实性的审查，而非合法性的审查，与非法证据排除不存在交集。因此，就严格意义而言，我国尚未建立电子数据的非法证据排除制度，应当进行研究建立。最为理想的形式是在现行法律框架内重新规定瑕疵证据补正规则，即列举非法证据排除规则情形，而瑕疵证据规则采用兜底条款的形式，[②]即排除非法取证情形以外的不合证据三性审查标准的情形都由瑕疵证据补正规则涵盖。

最后，电子数据在收集过程中势必会侵犯公民个人信息与隐私权，在这种情形下，所获电子数据是否应当作为非法证据予以排除有待明确。我国侦查启动程序需要经过严格审批，并且要有关键性证据才能开展调查。基于严格的程序规定，赋予了侦查人员侦查取证的正当性。但就电子数据收集而言，其更多体现的是技术性而非法律性，例如侦查机关在一起电信诈骗案件中查获载有被害人信息的U盘，在该种情况下仅需保证严格遵守保密程序，即可作为正当证据使用。但在另一种情形之下，侦查机关为查明案情启动技术侦查对嫌疑人进行网络远程勘验，获取其浏览记录、交易记录等各种私人信息，则在客观程度上侵犯嫌疑人及其相关人群的隐私权，那在该种情形下，是否能够作为证据使用，是否有补救措施需要法律规定。

---

① 参见石玲:《瑕疵电子数据的合理适用及其限度》，载《河南财经政法大学学报》2022年第3期。

② 参见林森、金琳:《检察机关办理监察委移送案件难点问题探究——以检察机关与监察委办案衔接为视角》，载《时代法学》2020年第5期。

案例[1]

2018年3月21日，自诉人赵某某以被告人郑某某、王某某犯重婚罪向法院提起控诉，请求人民法院根据《中华人民共和国刑事诉讼法》第204条、第205条之规定，对二被告人依法判处。

在自诉人提交的众多证据中，有赵某某与郑某某的手机聊天内容截屏相片3张，用以证明被告人郑某某用女儿郑某甲的微信号与自诉人的微信聊天内容，郑某某承认2016年2月开始与王某某发生不正当男女关系。

法院认为，对于将网上聊天记录作为证据提交法庭的，应将原始存储介质移送；在原始存储介质无法封存、不便移动或者依法应当由有关部门保管、处理、返还时，提取、复制电子数据应由二人进行，要保证电子数据的完整性，要有提取、复制过程及原始存储介质存放地点的文字说明和签名；电子数据内容要真实、无删除、修改、增加等情形；与案件事实有关联的电子数据要全面收集。人民法院对视听资料、电子数据如经审查无法确定真伪的；制作、取得的时间、地点、方式等有疑问，不能提供必要证明或者作出合理解释的，不得作为定案的根据。

该证据不符合上述规定，法院经审查也无法确定其真伪，不予采信。最终，法院判决被告人郑某某、王某某无罪。

案解

根据《最高人民法院关于适用〈中华人民共和国刑事诉讼法〉的解释》第110条规定，对电子数据是否真实，应当着重审查以下内容：（一）是否移送原始存储介质；在原始存储介质无法封存、不便移动时，有无说明原因，并注明收集、提取过程及原始存储介质的存放地点或者电子数据的来源等情况；

① 参见山西省壶关县人民法院（2018）晋0427刑初40号刑事判决书，著者稍作修改。

（二）是否具有数字签名、数字证书等特殊标识；（三）收集、提取的过程是否可以重现；（四）如有增加、删除、修改等情形的，是否附有说明；（五）完整性是否可以保证。

在本案中，自诉人提交的电子数据并没有将原始存储介质一并移送，同时也无法就所提交电子数据是否真实、删改、修改、增加等内容提供证明，在无法证明或无法做出解释时，自诉人所提供的电子数据不符合真实性特征，法院应当将该证据排除，不得作为定罪量刑的依据。

拓展阅读

1. 何家弘、刘品新：《证据法学》（第 5 版），法律出版社 2013 年版。
2. 高憬宏：《视听资料作为刑事证据的特点与运用》，载《人民司法》1997 年第 2 期。
3. 褚福民：《电子证据真实性的三个层面——以刑事诉讼为例的分析》，载《法学研究》2018 年第 4 期。

复习试题

1. 试阐述如何收集电子数据。
2. 试阐述如何保全电子数据。
3. 试阐述电子数据使用的规则。

复习与作业要求

1. 课后复习，并完成复习试题。
2. 考核要点：电子数据收集的调查研究、电子数据保全的调查研究、电子数据审查的调查研究。
3. 辅助教学活动：案例简析。

第三节　电子数据调查法律体制及其优化

一、电子数据证据调查法律规制

我国自 1979 年以后非常重视程序立法，对证据的规制越来越系统和完备。国内法对电子数据的证据立法规制也经历了逐渐完备的发展过程。

（一）视听资料类别笼统涵摄的规制阶段

20 世纪 60 年代至 80 年代，刚刚崭露头角的信息与电子通信技术并不发达，信息技术的应用一般也仅限于录音、录像、电话、传真等，用视听资料就差不多可以概括信息技术产生的证据类型。①1982 年《民事诉讼法（试行）》将视听资料列为新的证据种类，②并将录音、录像、电子计算机内部存储资料等划归其中。由“电子计算机内部存储资料”即可发现，电子数据为视听资料所涵盖。2002 年最高人民法院《关于民事诉讼证据的若干规定》第 22 条确定介质优先原则，将电子数据取证规则明确，2010 年《办理死刑案件证据规定》初步确立了电子数据真实性判断规则。③在这一阶段，电子数据并未以独立证据形式为法律所认可，其为视听资料所涵盖。因此，除上述个别规定外，这一阶段电子数据的取证规定与视听资料的取证规定几近一致。

（二）电子数据证据类型独立规制阶段

2012 年《刑事诉讼法》修订，将电子数据作为一个独立的法定证据与视听资料相并列。虽不同于《民事诉讼法》及《行政诉讼法》中的独立设立，但亦彰显其独立地位。④故在该变化产生之后，对于电子数据取证的规定也逐渐增加。2013 年最高人民法院通过颁布司法解释的形式，完善了电子数据的取证、审查与判断。在 2016 年“快播案”爆发之后，“两高一部”联合颁布《电子数据规

① 樊崇义、李思远：《论我国刑事诉讼电子数据规则》，载《证据科学》2015 年第 5 期。

② 参见蒋平：《电子证据的发展历程及应用思考》，载《公安研究》2014 年第 5 期。

③ 邢永杰、张杨杨：《刑事诉讼中电子数据真实性审查“三步法则”》，载《中国人民公安大学学报（社会科学版）》2019 年第 4 期。

④ 参见杜鸣晓：《论电子数据与视听资料之混淆》，载《上海政法学院学报（法治论丛）》2015 年第 1 期。

定》，这是我国首次以司法解释形式对单一证据种类进行规范，因而具备里程碑意义。[①]2019年，公安部颁布《公安机关办理刑事案件电子数据取证规则》对电子数据取证、审查、保全作出全面规定，[②]后在2020年公安部颁布《公安机关办理刑事案件程序规定》进一步明确电子数据取证、不能作为证据使用情形。在2021年最高人民法院《刑事诉讼法》司法解释中，吸收《电子数据规定》及公安部相关文件中的审查规定，列于其第112条至第114条。在这一阶段，电子证据被赋予独立证据地位。并且随着计算机网络的发展，其虚无性、稳定性、易修改性等特征日益显现，故对于取证、审查、保全活动提出新挑战。

二、我国电子数据证据调查困境

（一）难以有效定位犯罪证据

一个计算机中存在大量数据，并且其实际数据存量难以估计。随着技术的发展，计算机的存储容量也随之增大，但取证技术仍然较为落后。在该种情形之下，一个计算机又与多个系统程序相联系，且电子数据往往是以碎片化的形式散落在各个程序之中，这就增加了筛选难度。一旦筛选不当即可能触发犯罪行为人提前预设在计算机内的病毒程序而摧毁数据。因此，在现有技术条件下，如何破解程序困境，定位所需线索具有极大的困难。

（二）提取技术性手段较弱

电子数据需要在电子设备中提取，但侦查机关自身缺乏相应的技术人员引进机制以及技术人员培养机制。虽然《公安机关办理刑事案件电子数据取证规则》第6条规定："收集、提取电子数据，应当由二名以上侦查人员进行。必要时，可以指派或者聘请专业技术人员在侦查人员主持下进行收集、提取电子数据。"但是，在证据调查过程中，技术人员仍然受侦查人员指导进行取证，这对证据获取的专业性造成极大打击。因此，侦查机关应当自行建立培养机制与引入机制，

① 参见褚福民：《电子证据真实性的三个层面——以刑事诉讼为例的分析》，载《法学研究》2018年第4期。

② 参见谢甜甜、叶青：《关于电子数据搜查扣押权的"规范化"规制探析》，载《海峡法学》2021年第2期。

兼顾电子取证与侦查程序正当。

（三）取证环节见证人制度存在虚设可能

刑事见证蕴含着对侦查权力的监督功能，也体现着对侦查行为合法化证明的价值，作用不容小觑。[①] 但我国见证制度面临下述难题：首先，见证人制度并未规定专业认知程度要求，电子数据取证具有极强的专业性，如果见证人不具备专业知识，则可能导致制度虚设；其次，电子数据取证的见证制度除监督取证程序合法外，更需涉及技术层面，但现有制度并未达到这一要求；最后，取证过程应当要求见证人全程参与，但面对大量数据调查的客观环境，见证人是否有时间、精力更是难题。

三、域外电子数据调查制度 [②]

（一）基本过程模式

早在 20 世纪 90 年代后期，就有专家对于电子数据取证模式进行研究。美国的 Dan Farmer（法默）等在 1999 年提出电子数据取证的基本过程模式。[③]

具体步骤包括：保证安全并进行隔离，对现场信息进行记录，全面查找证据，对数据进行提取和打包，维护监督链。该模式简单易行且应用广泛，因此在国外实践中广为采用。但其缺点就在于其缺少取证准备环节影响取证完整性，同时仅能在 UNIX 平台上运行，减少其实践性。[④]

---

① 参见宋善铭：《刑事见证制度的检讨与完善——以电子数据勘验为例的经验分析》，载《学习论坛》2017 年第 12 期。

② 参见裴兆斌：《论刑事诉讼中电子数据取证模式》，载《东方法学》2014 年第 5 期。

③ D.Farmer，W.Venema,*Computer Foremics Analysis Class*，http://www.porcupine.org/forensics//handouts.html. 最后访问日期：2022 年 6 月 4 日。

④ 在利用 UNIX 平台获取数据之后需要对数据进行分析，在取证分析之前，首先必须将获取的各个分区映像文件安装到取证分析机上。随后，取证分析的第一步首先是在取证映像中查找隐藏文件，找出隐藏文件后，通过查看隐藏文件的内容来推断入侵者的行为。找到隐藏文件后必须分析隐藏文件的内容来推断入侵者的入侵行为。我们可以用 UNIX 系统中的 strings 命令（该命令的主要功能是提取出文件中的 ASCII 码字符串）或 Autopsy 工具来分析隐藏文件的内容。大多数入侵者经常将后门程序隐藏在系统的配置文件和启动文件中，这样的话，每当系统启动时，后门程序就会自动执行。因此，通过分析系统的启动文件和配置文件，我们便可以发现可疑程序。参见殷联甫：《UNIX 系统取证分析方法》，载《计算机系统应用》2010 年第 8 期。

（二）事件响应过程模式

美国的 Chris Prosise 和 Kevin Mandia 于 2001 年提出该模式。其具体流程包括：攻击预防阶段，事件侦测阶段，初识响应阶段，相应策略匹配，备份，调查，安全方案实施，网络监控，恢复，报告，补充。相较于基本过程模式，[①] 这一模式可在 UNIX 外其他平台使用，且设计预防模式因此更为全面。但其缺陷在于过度重视计算机犯罪预防而对于电子数据取证收效甚微。[②]

（三）法律执行过程模式

该模式由美国司法部于 2001 年在其《电子犯罪现场调查指南》中提出。[③] 它由准备、收集、检验、分析、报告 5 个阶段构成。该模式的优点在于能够有效识别取证过程的核心部分并对其予以支持，同时美国司法部列出电子设备可能查找到的证据类型支撑其运行。但其缺陷在于多适配于物理犯罪取证的司法官员，故对于系统的分析较少。

（四）过程抽象模式

AIRFORCE 过程抽象模型与 DOJ 过程抽象模型为该类模型中的典型代表。针对前述 3 种模式过于偏向物质性的特点，美国空军研究院在此基础上提出了 AIRFORCE 过程抽象模型，其重点在于“抽象分析”。它的具体流程由识别、准备、策略制定、保存、收集、检验、分析、提交 8 个流程构成。DOJ 过程抽象模型由收集、检验、分析、报告等流程构成，其创新之处在于“分类整理”增设证据识别功能与潜在证据定位功能，但由于其处于起步阶段因而具备潜在影响。

---

① 参见金波等：《电子数据取证与鉴定发展概述》，载《中国司法鉴定》2016 年第 1 期。

② 参见《网络取证模型研究综述》，载 https://www.docin.com，最后访问日期：2022 年 6 月 4 日。

③ 整部文件共分为七章，第一章从电子数据的基础概念如类型定位角度进行论述，第二章则规定取证设备，第三章规定现场保护与评估，第四章规定记录现场，第五章规定现场证据收集，第六章规定电子数据的运输、保全等内容，第七章规定基于刑事类别对刑事电子数据进行归类。See Devices，Electronic,and P. Evidence,*Electronic Crime Scene Investigation: A Guide for First Responders*，*Chapter 1. Electronic Devices: Types*，*Description*，*and Potential*,2001.

四、我国电子数据证据调查制度完善

（一）学习外国经验适应本国国情

在电子取证领域，相较于国内的初步成形，国外已经浸染已久，故可提供一定的经验与反思。就大数据定位问题而言，我国可参考过程抽象模型，在取证之前利用计算机科技手段进行取证识别、准备、策略制定，即前设一个预备阶段进行取证准备。为防止引起犯罪嫌疑人的注意而提前销毁证据，侦查机关应当在有关键线索之后立即利用科技手段打击犯罪嫌疑人的系统进行证据固定防止销毁。但是，这一做法在一定程度上是对公民隐私权的侵犯，因此，应当严格审批，在程序上对其严格节制。

（二）建立科技取证人才队伍

在现有框架体系，专业人员在取证过程中要受到非专业的侦查人员的节制势必导致证据的不完全性与非专业性。因此，为解决上述问题，侦查机关应适当引入网络技术人才加入侦查队伍之中。在人才引入制度建立之后，侦查机关在机关内部可以探索设立人才培养机制，完善取证人员的专业意识及专业素养。如此可将侦查取证程序要求与电子数据专业性要求完美结合。

（三）完善见证人制度要求

为使见证人制度能够真正发挥实效，首先，在见证人选取上应当由具备计算机专业知识的人担任见证人，而非仅满足最高人民法院《关于适用〈中华人民共和国刑事诉讼法〉的解释》第80条的要求。[①] 其次，在法律中应当规定电子取证见证人制度除需要监督程序合规之外，更需要监督技术合规，若将技术层面要求剔除于外则无法回应证据真实性的质疑。最后，对于见证人的时间问题，可通过取证过程全程录音录像加以解决。通过客观、不间断的视频记录，是回应质疑与司法审查的最佳方案。

① 参见奚玮：《我国电子数据证据制度的若干反思》，载《中国刑事法杂志》2020年第6期。

案例①

2021年7月至8月间，被告人贺某在淘宝开设“婚姻大师”“中国分手大师”等多家店铺出售公民个人信息，贺某根据客户的需求，向商家支付费用，在收到商家查询信息后，再将相关信息转卖给客户，从中赚取差价，违法所得共计人民币9300元。案发后被告人贺某被公安机关抓获，归案后如实供述自己侵犯公民个人信息的事实。公安机关在被告人贺某处扣押到手机7部等物品。

法院审理查明，上述事实，有公诉机关出示，并经法庭质证、认证的公安机关出具的《刑事案件侦破经过》《抓获经过》《情况说明》，制作的电子数据检查笔录、电子数据提取固定清单、图片记录表、提取笔录、搜查笔录、扣押决定书、扣押清单及支付宝交易明细光盘，微信聊天记录截图，微信交易转账记录，支付宝转账记录，淘宝购买记录，重庆市渝北区人民法院刑事判决书、执行通知书、情况说明，证人曹某、李某、吴某的证言笔录，被告人贺某的供述笔录等证据证实，足以认定。

经判决，被告人贺某犯侵犯公民个人信息罪，判处有期徒刑8个月，并处罚金人民币1万元，连同前罪未执行的刑罚并罚，决定执行有期徒刑1年零4个月，并处罚金人民币1万元。被告人贺某的违法所得人民币9300元，予以追缴；公安机关扣押的作案工具手机7部，由公安机关予以没收，上缴国库。

案解

在本案中，公安机关提供了电子数据检查笔录、电子数据提取固定清单、图片记录表、提取笔录、支付宝交易明细光盘，微信聊天记录截图，微信交易转账记录，支付宝转账记录，淘宝购买记录等证据。电子数据在本案中发挥了

① 参见江苏省无锡市锡山区人民法院（2021）苏0205刑初790号刑事判决书，著者稍作修改。

重要的作用，但需要指出的是，公安机关获取电子数据的关键一步是在被告人贺某处扣押到手机 7 部。手机作为电子数据的原始储存介质，对这 7 部手机封存、保管以及后续提取程序直接影响到电子数据的证明力。当下，凭借先进的信息提取、处理技术，侦查人员可以较为轻松地完成对手机中电子数据的提取。

拓展阅读

1. 樊崇义、李思远：《论我国刑事诉讼电子证据规则》，载《证据科学》2015 年第 5 期。
2. 陈永生：《电子数据搜查、扣押的法律规制》，载《现代法学》2014 年第 5 期。
3. 王敏远、祁建建：《电子数据的收集、固定和运用的程序规范问题研究》，载《法律适用》2014 年第 3 期。

复习试题

1. 试制作一份符合证据要求的电子数据证据。
2. 试阐述如何收集录音录像。
3. 试阐述如何判断电子数据的真伪。

复习与作业要求

1. 课后复习，并完成复习试题。
2. 考核要点：短信、文档、网页、微信等电子数据证据的调查路径。
3. 辅助教学活动：案例简析。

附录：四大基本法中证据规定简表

项目	监察法	刑事诉讼法	行政诉讼法	民事诉讼法
证据类型	1. 物证 2. 书证 3. 视听资料、电子数据 4. 勘验检查、辨认、调查实验等笔录 5. 证人证言 6. 鉴定意见 7. 被害人陈述 8. 被调查人陈述、供述和辩解 （《中华人民共和国监察法实施条例》第59条）	1. 物证 2. 书证 3. 视听资料、电子数据 4. 勘验、检查、辨认、侦查实验等笔录 5. 证人证言 6. 鉴定意见 7. 被害人陈述 8. 犯罪嫌疑人、被告人供述和辩解 （《刑事诉讼法》第50条）	1. 物证 2. 书证 3. 视听资料 4. 电子数据 5. 勘验笔录、现场笔录 6. 证人证言 7. 鉴定意见 8. 当事人陈述 （《行政诉讼法》第33条）	1. 物证 2. 书证 3. 视听资料 4. 电子数据 5. 勘验笔录 6. 证人证言 7. 鉴定意见 8. 当事人的陈述 （《民事诉讼法》第66条）
证据收集主体	1. 监察调查程序中的监察机关监察官 2. 审查起诉中的检察人员 3. 审判程序中的审判人员 （《监察法》第18、40条）	1. 侦查人员 2. 检察人员 3. 审判人员 4. 辩护律师 （《刑事诉讼法》第43、52条）	1. 当事人 2. 诉讼代理人 3. 人民法院 （《行政诉讼法》第32、34、37、40条）	1. 当事人 2. 诉讼代理人 3. 人民法院 （《民事诉讼法》第67、68、70条）

续表

项目	监察法	刑事诉讼法	行政诉讼法	民事诉讼法
证据证明标准	事实清楚、证据确实、充分 （《中华人民共和国监察法实施条例》第62、63条）	事实清楚，证据确实、充分 （《刑事诉讼法》第55条）	介于高度盖然性与排除合理怀疑之间 （《最高人民法院关于适用〈中华人民共和国行政诉讼法〉的解释》第42条）	高度盖然性 （《最高人民法院关于适用〈中华人民共和国民事诉讼法〉的解释》第108、109条）
证据证明对象	与涉事行为相关的、确定是否违法违纪的事实 （《监察法》第40条）	与刑事案件相关的定罪量刑有关的事实 （《最高人民法院关于适用〈中华人民共和国刑事诉讼法〉的解释》第72条）	具体行政行为合法性、行政处罚涉及款额是否合理的事实 （《行政诉讼法》第12、13条）	当事人争议所涉的具有法律意义的事实 （《民事诉讼法》第3条）
举证责任	适用刑事诉讼法关于公诉案件、被告方承担举证责任情形规定	1. 公诉案件中，由人民检察院承担证明被告人有罪的举证责任 2. 自诉案件中，由自诉人承担证明被告人有罪的举证责任 3. 被告方承担举证责任的情形： （1）法定积极抗辩事由 （2）推定事实 （3）量刑事实 （4）程序事实 （《刑事诉讼法》第51条）	1. 被告对作出的具体行政行为具有举证责任 2. 原告可以提出作为行政行为违法性或不合理性的证据 （《行政诉讼法》第34、37条）	当事人对所提出的诉讼请求所依据的事实，及反驳对方当事人所提出的诉讼请求所依据的事实负有举证责任 （《民事诉讼法》第67、68条）

续表

项目	监察法	刑事诉讼法	行政诉讼法	民事诉讼法
质证	适用刑事诉讼法规定	对于双方已经确认的事实，庭审时质证环节可简化，但必须进行 （《最高人民法院关于适用〈中华人民共和国刑事诉讼法〉的解释》第229条）	对经过质证和双方确认无须质证的证据要逐一进行审查 （《最高人民法院关于行政诉讼证据若干问题的规定》第54条）	证据应当在法庭上出示由当事人互相质证，当事人在审理前的准备阶段认可的证据，经审判人员在庭审中说明后，视为质证过的证据 （《最高人民法院关于适用〈中华人民共和国民事诉讼法〉的解释》第103条）
电子数据收集	适用刑事诉讼法规定	电子数据的收集不以提供原始载体为原则，而以数据的完整性为原则 （《电子数据规定》第8、9条）	电子数据的收集以提供原始载体为原则，在例外情形下可以提供复制本，但需要说明来源和制作过程 （最高人民法院《关于行政诉讼证据若干问题的规定》第12条）	电子数据的收集以提供原始载体为原则，提供原始载体确有困难的，可以提供复制件 （最高人民法院《关于民事诉讼证据的若干规定》第23条）

注：本表制作人姚浩亮。

后　记

时光如白驹过隙，稍纵即逝。原来以为这话也就是说说，无非是勉励自己或他人珍惜时光。但行文至此，即将搁笔之际，再回味这句话时，一丝丝悔意和不甘再度升腾。

本案解以讲稿为基础一点点积累，增删数次，历数年。懒癌与毅力数度交战，成型的书稿屡屡搁置蒙尘。当初稿完成进入统校修改阶段时，上海再度暴发了大规模疫情。除了首次的校对删减工作是和合著者们见面交流外，后续的每次工作都在线上进行讨论，克服缥缈虚拟感的网上交流，前前后后的不易，亲身经历者最有心得。

在案解的编排上，每章的小节后都配有案例、案解、拓展阅读和复习试题等，以帮助读者加深理解并巩固本节中知识点。在著者十余年的证据调查课程的讲稿基础上，结合众多教学资料，在历届研究生参与下，将该理论体系进行提炼和简化，再交由俞洁等学友添加案例和案解。本书案例与拓展中的资料，有许多引自裁判文书网上的典型案例、公开的案例资料等。各章节分工如下：倪铁、毛彦民，各章；俞洁，第一章、第四章、第六章；马健，第三章；刘东望，第四章；贾亚超，第五章；张超，第六章；徐倩，第七章；何润，第八章；潘其凡，第九章；王哲，第十章；吕婕，第五章、第六章、第七章、第八章；余楚婧，第一章、第三章、第四章；吴烨彬，第九章、第十章、第十一章；姚浩亮，第二章、第十一章、第十二章、附录。贝克、潘度佳、陶宇杰等也对各章文字和附录内容多有贡献。吕婕在案解编撰分工写作、格式排版、汇总校对等各项工作进程中，进行了大量协调，在繁忙的学业之余付出了极多的精力，再次向她致以敬意！余楚婧学友结合自己所擅长的图文和设计特长，汇总并编辑了本案解的图片等资料，并对后记中的内容多有贡献，在此表示谢忱之意！[①]

其中，现就职于万众律师事务所的俞洁女士不但在本案解的框架形成过程中深入参与讨论和设计，参与了部分章节的撰写，还在查找资料和提供案例方面给予许多帮助。本案解的面世与她不计得失的付出是分不开的，在此向她表达诚挚谢意！

值得一提的是，在本案解形成过程中，华东政法大学侦查学专业的同学们提供了大量的支持。本案解从筹划之初，就一直秉持“为同学服务，从同学中来到同学中去”的宗旨。在此也对各位同学表示谢意，感谢大家在新冠疫情期间为配合本书所作出的努力，谢谢大家的积极参与！

在这里还要感谢那些在本案解形成过程中给予无私帮助的学友们，没有你们的支持宽容与指正，就不会有这本书。非常感谢老朋友法律出版社赵明霞老师！若没有她的耐心指点和无私包容，我既没有信心、也没有机会将本案解结集付梓。再次向支持本案解的各位学友表示谢意，欢迎各位学者和同学多提宝贵意见，我们渴求在各位的帮助下继续探索案解这种形式的理论教学和实践教学方式！

① 楚婧学友整理了各位著者对本案解的贡献，并理出后记的思路，与吕婕学友一起完成了饱含谢忱的后记初稿。

本书前前后后反复了10稿，字数不断删减压缩，所有学友都付出了时间与心血。虽数易其稿，但限于著者的学科视野和学术能力，缺憾在所难免，也欢迎各位读者多加批评，以便进行学习改正。

著者

于云间玉泊湖

2023年6月17日